$UPERHUBS

金融超级人脉

[德]桑德拉·纳薇蒂（Sandra Navidi） 著

潘丽君 译

郑 磊 专业审读

SPM

南方出版传媒

广东人民出版社

·广州·

图书在版编目（CIP）数据

金融超级人脉 /（德）桑德拉·纳薇蒂 (Sandra Navidi) 著；潘丽君译 . — 广州：广东人民出版社，2018.8

ISBN 978-7-218-12898-6

Ⅰ.①金…　Ⅱ.①桑…②潘…　Ⅲ.①金融学－通俗读物　Ⅳ.① F830-49

中国版本图书馆 CIP 数据核字（2018）第 112906 号

Superhubs: How the Financial Elite and their Networks Rule Our World by Sandra Navidi
Copyright © Sandra Navidi 2016
Simplified Chinese language translation copyright © 2018 by **Grand China Publishing House**
Originally published in German as *Super-hubs: Wie die Finanzelite und ihre Netzwerke die Welt regieren* by FinanzBuch Verlag © Sandra Navidi 2015
The Chinese-language translation is based on the updated English edition: *Superhubs: How the Financial Elite and their Networks Rule Our World* © Sandra Navidi 2016
The Chinese-language edition © Sandra Navidi 2018
Published in arrangement with Asia Literary Agency through The Grayhawk Agency.
All rights reserved.

Jinrong Chaoji Renmai

金融超级人脉

[德] 桑德拉·纳薇蒂 (Sandra Navidi)　著　潘丽君　译　　　　版权所有　翻印必究

出 版 人：肖风华

策　　划：中资海派
执行策划：黄　河　桂　林
责任编辑：陈志强　梁敏岚　朱　琳
特约编辑：宋金龙　王利军
装帧设计：吴惠婷

出版发行：广东人民出版社
地　　址：广州市大沙头四马路 10 号（邮政编码：510102）
电　　话：(020) 83798714（总编室）
传　　真：(020) 83780199
网　　址：http：//www.gdpph.com
印　　刷：深圳市彩美印刷有限公司
开　　本：787mm×1092mm　1/32
印　　张：10.5　字　　数：234 千
版　　次：2018 年 7 月第 1 版　2018 年 7 月第 1 次印刷
定　　价：59.80 元

如发现印装质量问题，影响阅读，请与出版社（020-83795749）联系调换。
售书热线：(020) 83795240

写作缘起

《金融超级人脉》(*Superhubs*)是一部讲述人际关系、由此形成的网络，以及穿行其中的权力人物的作品。记得在完成本书写作之前，我曾向一位中国朋友提及此事，他当即对主题表现出了浓厚兴趣，还盛情邀请我前往中国山东的省会济南，参加当年的"山东国际财富论坛"，并作为嘉宾发表演讲。这让我受宠若惊。

据我所知，中国人熟谙"关系"之道，几乎可以说血液中流淌着"人脉思维"。面对这样专业的听众，我不知道自己还能贡献些什么新的论点，于是我就此向朋友请教。他认同我的判断，但依然觉得我的演讲不可或缺。因为这能帮助参会者更好地了解西方世界的知名金融家、重量级人物，包括这些大佬从何而来、如何搭建关系、运作人脉网络。而我得益于这位朋友的邀请，有幸对中国文化有了更多了解，也建立了自己与中国"超级枢纽"的链接。

普通人为什么要了解顶层人脉圈?

在很大程度上,历史与人类网络是相互映照的。在中国历史上,人类网络多以"王朝与家族"为中心。中国历代王权的传承都是通过传递排他性的独家"网络货币"实现的,如军队、信息、金钱等资源的控制权。而在现代中国,尽管人脉网络相比过去更加广泛,但终究也是由"超级枢纽"主导,而且似乎有更加集中的趋势。

金融体系是驱动社会运转的主要操作系统,这无疑赋予了金融巨头们无限权力。这些"超级枢纽",如财长、央行行长、银行 CEO 和基金经理,通过自身决策塑造历史、决定人类的未来。本书以网络科学的视角审视了我们所处世界的金融、经济和社会系统,以便读者更好地理解"超级枢纽"的决策如何直接影响我们生活的方方面面。网络科学阐释了网络的形成与运转规律,这些规则中有所谓的"同质性"(即物以类聚,人以群分)、"幂律"(即大者恒大,强者愈强)以及自我强化和自我纠错反馈循环。

本书重点探讨了西方国家中撬动全球金融系统的"超级枢纽",因与其中一些人私交甚笃,我也获得了深度观察他们的近水楼台之便。我相信,此类"超级枢纽"会在世界各处涌现,中国也不例外。了解他们以及他们之间千丝万缕的联系,对我们理解整个系统至关重要。

全球化下的终极竞争优势

人们普遍认为,西方商业文化更制度化、更照章办事,并非全然以人脉关系为依托。然而,我的调查研究显示,全球金融系统中最成功人士的终极竞争优势，都在于他们所掌握的深厚而广博的人脉关系。《金融超级人脉》一书将向读者展示这些巨头如何培养他们的私人和职业人脉圈，展示"超级枢纽"们如何巩固自己在网络中心的强大位置。

当今世界全球化日益加深，理解不同文化中网络的差异显得更加重要。我们常常被表面的相似性所蒙蔽：我们经常用英语交流，貌似有许多共同点，但微妙的文化差异依然存在，我们必须洞悉这一点。这些差异种类繁多，大到社会结构差异（韩国仍然流行着等级和父权制度）、宗教敏感性，小到人们对个人空间、谈判风格的不同理解（有些倾向于冷静面对而有些倾向于强烈对抗）。是否有能力跨越文化差异的鸿沟，也是"超级枢纽"能否成功的一大决定因素。

"超级枢纽"可以通过交易"网络货币"，获得直接访问其他权力人物的渠道。他们不遗余力地投资社会资本。这些投资往往以信任为基础，能夯实合作关系。在这个信息过载、消息真伪难辨的时代，及时的可核查信息成为业内推崇的通行货币，特别是涉及金融业顶层的一手消息。因此，居于网络中心的"超级枢纽"也成了信息掮客，控制着流量和消息质量。

以多样性化解不稳定性

随着全球经济增长、人民生活水平提高，社会不平等也在加剧，中国的情况也是如此。在这个东方大国，平均每隔几天就有一位新亿万富翁诞生，迅速爬升的基尼系数也引发了不少经济学家的频频警告。在这个紧密链接的世界中，不稳定性与每个人都休戚相关。我们必须明白，如果放任少数人利用多数人集聚巨额财富的趋势不断发展，必将导致整个世界的失衡。

我在本书中应用的基本分析工具——网络科学，能帮助我们看到精英人脉网络动态会给社会和经济造成怎样的潜在威胁。不论是自然形成还是人为构建，在所有网络中，节点链接数量越多意味着其生存和成功概率更大。然而，随着时间的推移，网络都会越发同质，彼此之间的相互联系和依赖也更加紧密。而同质性的增强会导致系统越来越扭曲和脆弱。而脆弱性的增强则有可能带来新一轮洗牌。在这种情况下，纠正机制必然会在某个阶段介入，以防止系统崩溃。

为了更稳定和更平衡的繁荣，应该让社会各个阶层的人都有机会接近各类人脉网络，提高社会流动性。

自我反馈回路和幂律分布会造成同质性和不稳定性，我们需要引入多样性来打破这种格局。其中一个方法是改善教育体系，这一点尤为重要，因为我们生活在知识经济时代，数字化和自动化将使越来越多的蓝领工作被淘汰。同时，政府应对企业的社会责任、保险和福利制度以及劳动政策等进行优化，打破加剧社会不平等的人脉网络动态。

"超级枢纽"肩负着更多促进社会公平的重任，因为他们的个人行为和人脉网络对系统发展影响巨大。当然，每个人都有义务对"超级枢纽"，尤其是政治家们施加压力，因为"超级枢纽"有保护自己既得利益、维持现状以延续自己核心地位的自然惯性。但作为系统的一分子，我们的个人行为也会对更大规模的系统产生一定影响。希望通过"超级枢纽"和我们其余人的共同努力，改变现存精英网络的垄断结构，创建更加多元、公平和可持续的系统，造福人类。

衷心希望中国读者能喜欢这本聚焦顶层精英圈的《金融超级人脉》，同时也感谢诸位中国朋友在我写作本书过程中所给予的启发。

克劳斯·施瓦布（Klaus Schwab）

世界经济论坛（WEF）创办者、主席

　　"超级枢纽"这个概念棒极了！桑德拉·纳薇蒂的新作展现了其报道和分析领域堪称大师级的水准。

劳伦斯·萨默斯（Lawrence Summers）

美国财政部前部长，哈佛大学前校长，美国国家经济委员会前主任

　　在《金融超级人脉》这本书中，纳薇蒂巧妙地将网络科学应用于全球金融体系，剖析了支撑该体系的人类网络。本书论点精妙，给读者提供了崭新视角，以深入洞悉金融体系中人的力量。

埃德蒙德·菲尔普斯（Edmund Phelps）

美国哥伦比亚大学经济学家，2006 年诺贝尔经济学奖得主

　　桑德拉·纳薇蒂的著作《金融超级人脉》文笔优美，叙事流畅。本书

精准点出了金融领域精英圈不知不觉都在使用的神奇力量；金融圈的人脉网络对人类经济和社会无疑起着不可估量的作用，从某种意义上说，本书也是深刻思考这种作用后的智慧结晶。当今世界，许多意义非凡的"断裂"正在发生，例如英国脱离欧盟、美国工人阶层愈加强烈的遭排斥感等。《金融超级人脉》最后一章深入探讨了人脉系统的"单一文化"，它孤立于社会其余组成部分，这种排他性使得其天生具有脆弱性；它应对当今社会的许多"断裂"现象负责，却对此浑然无觉；作者及时洞察这一盲区并警示，这一排他性系统可能导致未来另一场重大危机。

于尔根·斯塔克 (Juergen Stark)
欧洲央行首席经济学家，欧洲央行执委会委员，德国央行副行长

在《金融超级人脉》一书中，桑德拉·纳薇蒂为全球金融体系提供了极具专业性的个人洞见。书中，纳薇蒂凭借其扎实的专业知识、清晰的逻辑，深入剖析了金融体系的结构，以及该系统各种错综复杂的内在联系和运行机理。纳薇蒂检视了金融系统中，决策者之间日益紧密的内在联系和权力集中对整个系统的影响。特别难能可贵的是，本书说理透彻、深入浅出，有很强的可读性，即便是不具备专业经济知识的读者，也能从书中享受阅读的乐趣。本书旁征博引，论证扎实，观点引人深思。本人向广大读者推荐这部精彩作品。

威廉·怀特（William White）
国际清算银行货币与经济部门前部长，加拿大央行前副行长

《金融超级人脉》一书文风清奇，同时包含大量不为人知的圈内细节。本书写作手法巧妙，读来朗朗上口，令人手不释卷。作者在书中传递的信

息同样引人入胜。现有的许多探讨普遍认为，全球经济犹如一台可以预测的机器，其运转掌握在少数呼风唤雨的决策者手中。纳薇蒂的观点可谓独树一帜，她认为全球经济是一个复杂的可调节系统，会遭遇危机崩溃、受与日俱增的不平等性影响。她还进一步指出，位于经济系统核心的金融体系中，有一小部分"超级枢纽"行使着不可估量的经济和政治权力。这部分人的价值观、他们占据的人脉以及他们对变革的态度，深刻影响着未来经济乃至人类整个民主政治制度的稳定。通过厘清这些系统性问题，纳薇蒂让我们进一步触及可行的问题解决方案。本书无疑是金融从业者和关心时局的人士的必备读物，很高兴能读到这部佳作。

奥拉维尔·拉格纳·格里姆松 (Olafur Ragnar Grimsson)
冰岛前总统

人类如何被治理？被谁用什么样的方式治理？这些本质性的经典问题，在全球化时代的金融市场中成了新的当务之急。《金融超级人脉》一书具有前瞻性，让我们率先看到了一些根本性变革中产生的问题。

肖卡特·阿齐兹 (Shaukat Aziz)
巴基斯坦财政部前部长、前总理，花旗银行全球财富管理业务 CEO

当今时代发生着深刻而复杂的巨变，我们面临的环境极具挑战性，这要求我们在看待一些关键问题时具备崭新的视角。在《金融超级人脉》一书中，桑德拉·纳薇蒂指出了经济、地缘政治、金融以及人类发展各种挑战之间的相互影响和作用。她强调了变化中几个关键要素之间的内在联系，同时指出，这些关键要素如果能得到有效管理和协调，会转化成发展的强大动力，产生无穷的效益。《金融超级人脉》分析透彻，观点具有启发性，是这个变化莫测、错综复杂的全球市场中所有商业领袖的必备工具书。追求卓越的人，值得拥有这本佳作！

史蒂夫·施瓦茨曼 (Stephen Schwarzman)
黑石集团主席、CEO、联合创始人

桑德拉·纳薇蒂在《金融超级人脉》一书中，用细腻、灵动的笔触刻画出金融领域精英高管们所运用的人脉。在剖析这个世界某些要素如何运行时，纳薇蒂无疑拥有旁人无法企及的优势视角。她以瑞士达沃斯世界经济论坛上的实例为切入点，逐步深入，从更广层面论证人脉的重要作用。她得出了很多有益结论，也让我们看到了许多当今时代金融大佬们的"前世今生"。

安东尼·斯卡拉穆奇 (Anthony Scaramucci)
美国天桥资本公司 (SkyBridge Capital LLC) 创始人

《金融超级人脉》立体呈现了金融世界，帮我们更好地理解该领域以及操纵这个王国的金融巨头们。纳薇蒂以其生动的叙述、系统性的思考，为读者展示了金融体系中个体、组织和事件之间千丝万缕的关系。她指出了系统中存在的风险和可能的解决办法。本书生动有趣，令人受益匪浅，我在此强烈推荐该作品。

弗雷德里克·坎普 (Frederick Kempe)
美国知名智库大西洋理事会 (Atlantic Council) 主席、CEO

《金融超级人脉》一书引人入胜，它冷静且尖锐地分析了居于权力金字塔顶端的人们如何运用其强大人脉，用铤而走险的方式塑造着风起云涌的金融体系。本书的叙事技巧和调研水平都堪称一流。在肯定金融世界是复杂的自组织系统这一前提下，纳薇蒂充分论证了金融高管们的集体行为会加剧系统的复杂性，而这种集体权力如果不加制衡，可能会导致系统崩溃。若想更深刻地了解全球金融体系，理解该系统中顶级参与者的作用，本书确为必备读物。

伊恩·布雷默 (Ian Bremmer)

全球最大的政治风险咨询公司欧亚集团 (Eurasia Group) 总裁

在《金融超级人脉》一书中，桑德拉·纳薇蒂提出了一个发人深省的问题：谁才是全球社会的领航者，他们又是如何赢得这种特权的？特别值得一提的是，纳薇蒂详细指出了当今世界全球金融系统和权力掌控者之间千丝万缕的联系。她将社会科学应用于金融领域，生动刻画了该行业的特有图景，给读者提供了一个崭新视角，以更好地看待快速改变这个世界的角力者们。

马克斯·奥特 (Max Otte)

德国著名国际经济学教授，世界银行、联合国顾问

桑德拉·纳薇蒂熟悉金融领域呼风唤雨的人物，她在《金融超级人脉》一书中对这些富豪进行了直言不讳的描述。"超级枢纽"是很多链接的节点，是国际金融领域的磁力核心。桑德拉·纳薇蒂给我们提供了千载难逢的机会，去认识掌控我们这个世界的各位超级大佬们。她一针见血地指出，影响金融市场的这部分人能够影响整个世界。本书中，我们可以看到金融寡头们如何运用他们的人脉资源，影响世界各国的政府，来实现他们的利益；我们也能看到，金融权力和财富越来越多地集中在极少数人手中。桑

德拉·纳薇蒂还提出了一些解决现存制度弊端的办法。现存金融体系必须进行适时改革，才能避免更大的危机，而要实现这一目标，我们还有很长的路要走。一切精彩，尽在《金融超级人脉》！

托马斯·梅耶（Thomas Mayer）
德意志银行前首席经济学家，世界银行前经济研究主管

金钱＋信息＋社会资本＝无限机会。桑德拉·纳薇蒂在书中提出了金融圈的这一神奇公式。她生动描述了白人男性精英俱乐部如何在各种高端派对、独家会议中将自己的商机最大化。看完本书，读者恐怕会很希望这个高度排外的人脉圈能够消失，或者至少能容纳更多的女性会员。

帕拉格·康纳（Parag Khanna）
美国国家情报委员会顾问，布鲁金斯学会研究员

权力附着于人脉网中，而网络本身也是动态发展的复杂事物。桑德拉·纳薇蒂在本书中现身说法，向读者展示局外人如何运用人脉跻身全球金融系统的叱咤风云的圈子中，这些富豪又如何维系自己"超级枢纽"的地位。读者能从字里行间找到自己所处圈子中的地位——枢纽、链接点……作者还探讨了高级人脉圈如何影响我们的世界。

斯蒂夫·基恩 (Steve Keen)
英国伦敦金斯顿大学 (Kingston University) 经济、政治和历史学院院长

从鲁里埃尔·鲁比尼到乔治·索罗斯，桑德拉·纳薇蒂曾是不少金融领域杰出人物的同事、亲密伙伴和批评者，她近水楼台，有着观察金融大亨们如何获得翻云覆雨的权力并实施其影响力的独特地位。纳薇蒂告诉我

们，金融精英们的智慧和个性固然重要，但他们搭建的人脉更为关键。本书既有人物轶事的描述，也有冷静的观察，将复杂科学应用于金融这个自组织系统。《金融超级人脉》是一本关于金融力量的趣味与专业性兼具的读物。

鲍里斯·克拉迪（Boris Collardi）
瑞士宝盛银行 (Julius Baer)CEO

金融在当今世界秩序中扮演着前所未有的关键角色，而金融领袖又肩负着整个系统正常运转的重任，于是弄清他们之间如何联系互动就成了至关重要的问题。桑德拉·纳薇蒂带我们探索了这个高度复杂且强有力的人类系统——金融世界，揭示了金融大佬们鲜为人知的故事，让我们清晰地了解了金融圈的运转机制。在这个日益数字化的世界中，人类互动依然是全球金融系统的核心内容。《金融超级人脉》为读者提供了一个平衡全面的视角去认识驱动金融系统的力量，提出了与掌握金融世界命脉的少数"超级枢纽"相关的、极富争议性的问题，揭秘了统治金融领域乃至整个世界的复杂人类动态的一些根本层面。本书生动有趣、精彩纷呈，值得一读。

道格拉斯·拉什科夫 (Douglas Rushkoff)
纽约市立大学皇后学院的媒体理论和数字经济学教授

金字塔尖的1%并非一个抽象的概念，它是由人组成的。他们有血有肉、善良、富有同情心，也有恐惧，纳薇蒂用女性特有的笔触将这一切描述得淋漓尽致。作为金融大佬们的密友，他们圈内的一分子，纳薇蒂曾多次追随他们，其足迹遍及全球，为他们提供专业咨询。同时，她也通过此书向世人揭秘了这个顶级富豪圈的运行机制。

阿特·德吉亚斯 (Aart De Geus)

贝塔斯曼基金会董事会主席

本书写作手法独特，巧妙分析了全球金融系统顶级人脉圈的个体行为。本人认同作者在书中所提出的，人类不道德行为造成了日益扩大的贫富差距和社会断层，也深刻侵蚀了当今金融领域的相互信任。2008 年经济危机中的集体救市表明，金融系统不是一个私人产业，它关乎全人类的福祉。任何经济社会中，尤其是金融领域，都应该时刻关注人们的共同利益，包括普通人的福祉。读者能从书中感受到金融领域变革的迫切性。

安妮特·胡赛 (Annette Heuser)

贝塔斯曼基金会北美分会执行主任

在达沃斯一座极富瑞士风情的乡间别墅滑雪度过周末，抑或弹指间就达成华尔街一单价值连城的买卖，金融界那个高端大气的圈子能将这一切普通百姓无法企及的事情，转眼变成现实。想了解富豪俱乐部是如何运行的吗？快拿起本书，先睹为快吧。你会对金融领域顶尖玩家，即"超级枢纽"的日常有很好的了解。他们是幕后老大，这个圈子适时改革才能避免全球性危机的再度发生。金融精英如何创造了他们的天下，其中又存在哪些弊端，纳薇蒂对此毫不讳言。

蒂米塔·萨塞洛夫 (Dimitar Sasselov)

哈佛大学生命起源学会主任，天文学家

《金融超级人脉》探讨了一个极为重要的主题：当今世界金融系统的现状及其对人类社会的影响。即便对于非专业背景的读者而言，本书也是绝佳的选择。桑德拉·纳薇蒂运用网络科学和真实案例来阐释深奥的金融系统问题，通俗易懂。书中传递着丰富的信息，读来妙趣横生。你想了解当今世界的运行规律吗？快拿起本书，先睹为快吧。

比尔·布劳德（Bill Browder）

赫尔蒂奇资本管理公司(Hermitage Capital Management) 联合创始人

桑德拉·纳薇蒂多年来一直对金融界精英阶层保持密切观察。本书能让读者全面了解富豪圈的人脉、权力和金钱是如何联系互动的。

史蒂文 E. 苏柯（Steven E.Sokol）

美国对德协会(American Council on Germany) 会长

桑德拉·纳薇蒂将网络科学理论应用于金融领域结构的分析，视角独特、手法创新。她以丰富的人物轶事为案例，阐明了现实世界中人脉是如何运转的，同时辅以扎实的经济学和社会学调研。金融领域专属的顶级人脉圈如何推动全球化的脚步，《金融超级人脉》一书的问世可谓恰逢其时，希望此书能引发一场关于现有金融制度的更广泛、更深刻的公共反思和探讨。

汉斯·德默（Hans Demmel）

德国网络电视 N-TV（隶属德国 RTL 传媒集团）CEO

想了解金融世界的运行动态，本书可谓必备读物。身为金融专家，解释复杂的经济和金融问题，桑德拉·纳薇蒂有义不容辞的责任。多年来她在德国 N-TV 成功解码各类专业性经济问题。她具备业内人士的独特视角，揭开金融精英之间千丝万缕的关系，以及这种关系对整个世界带来的深远影响。《金融超级人脉》不失为一部大师级作品。

德克·穆勒（Dirk Muller）

金融专家，畅销书作家

桑德拉·纳薇蒂在本书中淋漓尽致地刻画了金融精英的权力结构。这位国际知名的金融专家带着读者们一同遨游金融领域的权力世界。

乔琪·莫斯贝奇 (Georgette Mosbacher)

瑞士高端护肤品牌莱珀妮 (La Prairie) 前高管

《金融超级人脉》论证充分，调研扎实，语言生动、简洁有力，阅读本书真是一次快乐的心灵之旅，真诚推荐。

黄　河

中资国际投资有限公司董事长

纳薇蒂详细描述了金融精英的权力如何获得、如何维系。她的分析时而温和细腻、时而冷静犀利，令人印象深刻。

冯玮瑜

著名收藏家，文化学者，广州市当代艺术研究院理事长

好一本专业指导书！纳薇蒂帮助我们很好地了解了全球金融系统的运行机制，她在书中讲述了精英阶层如何运用金融和政治的神奇杠杆撬动整个系统，同时又有充满人情味的故事。

SUPER HUBS

鲁里埃尔·鲁比尼（Nouriel Roubini）
纽约大学斯特恩商学院经济学教授
鲁比尼全球宏观经济咨询公司创始人、主席兼首席经济学家

关于金融系统、权力精英、人脉的
开山之作

桑德拉与我已是老相识了。我们曾共事于鲁比尼全球经济咨询公司，那是一段非常愉快的经历。桑德拉学养深厚，多栖发展，在律师事务所、投行、宏观经济咨询公司和媒体等多个领域都有任职经历，《金融超级人脉》无疑是她渊博学识和丰富阅历的产物。

桑德拉集专家、内部人士、观察者等身份于一身，凭借才华赢得了其笔下那些全球行业领导者的尊重和信任，她本人也因此近水楼台，得以亲历国际精英圈的风云变幻。

桑德拉与全球顶尖的行业领袖互动频繁，以精湛的专业知识为他们提供建议。她思维敏锐，能第一时间了解行业领袖如何思考、交流、处事，这种职业素养已经融入了她的血液，成为一种本能。桑德拉自身的学识帮助她以宏观视角观察整个系统的运作，而与行业领袖的互动又启发她用网络科学的分析框架解读全球金融，并直指其背后的原理："超级枢纽"主导着世界金融系统、经济政策，乃至世界本身。

桑德拉与国际金融圈顶层人士交往甚密，她巧妙运用这一得天独厚的优势，为读者理解金融系统中的一些抽象概念提供了现实依据。她以心理学、社会学、人类学为理论支撑，尽力还原事件真相，将理论与实践有机结合，全面剖析了人性与系统理论如何影响历史进程。桑德拉的分析理论基础坚实，表达生动有趣，深入浅出地向读者展示了内部人士如何看待独家的人脉资源。

《金融超级人脉》将复杂的金融圈顶层系统层层分解，尽管本书主要聚焦金融领域，但读者可举一反三，将桑德拉的核心理论运用到其他领域。

本书脉络清晰：首先，它厘清了全球金融、经济领域的权势人物及其特征；其次，它深度解码了这些人之间千丝万缕的关系，以及他们作为个体及其代表的整体对系统产生的或积极或消极的影响。此外，本书还探讨了维系顶层关系的重要纽带：资金、信息和机遇。同时，本书还提供了一个洞察视角，告诉普通人如何跻身精英圈；如何在这样的圈子里与他人产生联结、互惠互利；女性如何在男权当道的金融领域披荆斩棘，获得一席之地。

桑德拉指出，学术界、政坛和全球金融领域通常是相互重叠、彼此联结的。不少精英在其职业生涯中会同时或先后涉足几个圈子，在多个领域发挥关键作用，各领域间也由此产生了错综复杂的联系。

《金融超级人脉》彰显的客观思想和思辨精神尤为值得关注。在惊叹人脉强大影响力的同时，桑德拉也直抵人脉的幽暗处：精英及其人脉可能导致系统性弱点，如权力过度集中、贫富差距日益扩大、性别和种族歧视、社会分裂等。这将使整个系统变得更为脆弱，并毋庸置疑地影响我们每个人。人脉并非彼此割裂、相互孤立，而由此催生的林林总总的现象也并非毫无关联。金融系统与其他系统一样，也是某几个关键人物起着压倒性作用，单一力量产生的不平衡和不稳定，导致系统更容易遭受破坏，从而走向失败。

桑德拉的著作为我们提供了崭新的视角，让我们得以近距离观察扑朔迷离、高深莫测的全球金融领域。它直扣局外人的兴趣点，也让"身在此山中"的圈内人士在读后获得醍醐灌顶的通达。人脉资源是世界顶尖商学院招募新生时的主打卖点，但商学院的 MBA 项目通常不设专门课程去教学生如何构建人脉关系。《金融超级人脉》刚好可以填补这一空白，它是网络科学的基础教材，也是人脉构建的精品课程，它应该成为商学院学子的必备读物。

桑德拉对金融圈的分析是客观的，既没有过度美化，也无不实的抨击，她的态度既不是坚决捍卫也不是一味指责，而是为我们敲响了警钟，提醒我们要正确理解复杂系统，要用多种视角思考问题，及时发现问题。在当前的金融领域中，力量不均衡、态势不稳定的趋势日益显著，这种趋势持续时间越长，扭转的难度就越大，而一味回避只会让形势愈演愈烈。

新一轮技术创新的特征是耗费大量资本、更倚重技能，且极大地节约了劳动力成本。不难想象，这将创造更多的"分化"。经济全球化给工人、企业、行业和整体经济都带来了巨大挑战，而经济激增催生的金融泡沫终有破裂的一天，造成的损失也可想而知。

全球大国实力此消彼长，地缘政治冲突正在逐渐转化成为地缘经济冲突。我们需要更英明的决策来弥合"分化"，让机会更多地惠及每一个人，否则，各国政治和社会内部的不稳定将日益严重，甚至产生不良的外溢效应，殃及他国。桑德拉在书中提到的顶层精英——超级枢纽——正将经济、金融和政治整合到一起。作为超级枢纽的精英们有着他人望尘莫及的影响力，因此，他们也应当承担起特别的责任，保持系统的公平和稳定，消除冲突和混乱。

关于华尔街、权力精英、人际关系的书已不胜枚举，但能将三者关系进行清晰梳理的书微乎其微。而桑德拉自身就是其笔下人脉圈的一分子，可以获取大量一手资料，就这个层面而言，《金融超级人脉》堪称开山之作。此外，她还具备旁观者般冷静的思考能力，其文思深邃，使本书更添光芒。

《金融超级人脉》的问世恰逢其时，它不仅关注系统的重要组成部分——人，同时也聚焦系统本身。要想深入了解金融系统，必须充分理解三个链条：华尔街那些影响全球的金融政策如何运行、推动杠杆的超级枢纽是谁、金融领域中的人脉是如何形成的。本书探讨的话题立足当下，且必将历久弥新。

本书对后世最深远的影响在于，它将启迪一代又一代新兴的超级枢纽。不仅是在金融圈，而且是在任何人际网络之中。

价值中国新经济智库创始人

林永青

"超级枢纽"驱动世界

金融是社会的控制系统，关乎我们工作和生活的方方面面。金融业精英翻云覆雨的权力和决策影响力，足以辐射经济社会的方方面面，比如行业发展、就业、货币、大宗商品、物价指数等。瑞士联邦理工学院的一项最新研究指出，少数金融机构通过交叉持股和列席董事会等方式控制着世界上多数大型企业。而金融机构由个体组成，这种所有权结构正好为这些个体提供了无限影响力。

此前，关于金融体系及其风险的分析主要集中在金融机构之间的关联性、宏观经济理论的有效性和定量模型的功能性方面，较少有著作去探讨各大机构领导者的人脉关系所带来的影响。然而，所有事情最终都要归结到人，因为在机构中做出决策、设计理论以及决定最终使用哪个模型的，终归还是具体的人，而不是抽象的组织机构。人类这一维度增加了系统的复杂性，因为人际关系是一个无形且难以捉摸的动态网络，它没有严格的公式和规律可循，更难被量化。

然而，人类网络即使非常复杂，也符合网络科学的定律，这些定律可以帮助我们理解人际关系如何形成以及如何结构化。更好地理解那些能左右系统的精英以及他们彼此之间的联系，有助于我们理解系统本身。

根据网络科学理论：模式，即关系的架构最为重要，该架构的各组成部分倒是其次。系统中的主要参与者们明白，是链接网络或人脉赋予了个人影响力，最终的竞争优势将取决于个人关系和联盟缔结的广度和深度。他们了解系统本身及其复杂的关系架构，也掌握着搭建强大人脉的"神奇秘方"；他们高瞻远瞩，洞察先机，看到了人际网中前所未有的机遇、资源和支持，也因此拥有更强大的能力来影响整个系统。他们越了解系统，就越能在其中如鱼得水。所有人都应该试着去理解它。正如纽约大学教授道格拉斯·洛西克夫（Douglas Rushkoff）所言："**如果你不懂你使用的系统是如何运行的，那么，你很有可能在被系统利用。**"

而那些不仅了解系统，更是系统的创造者和推动者的人，则被称为系统中的"超级枢纽"。"超级枢纽"是拥有金融系统中人脉最广的节点。这些人是位于金字塔顶端的少数高管，有权设置议程、主导对话，并以所在机构的名义行使权力。通常，他们旗下的员工成千上万，且遍布世界各地。他们也许不常抛头露面，也不像政界人物那样家喻户晓，但他们所在的组织机构就像全球超级政府，他们拥有的权力接近甚至超过了民选官员。

除了遍及世界的强大人脉网，这些"超级枢纽"还有一个共同点：**基于互信、通过分享经验和拥有相似背景，成功构建起人脉，并且利用它让自己成为行业的领航者。**个人关系令他们拥有强大的权力，当他们强强联手时，相互结合的权力可以迸发出极强的聚合效应，叩开重要资源、珍贵信息的大门。因此，"超级枢纽"会不惜投入大量时间、精力和金钱，不断出访世界各地以构建人脉。他们深知，任何工作都可以外包，但是搭建深厚可靠的人脉必须亲力亲为。

今天的"超级枢纽"获得了前所未有的权力和财富，他们控制着全球化的世界。有批评家指出，他们是否应该为日益加剧的全球经济和社会不平等埋单？在达沃斯会后或四万英尺高空中的私人飞机上还发生了些什么？是密谋还是合作？是处理交易还是闲谈放纵？亚洲和拉丁美洲的崛起将对传统的世界观产生怎样的冲击？全球超级精英的活动范围已经超出了一国法律的限制，谁将对这群人加以约束？

然而，即便是市场力量导致了权力的失衡，政府也能通过制定政策调控市场。我们所有人都是节点，会通过我们的个人行为驱动系统，由此产生因果反馈回路。因此，我们必须积极推动改变。希望在我们共同努力之下，单一的垄断网络结构能成功变革成更加多样化、公平和可持续的系统，这将惠及全人类。

多视角解读"金融超级人脉"

为了《金融超级人脉》一书付梓，我进行了长达四年的研究。本书汇集了我在国际法、金融和经济等领域多年工作产生的一些想法。我曾有幸在纽约和德国担任律师。约二十年前，我在德勤（Deloitte）德国公司开启了我的职业生涯。当时，我主要负责向保险公司、养老基金等机构客户提供投资建议。随后我搬到纽约，开始在一家投资公司担任法律总顾问，接着我又跳槽到投行。之后，我投身著名经济学家鲁里埃尔·鲁比尼旗下，在他的全球宏观经济咨询公司与他共事。几年后，我创立了BeyondGlobal国际策略顾问公司。

从德国转战纽约后，我不得不主动开拓人际关系。我对金融世界以及如何建立人脉几乎一无所知。因此，在这个过程中，我基本上是摸着石头过河，而非精心策划布局。其间我开始好奇，少数高管、决策者和思想领袖如何攀登到行业之巅，并引领他们的机构获得持续成功？又如何问鼎前所未有的权力顶峰？渐渐地，我的人际圈得以发展，甚至触及全球领导者和精英决策层。我的职业生涯始于个体业务的微观层面，现已延伸至全球经济的宏观层面，因此，我有更多切实机会鸟瞰不同的人脉构建模式，以及某些特定的行为准则。我开始意识到，这个世界正在日益商品化、自动化，人与人之间的互动日趋数字化。在一轮轮博弈中脱颖而出的少数人掌控着最独家、最强大的资产：覆盖全球、有特定构建模式、密不透风的关系网。

身为宏观经济顾问和战略关系经理，我经常出席各种有准入门槛的会议和活动，并亲身接触过本书提及的绝大部分"超级枢纽"。

特权世界与顶级玩家

《金融超级人脉》聚焦金融领域顶级高管，以及他们独特的人际关系网，为我们揭示了常人无从窥探的故事——金融系统背后的风起云涌。本书主要的研究对象是金融系统的主角——超级枢纽。他们是金融杠杆的推手，最有实力的玩家，更是金融圈里联系最紧密的一群人。我在书中描绘了大型机构、资本运作及宏观经济事件背后的故事，精英之间的关系，以及由此衍生的权力、奢侈和特权世界。《金融超级人脉》将带你走进佼佼者的专属秀场：世界经济论坛（WEF）、国际货币基金组织（IMF）的会议、智库会议、高端商务午餐会、慈善晚宴和私人聚会等。

通过这本书，我们将了解超级枢纽的基本特征：天生喜欢追逐权力，渴望利用其影响力一步步走向金字塔顶端，捕捉前所未有的机遇。超级枢纽大多具有超高情商、极富个人魅力等关键特征。他们大多背景相似：都是高等精英院校的产物，都以美国男权社会的肥沃土壤为生长环境，都有专属的社交圈。他们彼此熟悉且相互信任，建立了根基深厚又富有弹性的联盟；他们善于利用自己的人脉，以获得最大化的回报。

《金融超级人脉》还解析了权力与特权的伴生物，比如压力、奋斗与个人牺牲。尽管有明确证据显示，女性在商业方面的才干不逊于男性，但她们大都被排除在男性主导的高层人脉圈之外。例如，金融圈高层中的男女比例就严重失衡。超级枢纽通过权力与金钱的"旋转门"，通过游说和竞选融资等手段，精密地编织一张外人无法渗入的关系网，而在他们的关系网中，人脉的运作效率呈指数级增长。

一旦有幸进入这样的关系网，并在其中获得一席之地后，被逐出圈子的情况极其罕见，但也并非绝不可能。严重践踏法律、伦理或社会规范的成员仍会被无情驱逐，就像国际货币基金组织前总裁多米尼克·斯特劳斯－卡恩（Dominique Strauss-Kahn）[①]一样。

我还注意到，个体间而非机构间的内在联系，会导致金融系统的不稳定，并引发相应的后果。本书提出了一些建议和应对措施，以保持金融系统的弹性。

金融是社会的控制系统，它关乎我们工作和生活的方方面面。正是我们对它的高度依赖，赋予了金融精英翻云覆雨的权力。他们的决策影响力足以辐射到行业发展、就业、货币、大宗商品、物价指数等不同层面。

[①] 2011 年 5 月 14 日，多米尼克·斯特劳斯－卡恩涉嫌性侵酒店服务员被警方羁押。2012 年 5 月 19 日，辞任国际货币基金组织总裁职务。——译者注

正是靠着人脉的力量，摩根大通集团 CEO 杰米·戴蒙（Jamie Dimon）、世界上最大的资产管理公司黑岩集团主席兼 CEO 拉里·芬克（Larry Fink）和富可敌国的对冲基金大鳄乔治·索罗斯（George Soros）等人才能塑造历史，改变世界，决定我们的金融体系、经济和社会的未来。

美联储、欧洲央行和英格兰银行（英国央行）等中央银行高层的决策能够直接影响几乎全世界的储蓄收益、抵押贷款利率和养老金计划。金融家举手投足都会影响我们每个人的生活。他们通过与企业的内在联系，使自己的权力呈指数级增长。瑞士联邦理工学院的一项最新研究指出，少数金融机构通过交叉持股和列席董事会议等方式控制着世界上多数大型企业。而金融机构往往由个体组成，因此，这种所有权结构正好为这些个体提供了无限影响力。

网络科学视角下的"超级枢纽"与资本帝国

理解我们复杂的金融系统无疑是一项艰巨的任务，本书旨在通过网络科学视角剖析该领域潜在的人际关系模式，以期为读者提供一把开启金融领域秘密之门的钥匙。网络科学从数理上论证了人际关系网的结构和行为模式，揭示了其捉摸不定的网络形式。网络由"节点"构成，而"节点"由路径或者"链接"交互。

无论是天然生成的网络，还是人为造就的网络，都在用同样的方式运行。根据"偏好依附"（或优先链接，Preferential Attachment）原则，所有节点都倾向于攀附链接最多的节点，因为链接越多，个体存活的机会就越大，而最好的节点位于网络中心，被称为"超级枢纽"。在网络科学视角下的金融体系中，精英们通过把地位、访问权限、社会资本、交易潜力等工具化，进而一步步成为"超级枢纽"。

读者将看到，金融是一个复杂的、自我组织的系统。就像蚁群，个体参与者之间的互动能产生大规模的影响，但个体又无法控制整个系统，因为他们自身也受制于系统规则。少数精英群体的力量虽然重要，但系统中没有一个能够控制整体的力量，也没有真正的制衡。

物理学家斯蒂芬·霍金曾预言，21 世纪将是"复杂性的世纪"。的确，技术化、金融化和全球化创造出的复杂性，让我们一时间很难认知和理解。要解决当前问题，传统的线性因果思维似乎已无用武之地。我们应该用系统思维方法，关注整个系统相互链接的组件，尤其是它们之间千丝万缕的联系来认清问题的本质。

金融系统的"超级枢纽"之所以能成为世界上最成功的那部分人，正是因为他们位居中心，这一优势地位能够让他们拥有更为广博的视野，从整体上审视这个系统。这种优势地位使他们构建起非凡的人际关系网络，并以此获得巨大优势。例如，对冲基金巨头约翰·保尔森（John Paulson）在 2007 年做空次级抵押贷款市场时大捞一笔；拉里·芬克和黑石集团的史蒂夫·施瓦茨曼，以及美国桥水基金创始人瑞·达利欧（Ray Dalio）就利用他们独到的理解，把资本投向基金，创建了数十亿美元的资本帝国。

金字塔顶端是否真正牢固？

人脉可以成为一股强大的积极力量，也可以产生极大的破坏性后果。内在联系之所以是金融系统不可或缺的组成部分，是因为用商品和服务交换货币本质上就是一种联系。人类在网络中进行相互合作的能力使得我们有别于其他灵长类动物，并一跃成为这个星球上最成功的物种。因此，有科学家将我们所处的时期称为"人类世代"或"人类新纪元"（Epoch of the Human）。

随着时间的推移，网络中出现了富人更富的现象、自我反馈回路等动态，导致系统自然而然变得联系更为密切、更加同质且复杂。大多数系统是自适应的，具有自我修复功能。每当系统失衡时，熔断机制等反馈回路就会介入，对系统进行调整。无法进行自我修复的系统，最终会走向毁灭。发生在 2007 年的事件及后续余波显示，网络会引发和加剧金融危机。影响数以百万计人的决策，其根源并非抽象机构，而是位居机构顶层的高管，即实实在在的人。

为了优化整个系统，使之更有利于实现自身利益，位居金字塔顶端的人构建起更庞大的人际关系网，进一步强化技术和地理上的内在联系，同时提升了系统的复杂性。这些"超级枢纽"为了保护自己的既得利益，会及时修复潜在问题，抵制变化。例如，美国自 1988 年推出熔断机制以来，只有 1997 年触发过一次熔断。尽管如此，由此产生的系统脆弱性，不可避免地触发了机会不均、收入和贫富差距扩大、社会侵蚀等问题。如果系统不及时进行自我调整和平衡，最终将以崩溃收场。

如何降低复杂系统的脆弱性？

本书提出了许多尖锐的、充满争议的问题，但并非"剑指"某个领域。我只是试图以客观的视角，分析主导金融体系的人脉动态，即顶层精英的互动，以便读者形成自己的观点。由于我自身也是这个体系的一员，而我的观点已通过个人经历提炼出来，呈现在了读者面前，因此读者也可以通过我的视角对这个体系进行理解。

通过网络科学的视角观察金融系统，凸显最有影响力的精英阶层之间的关系。我希望本书能对读者有所启发，愿抛砖引玉，激发更有建设性的探讨。我更为理想的愿景是，通过我提出的分析方法，或借鉴本书的只言片语，读者能建立起自己的"抵制人脉"方法，从而将现有的失衡系统变为更加公平稳健的系统。

放眼全球，盎格鲁—撒克逊人依然是世界金融的主要推手，至少到目前为止仍是如此。因此，本书主要关注美国的金融领域。金融大鳄不胜枚举，本人只选取了其中家喻户晓的一部分人，以帮助读者更好地理解。

我用"超级枢纽"指代处于人际网络中心、联系最热络的群体，包括银行 CEO、基金经理、金融家、决策者等。他们的共性体现在独特的人际关系、影响力无处不在的人脉力量和令人仰止的社会地位等方面；他们的差异体现在个人立场、个性和动机等方面。因此，从适用性角度考虑，"超级枢纽"这一术语有时指代某个特定群体，但更普遍的情况是泛指精英阶层。无论如何，这些"超级枢纽"都具有一个最本质的共同点：他们都是人，而金融系统最基本的属性就是人类的系统。

CHAPTER I

The Financial

Universe

第 1 章

金融领域

浑然天成的人类系统

审视并回顾，你与浑然天成的人类系统是怎样的关系？利用 or 被利用？过于保守 vs 主动出击？

月的纽约，天色灰蒙。人们刚刚结束假期的狂欢，来自世界各地的游客也纷纷打道回府，市中心的交通逐渐恢复畅通。纽约，这座以活力闻名的城市还在沉睡中，人们流连于慵懒的假期模式，意犹未尽。而事务缠身的我，不得不早早忙活起来，为本年度最重要的出行做准备：我将奔赴瑞士达沃斯，参加世界经济论坛（WEF）年会。

达沃斯论坛：世界顶级精英圈的缩影

世界经济论坛具有排他性，与会者也皆是其所在领域的翘楚。位于瑞士阿尔卑斯山的滑雪胜地达沃斯原本只是个流于传说的小镇，却因成为世界经济论坛年会举办地而在一夜间家喻户晓。2016 年的年会共吸引了 2500 名全球各界领军人物前来参加，包括国家元首、投资大亨、基金经理、跨国公司高管、学术界精英等。政、商、学各界人士齐聚于此，共同探讨全球面临的挑战、签订协议，当然，更重要的是搭建人脉。与会者需凭邀请函参加论坛，而因名额有限，为获得邀请函而展开的角逐可谓"血雨腥风"，尽管高昂的会费已经令不少人望而却步。本人首次应邀参会，是因为长期从事资本市场研究，也算小有成果。此外，我还是系统性金融风险委员会（Council on Systemic Financial Risk）成员，与他人合作撰写了一项关于国际金融改革的研究报告。几年来，因工作需要，我始终与在世界经济论坛上构建的人脉保持着联系。

我到达肯尼迪机场后，在临时专设的瑞士航空公司柜台办理值机。柜台位于机场入口处的旋转门旁，为前往达沃斯的旅客专用，高效而便利。地勤人员身着时髦的铅灰色制服，为这群特殊的旅客提供热情周到的服务。休息室随处可见达沃斯论坛的与会者：对冲基金大鳄乔治·索罗斯、瑞士信贷集团 CEO 布雷迪·杜根（Brady Dougan）、《华盛顿邮报》继承人拉利·韦茅斯（Lally Weymouth）。他们和休息室其他贵宾一样，在皮质扶手椅上候机，享用着丰盛的自助餐，以便可以在接下来的长途飞行中安心休息。透过落地窗，可以看到暮色中的停机坪上有多架飞机上印有瑞士国旗——醒目的红底白十字。这些"大咖"乘客们很多都是故交好友，从休息室到登机桥，他们一路都在热络畅聊。飞机起飞后，座位慢慢后仰，眼罩垂下来，机舱里终于安静了。八小时后，飞机在苏黎世降落。最富有的与会者随即登上他们的直升机，开启下一段价值 1 万美元的天空之旅；银行高管们通常有专车接机。我和其余人员则登上了世界经济论坛的穿梭巴士，前往会场。

蜿蜒的雪山道路上，一辆辆豪华轿车怀着极大的耐性缓慢前行。这些车大都装有隐私玻璃，从外面很难看出坐在后排的人究竟是谁。

达沃斯盛行着一句俗语："参会三天，胜于出差三个月。"

我们沿山路盘桓而上，随着海拔的升高，积雪逐渐增厚，松树银装素裹，在阳光下熠熠生辉。大约三小时后，我们抵达阿尔卑斯山滑雪胜地——达沃斯。你想象中的达沃斯是什么模样？是白雪皑皑的大地上，小木屋星星点点散布其中，景色美不胜收，如同托马斯·曼（Thomas Mann）在其经典小说《魔山》（*The Magic Mountain*）里描述的那样吗？如果是遮掩，那么现实恐怕会给你的美好预期泼上一盆冷水。因为映入眼帘的不过是一个其貌不扬的小镇，一路的平顶混凝土建筑显得尤为沉闷。幸而有白雪覆盖，加之点缀着世界经济论坛的横幅，小镇因此平添了几分别致。

达沃斯堪称对比研究的经典教材。世界经济论坛与会者大多非富即贵，让这个小镇一时间成为当之无愧的世界权力和财富中心。可这里的酒店设施却很落后——它们仿佛被裹挟进时间隧道，忘记了与时俱进。几年前，这里还在使用旋转拨号电话机，要想打国际长途着实不便，此外，Wi-Fi 网络也尚未普及，老式卷纸传真机还在这里一统天下。客人们忍不住投诉抱怨，隐忍的酒店老板通常耸耸肩，淡漠处之。身家显赫的商界巨贾面对着显然低于正常标准的住宿环境，不堪其苦。我曾目睹一名亿万富翁愤怒地抱怨，他在号称五星级的施泰恩伯格酒店的房间"什么设施都没有，就像一口安装着一盏灯的棺材"。

不过最近几年，这个瑞士小镇在蹒跚中也发展了起来，甚至还有带点未来主义色彩的奢华建筑——瑞士信贷集团在这里修建了外观如金色宇宙飞船的洲际酒店。如果想拥有更多隐私，住得更加宽敞舒适，与会者可选择租用当地极具瑞士风情的庄园。与会期间，庄园的租金起步价为每天 15 万美元，不包含服务人员的费用。我有一位朋友是瑞士投资商，他每年都会把自家的庄园租给"俄罗斯政府"。不论他出价多少，对方都会如数支付。我还有其他两个朋友，也在论坛期间把自家的豪华公寓出租，每天租金高达 6000 美元。

我住进了一家温馨舒适的家庭旅馆，到会议中心步行大约 15 分钟的距离。通常，主办方会给大家指定酒店，与会者在这方面几乎没有话语权。不过如果你愿意支付额外会费，将会员等级提高，那么你被分配到国会中心附近酒店的概率就会增加。能称得上论坛 VIP 的主要是几十位国家元首，他们通常下榻在施泰恩伯格酒店。除国会中心外，论坛大部分活动主要在这家酒店进行，这里也是精英们的重要社交场所。不过，一些比较倒霉的与会者可能会被分配到隔壁小镇的酒店，需要耗费额外的通勤时间。

我不愿意错过这场顶级盛会的每一瞬间。因此，我在办理完入住手续后，来不及补觉、倒时差，就拖着疲惫的身躯赶往会场。为了取到论坛证件，我迈着沉重的步伐，风雪无阻，深一脚浅一脚地在雪地里艰难跋涉。那是一个十分珍贵的证件，它赋予了我进入限制级和高安保级别区域的权限。世界经济论坛期间，达沃斯无疑会成为恐怖分子的首要攻击目标：5000 名全副武装的警察和士兵保卫着这里，小镇不但被保护在铁丝网中，还设有多个安检点。狙击手戴着面具不时在屋顶出现，战斗机 24 小时待命，保护着这片禁飞区。论坛期间安保级别之高足见瑞士人的严谨，他们掌控全场，以免出现任何差错。除国家元首外，其他人都必须在进入会场前把贴身保镖留在门口，自己排队接受安检。谁也没有特权，大家一视同仁。

我戴着崭新的证件走向国会中心大楼。这栋建筑物外观摩登、内部设施先进，是一座迷宫似的殿堂，论坛期间的大部分活动都会在此举行。路上，我碰见了比尔·盖茨，他友好地朝我点头示好；国际货币基金组织总裁克里斯蒂娜·拉加德（Christine Lagarde）也与我寒暄；还有黑石集团的史蒂夫·施瓦茨曼，我们一路调侃了几句。在外套检查区，当我脱下沉重不便的靴子，穿上优雅的高跟鞋时，正好碰到美国前财政部部长拉里·萨默斯（Larry Summers）和世界极具影响力的经济学家之一、诺贝尔奖得主、哈佛大学经济学教授罗伯特·希勒（Robert Shiller）。我已经连续多年参加世界经济论坛，但社会名流近在咫尺的感觉依然很奇妙。要知道，平日里只有在黄金档新闻或知名财经杂志封面上才能见到这些人。

依例与熟人打过招呼后，我立即逃离那片喧嚣，找到了一处僻静角落。我搜索着数据库，试图从大约 300 场活动中找出感兴趣的几场。分论坛议题多样，包括"全球经济展望"等宏观话题和"幸福的重要性和人类大脑"等非传统话题。议题多，选择也多，当人们在短时间内接受海量信息，会同时感到亢奋和疲倦。有了之前几年的参会经验，我开始学会合理分配精力。初次参会的人经常会晕头转向，镇子虽然不大，但需要一些时间去适应、熟悉情况。高频次接触世界名流是一种别样体验。论坛期间，全世界重量级宾客从四面八方而来，像被万有引力吸进了这个"平行宇宙"。持续五天的会议结束后，他们会再次回到人类世界。

财富与权力间不可或缺的一环——人脉

世界经济论坛旨在为各方精英提供开诚布公的讨论平台，为亟待解决的全球性问题找到方案。在达沃斯召开的年会曾被描述为世

界上最大的焦点小组，是能够反映全球地缘经济走势的晴雨表。会
议吸引了数十位诺贝尔奖获得者，以及上百位德高望重的学者和行
业领袖前来参与。他们带着各自的观点和洞见，擦出的智慧火花足
以照亮全球。论坛设有几百场分论坛、研讨会，供精英们跨界交流。
我无法确切地说出我从这些会议中收获了什么，但从中汲取的信息
和观点的确让我对所处世界和人类的未来有了更全面、清晰而深刻
的认识。

精英们之所以会不遗余力、一掷千金来参加论坛，原因就在于
论坛是遇见与他们棋逢对手的人物，获得与之构建人脉的机会。只
有在论坛期间，这种机会才能高频次出现。世界经济论坛聚拢金融
业的领袖人物，是当之无愧的顶级高峰论坛。此外，还有 700 名注
册记者参与，随时向世界传递精英对话的重要性，这也扩大了论坛
的影响力。论坛期间认识的人、建立的人脉会泛起涟漪，像同心圆
一样影响着与会者的职业生涯和个人生活。达沃斯盛行着一句俗语：
"参会三天，胜于出差三个月。"对那些时间比金钱更宝贵的精英而言，
这才是关键。

许多达沃斯与会者也是世界金融体系的推手。金融系统在本质
上是人类系统，主要是人类互动的结果，而不只是由各类机构和交
易简单联结而成。厘清其中关键人物之间的联系，对从整体上理解
金融系统至关重要。

那么，普通人为何要关心呢？因为这一小群人的行为无疑会影
响全局，从一国的经济到全球系统的稳定。银行行长、私人资本公
司所有者、对冲基金大鳄和各国央行高管作出的基本战略决策会直
接影响我们的就业和生活水平。这些巨头有着无所不能的权力，但

他们终究还是人，会犯错误，会抱着侥幸心理碰运气。他们会受崇高或没那么崇高的目标驱使，会受情绪左右，有时跟普通人没有什么两样。

居于网络中心的那些人到底是谁？他们如何一步步攀爬到今时今日的地位，又如何维系他们的地位？他们有什么优缺点？他们在全球金融体系中发挥了什么作用？这对我们又意味着什么？

以上问题正是我要在本书中解答的。我经过四年研究，结合多年的跨领域工作经历，发现网络科学理论和精英们的生活故事，可以启迪我们了解金融领域人际关系的复杂结构，以及它对整个系统的意义。

谁在利用系统，谁在被系统利用？

大脑、蚁群和金融系统有哪些共同之处？它们都是复杂的自组织系统（Self-organizing System）。大脑是由数十亿神经元构成的网络，神经元由神经线以一定方式合作联结，从而产生意识。在此过程中，并没有所谓的主导细胞（Master Sell）控制大脑的运行——它通过自发方式，在神经元之间传递电子和化学信号。再以蚁群为例，它是基于集体的分散行为而运行的。单只蚂蚁通过与其他蚂蚁沟通、接收指令，并作出相应行为。在此过程中，并没有"领头蚂蚁"来决定或掌控蚁群的互动方式，而是所有蚂蚁一起，为整个系统的高效运行做出各自的贡献。

同样，在全球金融系统中，自主个体的行为会引发集体活动。那么，这一系统的参与者都有谁？金融机构（如银行和投资基金）

的高管、公共部门（如中央银行和国际货币基金组织）的领导者、许多复杂跨境贸易的正式和非正式参与者。在金融系统中，也没有"中央司令部"指挥整个系统运行，它是通过无数联系、互动和决策自行组织起来的。

决策者能够通过其行为影响系统动态，但他们无法控制系统本身。没有哪个个体可以改变商品价格或影响全球经济走势，但他们之间的联系和互动却能够迸发巨大的影响力。比如，大型金融机构的领导者往往具有强大的人脉能量，同时，他们又受制于系统规则。从本质上讲，金融业的游戏规则影响着他们的玩法，反过来，他们的玩法又会影响规则和游戏本身。

此前，关于金融系统及其风险的分析主要集中在金融机构之间的关联性、宏观经济理论的有效性和定量模型的功能性方面，少有著作探讨各大机构领导者的人脉关系所带来的影响。

然而，所有事情最终都需要归结到人。因为在机构中做出决策、设计理论以及决定最终使用哪个模型的，终归还是具体的人，而不是抽象的组织机构。人际关系是一个无形且难以捉摸的动态网络，它没有严格的公式和规律可循，更难被量化，因此，人类这一维度增加了系统的复杂性。

然而，人类网络即使非常复杂，也符合网络科学①的定律，这些定律可以帮助我们理解人际关系如何形成以及如何结构化。更好地理解那些能左右系统的精英圈及其彼此间的联系，有助于我们理解系统本身。

①网络科学（Network Science），为利用网络来描述物理、生物和社会现象并建立这些现象预测模型的科学，其目的是为了发展理论与实际的方法和技术来增强对自然和人工网络的理解。——译者注

网络科学解释了所有系统的组织结构。近年来，因为社交网络的重要性日益显现，关于网络科学的相关知识逐渐普及。人们发现，网络科学理论不仅可以解释对冲基金大鳄乔治·索罗斯和约翰·保尔森等人如何赚得盆满钵满，还能解释为何在导致经济大萧条的事件或决定中不存在负责人。

根据网络科学理论，"模式，即关系的架构最重要，该架构的各组成部分倒是其次"。系统的主要参与者们明白，是链接网络或人脉赋予了个人影响力，最终的竞争优势将取决于个人关系和联盟的广度和深度。他们了解系统本身及其复杂的关系架构，也掌握着搭建强大人脉的"神奇秘方"；他们高瞻远瞩，洞察先机，看到了人际网络中前所未有的机遇、资源和支持，也因此拥有更强大的能力影响整个系统。

他们越了解系统，就越能够在其中如鱼得水。我们也应该试着理解它，纽约大学教授道格拉斯·洛西克夫（Douglas Rushkoff）曾一针见血地指出："如果你不懂你使用的系统是如何运行的，那么，你很有可能在被系统使用。"

我们需要透过网络系统的棱镜，审视金融领域，因为这个相互联系的世界需要我们拥有更加全面的观察视角。技术化、金融化和全球化不仅在金融领域内构建了错综复杂的联系，也让金融领域和经济、政治等其他领域产生了千丝万缕的联系。新的联系正以前所未有的速度形成，而我们对自己创造的新系统的理解还远远不够，能证明这方面的例子是，我们误判了雷曼兄弟破产带来的影响，低估了欧元危机带来的挑战。

"超级枢纽"如何转动地球？

　　达沃斯论坛体现了如何将网络科学的原则应用于人类，它淋漓尽致地向世人展现，相似的人如何相互吸引，人脉广的人又为何会获得更多人的青睐。达沃斯的成功秘诀是什么？这个度假村偏安一隅，交通不便，一般人很难找到；领导者们不惜脱离熟悉的便利环境和基础设施，被剥夺特权，进入这个"真空地带"；他们在这个高级别安保地区中，不仅要接受层层安检，还要坐公交、经受漫长的交通堵塞；他们别无选择，只能靠相互交谈排解无聊，打发时间，谁也无法逃脱与众人打成一片的局面。实际上，恰恰是当地的低效率推动了高效的网络构建和互动。其他会议主办方曾试图效仿达沃斯，打造一个与之类似的高峰论坛，但遗憾的是，至今都没有另一个成功案例。

　　在达沃斯，平常日理万机的政商领袖都很放松、容易接近，他们时刻准备着社交。这种氛围下，在走廊上达成足以登上新闻头条的重大交易并不罕见。一半以上的与会者会在论坛演讲或参与讨论时，通过分享经验，拉近他们与观众的距离。同时，与会者们时刻开启着"探测雷达"，会借机在茶歇时进行非正式洽谈，或者找个空闲的会议室进行私人会谈。在这里，天上掉馅饼并非神话。一不留神，价值连城的商机或许就会砸中你。你可能会遇到职业生涯的贵人，或者收到一份闭门会议①的邀请函。你也可能在跟人聊天时接触新观点、找到新机遇。我曾在参加达沃斯论坛期间，半个小时就

① 一般是官方的禁止新闻媒体采访的会议。闭门会议通常都较为机密，因此，召开闭门会议时既不会对外公开，也不会邀请媒体参加或采访。——译者注

新结识了五位重量级人物。那天，我坐在国会中心的咖啡厅，一位男士彬彬有礼地问道，能否和我共用桌子。我欣然同意。接着，又来了两位亿万富翁和两位知名基金经理同他一起聊天，自然而然的，我便加入了他们的谈话。

论坛期间，国家、企业和个人主办的派对增加了构建人脉的机会。摩根大通每年都会在基尔希纳博物馆（Kirchner Museum）举办一场盛大的鸡尾酒会，那里距离会议中心只有几分钟的步行路程。达沃斯的各项活动都有等级差别，像这种时髦的聚会不仅是等级最高的，也是最有必要参加的。摩根大通的高层人士会在入口处列队欢迎宾客。几年前，英国前首相托尼·布莱尔（Tony Blair）也曾到场。布莱尔就是万众期待的"锚"，能吸引其他有影响力的贵宾前来"停靠"。现在，迎宾队伍的领头者是摩根大通CEO杰米·戴蒙。他举止优雅，彬彬有礼，一连与数百名宾客握手三小时也不露倦色，仍能神采奕奕地摆出各种造型同来宾合影，与他们谈笑风生。宾客们全然没有心思欣赏博物馆里那些艺术价值非凡的藏品，而是把目光瞄准其他客人。要知道，以色列前国防部部长埃胡德·巴拉克（Ehud Barak）、时任冰岛总统奥拉维尔·拉格纳·格里姆松（Ólafur Ragnar Grímsson）、黑石集团的史蒂夫·施瓦茨曼、俄罗斯寡头奥列格·德里帕斯卡（Oleg Deripaska）以及许多身价不菲的富豪都来了。这是世界顶级精英圈的缩影，其中的每个人都急切希望借此机会结识更多生意伙伴。

这些金融巨头之所以能荣膺精英称号，不仅因为他们在金融系统中具有特权地位，还因为他们所处的领域本身就很重要。金融系统是社会的基石，与每个人的生活休戚相关。无论商业经营、工程建筑还是接受教育，我们从事的每项活动都离不开金融。此外，我们的文化也和金融紧密相连，这一点可以从金融术语中看出。许多金融术语都借鉴了日常生活用语表达其基本概念，比如"credit"（信用）一词，源于拉丁文"credere"，意思是"相信"；"equity"（股本）、"bond"（债券）、"share"（股份）和"trust"（信托）等词也都是从生活用语中衍生而来。银行等金融机构相当于储蓄和投资之间的媒介，在不同社会群体之间分配资源。这一媒介为上百万人提供了资本和机遇，这对中低收入群体而言尤为宝贵。此外，这些机构还提供支付系统。如果没有这套支付系统，我们这个高度互联的世界可能随时失灵。

影子银行系统，即没有银行牌照的金融中介机构，如投行、对冲基金和货币市场基金等，为我们提供了各式各样的金融服务；金融监管机构负责管理和维护系统；中央银行执掌货币政策；智库负责探寻新视角，提供专业建议，意在让利益最大化；学者和思想领袖提供创新的观点，并在金融系统实践中证实或证伪。

金融机构的高层人士以多种方式影响着经济。他们决定着谁可以获得商业贷款、创造就业机会，甚至影响行业兴衰；他们提供抵押贷款，助推公司的并购与上市；他们可以通过手中掌握的资产、资本和货币交易推动市场发展；他们在大宗商品和行业的押注行为影响着能源、食品等必需品的价格；他们对某一区域的看法会对该地区的发展产生极大影响。当一国面临压力时，他们的投机行为会引发该国经济螺旋式下跌的风险。他们的财务贡献、与政客的互动和游说，都影响着政治局势。2008 年金融危机期间，他们还是救市计划的幕后推手。

　　私人部门和公共部门之间的关系会通过所谓的"旋转门现象"交织在一起——玩家在两个领域中穿梭。经济形势向好时，金融业"超级枢纽"的个人关系会在遵循监管的前提下，促成更多大单交易。危机期间，这种人脉关系往往会导致巨大的成功或惨败集中出现在一个机构身上。2008 年，在金融系统濒临崩溃时，公共和私人领域强大的人脉关系成为个别机构能否得到救助的重要因素，从而影响了整个系统的稳定。2009 年，时任美联储主席的本·伯南克（Ben Bernanke）和美国财长蒂莫西·盖特纳（Timothy Geithner）、亨利·保尔森（Henry Paulson）联手，有效防止了金融系统的崩溃。他们因此被誉为"救市三剑客"。之所以能取得这种成效，部分原因是三人私交甚笃，他们相互尊重、彼此信任、心照不宣。所以，在面对混乱无序的形势时，他们能展开建设性合作。如果这三人互不相识，缺乏信任基础，就不太可能在危机形势下精诚合作、攻克难关。

　　在网络科学术语中，私人机构和公共机构的主导者或身居要职的人被称为"超级枢纽"，他们是金融系统中人脉最广的节点。这些人是位于金字塔顶端的少数高管，有权设置议程、主导对话，并以所在机构的名义行使权力。通常，他们旗下的员工成千上万，且遍布世界各地。他们也许不常抛头露面，也不像政界人物那样家喻户晓，但他们所在的组织或机构就像全球超级政府，他们拥有的权力接近甚至超过了民选官员。许多金融巨头都是从无籍籍名的小人物摇身一变成为世界上最富有和最有权势的"超级枢纽"。这样的人物不少，如摩根大通 CEO 杰米·戴蒙、对冲基金大鳄乔治·索罗斯、国际货币基金组织总裁克里斯蒂娜·拉加德以及经济学家鲁里埃尔·鲁比尼。

这些"超级枢纽"除了拥有遍及世界的强大人脉网，还有另一个共同点：基于互信、通过分享经验和拥有相似背景，成功构建起人脉，并且利用它让自己成为行业的领航者。个人关系令他们拥有强大的权力，当他们强强联手时，相互结合的权力可以迸发出极强的聚合效应。这些关系是无价之宝，能叩开重要资源、珍贵信息的大门。因此，那些"超级枢纽"会不惜投入大量时间、精力和金钱，不断游历世界各地，构建这样的人脉。这些人深知，他们可以把各种专业技能外包给别人，但是搭建深厚可靠的人脉所必需的人际关系技巧绝对不能外包，他们必须事必躬亲。

危机预警：瘫痪的风险

在普通民众看来，金融变得越来越抽象、令人费解，也越来越脱离他们的世界。金融系统自我强化的态势导致经济金融化是造成这种脱节的原因之一。金融在 GDP 中所占比重越来越大，使得金融业逐步脱离了实体经济，但金融服务业没有产出对社会有可持续价值的项目，而是创造了许多以家庭信贷增长为支撑的金融衍生工具（如住宅抵押贷款），其主要目的是给发布这些项目的机构赚取利润。这种态势为金融危机埋下了隐患，几乎导致全球经济体系的坍塌。

贫富差距和收入不平等日益加剧，其幕后黑手往往是金融。近几十年来，全球极度贫困线持续降到最低水平，贫富差距明显扩大，眼下已经到达贫富差距的至高点：现在，全球最富有的 80 人持有的财富，相当于最贫困的 36 亿人的财富总和；全球最富有的 1% 的人掌握的财富，很快会超过其余 99% 的人拥有的财富总和。在这群超级富豪中，金融家占有很大比重。他们可以利用所有权产出回报率而不是靠劳动赚取利润，这种做法被称为"寻租"。随着时间的推移，投资的收益率会高于经济增长率。换句话说，富豪们可以让钱生钱，而这也是加剧贫富差距和收入不平等的因素之一。因为，由劳动产生的工资增长远比不上资本回报率的增长。

与此同时，获得机会的差距也被拉大了。我们的系统可以造就"超级枢纽"，却不能促进完全竞争，因为系统会通过强化反馈回路的方式放大赢家的回报。这使得竞争的赢家获得了进一步赢得竞争的机遇，而许多竞争者因此被淘汰。紧密的人际网络加剧了机会不均等问题。在系统中，人与人失去了信任。众所周知，社会契约让我们彼此联结起来，而合作和信任恰恰是社会契约的一部分。不平等的社会无法高效运行，因为人们的合作意愿下降。富人要捍卫已有的财富，他们会利用自己的政治关系来达到这个目的，而其余的人则为了分到一块更大的财富蛋糕而争得头破血流。99%的人的利益与1%的超级富豪的利益发生了冲突。同时，这1%的人相互之间也开始产生利益冲突，因为，当精英逐渐变强后，他们相互竞争的趋势也会加强。意识形态的两极分化导致分裂和不稳定，世界上许多地区日益严峻的政局混乱就是明证。

这些危险进展令财富金字塔顶端的那1%的人十分不安，他们时刻保持警惕，以提防随时可能发生的动乱。企业家、超级投资家、亿万富豪尼克·哈诺尔（Nick Hanauer）警告他的富翁朋友们，民众将纷纷揭竿而起。身为资本主义的捍卫者，他认为，美国正在从资本主义社会变成封建社会。而且，目前的财富积累体量是社会不稳定的前兆，将不可避免引发一场革命，或许，一件意外小事都能酿成大祸。知名对冲基金经理、华尔街操盘高手保罗·都铎·琼斯（Paul Tudor Jones）与哈诺尔的观点颇为相似，他认为"收入不平等将会终结于革命、税收或战争"。他在称道资本主义的同时，也觉得"我们的公司无情地排除了人性……威胁了社会的基础"。现任新经济思维研究所（Institute for New Economic Thinking）主任、曾与索罗斯共同唱衰英镑、实施疯狂押注的罗布·约翰逊（Rob Johnson）说："对冲基金经理已经在新西兰购买飞机跑道，以便逃跑时使用。"

　　本章介绍了一些世界上最具影响力的银行 CEO、知名基金经理和投资大亨，他们是全球金融系统的推手。我们注意到，金融业在整个社会中拥有举足轻重的地位，商界巨贾也因此获得了不可思议的影响力。他们控制着跨国公司，影响着政治格局，又通过独家人脉资源指数级地攫取权力。在第 2 章中，我们将通过网络科学的棱镜审视金融系统，并用一种更加结构化的视角去分析它是如何将少数人推至网络中心，进而又将他们塑造成"超级枢纽"的。

CHAPTER ll

Superhubs

第 2 章

金融超级人脉

金融巨头与网络地理学

这个世界最不缺乏的就是富人。一个格格不入的局外人通过接受高等教育、努力工作、搭建人脉而聚集财富，架构了接入人脉网络的基础设施。而能否访问到网络的"超级枢纽"，还需要锲而不舍的内容创造、借用网络科学的智慧，识别将我们放置于网络中的"无形之手"。

亿 万富翁、对冲基金界传奇人物乔治·索罗斯建立了世界上最强大的全球关系网。它既庞大，又错综复杂，让人很难理解。迄今为止，索罗斯参加世界经济论坛已有 20 个年头，丰富的经验让他很清楚该如何合理分配自己的"达沃斯时间"，以便充分利用这个超现实场合。他精心安排日程，不间断地与各国首相、总统、央行行长和商界巨擘会晤；他会专门拨出一些时间，接受顶尖媒体的采访；他还会出席各类分论坛，与诺贝尔奖得主、高层决策者和首席执行官们共商议题，进行智慧的交锋。

索罗斯的"超巨之路"

索罗斯到底有何特别之处？他成功的秘诀是什么？是什么将他推至全球网络的中心，从无籍籍名之辈，逆袭为世界上极有影响力的人物之一？索罗斯是"超级枢纽"的典型，追溯其发迹史可以帮助我们更清晰地了解金融系统的内部运作。

索罗斯是"超级枢纽"的典型,追溯其发迹史可以帮助我们更清晰地了解金融系统的内部运作。

索罗斯出生于匈牙利布达佩斯一个犹太家庭。在他 14 岁那年，纳粹德国入侵匈牙利，索罗斯及其家人被迫隐姓埋名，得以安全度过苏占时期。战后，他移居伦敦，后来前往美国。索罗斯曾多次表示，战时的痛苦经历深深影响了他的思维甚至整个人生。他因此意识到，有时循规蹈矩毫无用处，铤而走险才是王道。1947 年，年仅 17 岁的索罗斯在异国他乡——伦敦开始了一段艰辛的旅程。他打零工赚钱，供自己在伦敦经济学院学习。他渴望在金融行业立足，但伦敦社会的阶级意识极强，他始终是一个格格不入的局外人，无法被诚心接纳。因此，他未能如愿在金融业获得一席之地。

不过，索罗斯并没有气馁，他给伦敦所有商业银行的总经理寄去了他的亲笔信。在那个年代，这种做法十分罕见。若是无人引荐，很少有求职者会直接联系他们素不相识的潜在雇主。伦敦金融业的大门难以叩开，有一位银行家曾直截了当地告诉索罗斯，这座城市就像俱乐部，里面都是相熟之人，外人难以进入，找工作的唯一方法就是托关系。他还狡黠地补充道，伦敦金融机构流行着一种"聪明的裙带关系"。所以，金融机构从业人员至少得是来自某个大家族的人。索罗斯在学校没有人脉，也不是英国人，凭他的条件要找到工作几乎毫无希望。最后，索罗斯通过一位匈牙利老乡的介绍找到了工作，接着又经同事引荐得到了在美国工作的机会。就这样，他开始步步高升，每次都以旧有的人脉关系为跳板，在新领域中打下一片江山，最终建立了世界上首家，也是最成功的对冲基金公司。1992 年，他因"打垮英格兰银行"，迫使英国退出欧洲汇率机制而名噪一时。

索罗斯起初以成功投资者的形象一举成名。然而，这个世界从不缺乏富人，单在投资领域里的成功还不足以让索罗斯显得卓尔不群。20世纪80年代末，他竭尽全力想与布什总统、玛格丽特·撒切尔夫人和戈尔巴乔夫等政要会晤，共同指点江山、谈论政治，但他的努力都无疾而终。国际货币基金组织和美国财政部都认为，索罗斯不过是一个自以为是的暴发户，也将他无情地拒之门外。屡屡碰壁的索罗斯在意识到外界对他的看法后，便着手将自己打造成思想领袖。于是，他开始创建内容。索罗斯向来心怀天下，希望有朝一日能够影响世界。年轻时，他花了大量时间阅读，培养自己在哲学、经济和政治方面的思考能力。然而，直到20世纪90年代初，当他试图向《华尔街日报》和《纽约时报》投稿，发表评论文章时，还是没能成功。但他依然执著前行，不顾各方激烈批评，继续尝试发表自己的作品。终于，他因提出"反身性"理论而知名度大增，该理论源于卡尔·波普尔（Karl Popper）的哲学思想，索罗斯认为这一哲学理念是他在投资时的制胜法宝。虽然很多人都不认同索罗斯的观点，但他确立了自己的地位。大量媒体曝光既帮助他逐步建立和巩固声誉，也帮助他赢得了影响力。这让索罗斯觉得自己已经拥有左右政府的能力。

集中精力赚钱只是在富人圈的立足条件，而把钱分发出去却是迅速增加社会知名度的有效方法。1979年，索罗斯涉足慈善事业，设立开放社会基金会，旨在与各国政府一起努力建立更宽容的社会，支持教育、卫生、司法系统及相关事业。该基金会在世界多地设有办事处，他们与索罗斯旗下的其他机构都有密切的往来。20世纪90年代，索罗斯建立并运营国际危机组织，致力于预防和解决致命性的地区冲突；他还参与投建了旨在监控和揭批国际腐败的组织——

透明国际。这些组织都是独立的、非营利性的非政府组织。

索罗斯还帮助建立了不少组织，包括政治组织。2007 年，他协助启动独立的欧洲问题智库——欧洲外交关系理事会（ECFR），其成员包括 100 多名政客、决策者、思想领袖和企业家。2009 年，他创立了新经济思维研究所（INET），致力于学术研究和教学改革，其董事会成员均为商界精英。

索罗斯获得了"知名慈善家"的称号，这是他事业上的又一块敲门砖。不过，他坚称自己不需要为了商业目的做慈善，因为他担心慈善事业会影响自己的商业判断。不论如何，索罗斯的确掌握了精髓，他深谙创建庞大人际关系网的重要性，正是这一因素帮助他杀入金融圈，一跃成为塔尖的"超级枢纽"。

网络构成：节点、枢纽、超级枢纽

关于如何才能成功，我们都知道一些方法：接受高等教育、努力工作和搭建人脉。世界上成功的人有很多，但只有极少数人才能在金融界呼风唤雨。这种极端集中的权力助长了阴谋论，但事实上，根据网络科学原理，将这部分人推向权力巅峰的并非邪恶的阴谋，而是自然规律。网络科学可以帮助我们追踪这些精英网络如何形成，并理解其高度互联的强大核心，或者说剖析"超级枢纽"是如何炼成的。

网络控制着社会、经济或政治等人类活动的各个层面，我们生活的方方面面也都是通过交织重叠的网络相互关联的，金融系统不过是其中之一。在人类开始定居生活时，就设计了交换商品、劳动的一系列规范。在这些规范下，网络经济应运而生，其中就包括金融系统的萌芽。

其实，我们在出生之前就已经在网络关系之中。随着年龄的增长，我们被无形的手推入社会关系，而在网络中的地位决定了我们的命运。当然，一个人的网络所能触及的范围有限，但它间接提供了链接到其他网络的无限可能。我相信你肯定听说过六度分隔理论（又称六度人脉关系理论），即地球上所有的人都可以通过六层以内的熟人链和任何其他人联系在一起。关于该理论更为通俗的解释是：你和任何一个陌生人之间所间隔的人不会超过六个，你最多通过六个人就能认识任何一位陌生人。1967 年，美国社会心理学家斯坦利·米尔格拉姆（Stanley Milgram）验证了这一理论，指出世界其实很小。后来，剧作家约翰·瓜尔（John Guare）通过同名剧本《六度分隔理论》（*Six Degrees of Separation*）对米尔格拉姆的理论进行了更深刻的探索。

所有网络，无论是自然产生还是人为制造，都有相同的基本架构：各个节点通过路径产生链接。而网络由节点组成，节点可以是神经元、变电站或人。节点总是会争夺链接，因为链接代表着在高度联系的世界中继续生存的机会。在人际关系中，这些链接就是基于两个人之间的联系，如商业交易、信息交换和互助互利。

每个网络中，节点呈层级结构存在：大多数节点都只有几个链接。有多个链接的节点称为枢纽。只有少数节点（超级枢纽）拥有很多链接，因此可以接触到其他节点、枢纽和超级枢纽，它们甚至能链接整个网络。"超级枢纽"通常会打破六度分隔理论的规则。也就是说，由于"超级枢纽"拥有声望和社会地位，因此，他们与其他人之间的相隔远远少于六度。

　　在全球金融网络中，在金融领域工作的每个人代表一个节点。级别更高的人，因其地位和链接数量，可以被称为枢纽。这些人通常会有很多下属，在其所在组织中也颇具影响力。而"超级枢纽"位居金融领域的核心，比如银行 CEO。他们占领网络中心位置，有大量跨越不同网络的优质人脉关系。

　　无论宇宙、有机体，还是金融系统，每种网络都有扩张的自然趋势。这种扩张不会遵循正态分布规则；因为节点倾向于附着到拥有许多其他链接已经很多的节点，以此获得更多的生存机会。因此，链接到一个更强大、健康、健壮的节点无疑是最优选择。如此一来，一些节点（即枢纽）在吸引来许多链接后一跃成为链接中心。正是这种动态趋势导致"富人越富"的现象，即在争夺新链接的竞争中，已经拥有很多链接的节点会吸引更多链接。本书将在第 5 章对此做详细探讨。

　　物理学家阿尔伯特－拉斯洛·巴拉巴西（Albert-László Barabási）指出："如果一个节点的链接是另一个节点的两倍，那么它吸引新链接的概率也是后者的两倍。"因此，少数枢纽和"超级枢纽"就几乎能与所有节点相连了。这被称为"幂律分布"。网络的行为由节点、枢纽和超级枢纽之间的互动决定，而它们的互动方式主要是由网络的目的决定，其中又掺杂随机性。根据幂律分布法则，网络的行为受节点影响，因为它们试图与枢纽（尤其是超级枢纽）创建链接。因此，少数节点和超级枢纽会在网络中产生最大影响，他们的行为和互动将对整个网络产生深远影响。金融系统就是如此。

　　通过创建高度连通性，枢纽能让网络更高效，同时也使之更脆弱。枢纽运转失灵的影响会通过网络逐级扩散，导致系统故障。

以电网为例，在这种相互关联、极其敏感的网络中，任何干扰都可能产生蝴蝶效应，通过系统导致数千英里之外的地方发生故障。电就像人类有机体中的血液，没有它，系统就无法运转。2003 年 8 月 13 日，美国有数个州同时经历了历史上最大规模的停电事故。在办公楼中的人被紧急疏散，有 800 人被困在电梯等待解救。没有了红绿灯，各大城市的交通瞬间瘫痪。35 万名地铁乘客被困在黑暗的地下通道，等待营救。医院不得不使用应急发电机。机场更是陷入混乱，航班大面积延误、取消，许多旅客都被堵在前往机场的路上。此外，还发生了 70 多起火灾事故。核电厂自动关闭，电话服务中断。电子设备全都罢工，收银机、自动取款机、供水系统，甚至连抽水马桶都无法使用。纽约市应急指挥中心时刻待命，以防作案团伙趁火打劫。

另一个例子是雷曼兄弟的垮台。人们通常认为这是导致金融危机蔓延全球的触发器。美国财政部和美联储低估了雷曼兄弟与世界各地其他机构之间千丝万缕的联系。当他们宣布不再为雷曼担保时，市场即刻崩溃，全球金融系统更是无法正常运转。因此，如果网络由链接数量较少的节点构成，那么它会更加健康，因为链接少意味着节点失灵不会引发多米诺骨牌效应。

然而，我们的金融系统包括多个高度连通的人类"超级枢纽"，他们对整个系统具有重大影响，一旦"超级枢纽"失灵，系统也无法幸免于难。

无论在哪里，索罗斯都是焦点。在达沃斯，他穿梭于摩登的国会中心和举行分论坛、研讨会的酒店之间。当他穿过人群时，总会引起很多认识他或很想结识他的人的注意。不过他没有时间跟大家

——打招呼，多数时候只是礼貌地穿过人群。

人类"超级枢纽"通常很容易辨认。从他们进入房间的那一刻，你就可以观察到网络科学在现实中的映照：所有身着黑色西装的节点会自动转向他们，就像被磁铁吸引一样，渴望与之产生链接。索罗斯是典型的金融巨头，拥有无数强大的人脉，因而可以接触到顶级精英和机构，通过强强联合，产生巨大的影响力。如果与乔治·索罗斯搭上关系，网络的其他节点就会欣喜若狂。因为他像所有其他网络的"超级枢纽"一样，位高权重，影响力可以福泽许多人。

在任何人脉网络中，个人地位都由链接数量和质量决定。在全球金融系统中，网络的中央位置具有实际经济价值，人脉网络就等同于净资产。高度连通性、访问权和地位赋予"超级枢纽"独特的权力，他们可以相互利用，将有利可图的想法变成现实。这种权力意味着与他们产生链接会具有更多优势，因为联系可以传导身份、地位，进而为个人获取利益。

网络地理学：地位和访问权限决定人脉等级

地位是无形的，个体在社会中的等级和地位很难被精确衡量，且在很大程度上基于他人的认可程度。地位能反映威望，它代表了一个人在某个群体中相对于其他人的影响力和权力。

在研究人类大脑对奖赏的反应时，科学家发现，人类可能更看重社会地位而不是物质奖励。感觉到被尊重会更令人愉悦。同时，地位也具有经济价值，它可以促成一些事情，如得到帮助、获取信息和得到晋升机会等。"超级枢纽"可以通过与他人协作把地位授予他人。这些人得到了"超级枢纽"的喜爱和信任，而"超级枢纽"会认为他们与自己在某方面非常互补，或者他们可以帮助自己实现利益。

改善在网络中的位置等同于提升地位，地位意味着等级或分层结构，而分层结构是进化论的外化形式。因为分层结构鼓励位于高层的个体集中精力与他们的平辈竞争，这就催生了进步，所以，层级组织比扁平化组织的运行更高效。位于"关系链"顶端的人是否足够努力，对他们所在社区或组织机构的成功至关重要，这种正相关的影响力赋予了他们地位。随着人类从农业社会进入工业社会，社会分层结构逐渐演化成组织机构的分层。如今，CEO 或董事长等德高望重的职位就是身份地位的象征，因此晋升到更高职位是提升地位最直接的方法。

提升地位的另一种方法是增加财富。曾经，从事具有社会价值工作的人，如医疗或教育行业的从业者会被赋予地位。但在过去的 30 年中，由债务推动全球经济增长的时代里，上述状态发生了改变，金钱成为地位的象征。金融行业从业者的薪资水平通常明显高于其他行业从业者，他们也因此感觉到自己地位的上升。金融公司的高管们可以利用工资，通过寻租来取得收益，也就是通过所有权而不是劳动或生产获得收益，因为他们拥有获得投资的机会，可以让钱生钱。

声誉是地位的重要体现，它反映了一个人的品性和能力。我们会通过他人的声誉评估他们，并认为良好的品格是进行交易的先决条件。

在金融领域，良好的业内声誉是成为"超级枢纽"的必备条件。不过，很多在我们常人看来有损声誉的做法，在商业世界中似乎没那么重要。摩根大通 CEO 杰米·戴蒙让其公司亏损 62 亿美元，但这丝毫不影响他获得杰出领袖的称号。由于认知偏差的"晕轮效应"①，很多富有传奇色彩的声誉往往具有自给自足的持续效果，也就是说，一个人做每件事情都会透过"他很卓越"这一先决认知为人所理解。换言之，一旦人脉网络的思想领袖认定某人很杰出，那么网络就会自动假定这是一个永恒的事实。即使在重大失败中，各个链接紧密的"超级枢纽"通常不会任凭同行一蹶不振。忠诚和社会资本是人际关系得以巩固的基础，因此，大多数在金融危机中失去工作的高管，通常会很快在其他地方东山再起。

美国对冲基金公司天桥资本创始人安东尼·斯卡拉穆奇（Anthony Scaramucci）年轻、阳光，与励志大师托尼·罗宾斯（Tony Robbins）有相似之处：他也是通过在达沃斯建立的人脉找到了行业入场券，并且一步步走向职业生涯巅峰的。2010 年，当时的斯卡拉穆奇还是一位初出茅庐的新人，但他借助参加达沃斯世界经济论坛的机会，与时任花旗集团 CEO 潘伟迪在施泰恩伯格酒店的走廊上展开了一场对话。他说服潘伟迪将花旗旗下价值 40 亿美元的对冲基金投资组合卖给他，这单交易使得天桥资本的资产管理额一夜之间攀升至 60 亿美元。如果没有斯卡拉穆奇与潘伟迪的这场对话，这家对冲基金公司的身价就不可能实现火箭式飙升。可见，权限或者进入某个圈子的入场券是如此重要。

斯卡拉穆奇的脸上总是挂着令人难忘的灿烂笑容，他在做任何

---

①认知者对一个人的某种特征形成好或坏的印象后，他还倾向于据此推论此人其他方面的特征。本质上是一种以偏概全的认知误区。晕轮效应愈来愈多地被应用于企业管理，其对组织管理的负面影响主要体现在各种组织决策中。——译者注

事情时都带着高度热情。他出生在长岛一个工人阶级家庭，从哈佛法学院毕业后便加入了"金融巨头的摇篮"——高盛。之后，他创办自己的投资管理公司，经过一番艰苦打拼，他终于得到了梦寐以求的世界经济论坛的邀请，我与他的初次相遇就是在达沃斯。斯卡拉穆奇平易近人、自来熟的风格并非所有人都喜欢，但那些轻视他的人显然严重低估了斯卡拉穆奇的智慧和战略实力。

斯卡拉穆奇才华横溢、口才了得，很有自我推销的技巧。他执著不懈，使一切看起来如此真实可信，发自内心。他巧妙地在奥利弗·斯通（Oliver Stone）执导的好莱坞大片《华尔街2：金钱永不眠》（*Wall Street* Ⅱ：*Money Never Sleeps*）中植入了天桥资本的广告，还成为了该片的技术顾问。之后，斯卡拉穆奇出版了一本描述自己心路历程的书《别了！华尔街大鳄》（*Goodbye Gordon Gekko*），他在书中反思了华尔街金钱与灵魂的终极角力，从某种意义上说是及时的自我批评。该书在出版后广受好评，让斯卡拉穆奇声名远播。他的崛起非同寻常，而达沃斯论坛在其中起到了关键作用。

斯卡拉穆奇有许多宝贵的人脉资源都源于世界经济论坛，但他不甘于此，他不断丰满自己的羽翼，借势打造了自己的论坛——天桥资本另类投资大会（SkyBridge Alternatives Conference，以下简称SALT大会），在短短几年内，SALT大会已成为世界对冲基金的顶级盛会。这项几乎不花费任何成本的活动汇集了世界上最好的团体、最好的演说者，如美国前总统比尔·克林顿和乔治·W.布什、法国前总统尼古拉·萨科齐等。总之，一切都是最好的。SALT大会之所以能如此成功，其中一个核心原因是斯卡拉穆奇深厚的人脉资源和广博的联盟关系。史蒂夫·科恩（Steve Cohen）、瑞·达利欧和大卫·泰珀（David Tepper）等对冲基金大鳄都对他评价颇高，且非常信任他，因此在他创立 SALT 大会时纷纷鼎力支持。

斯卡拉穆奇在人脉网络中的位置，为他提供了最梦寐以求的和最具价值的资产：访问其他"超级枢纽"的权限。能打通对方电话、让对方阅读邮件、获得见面机会，这是实现业务目标的决定性一步。金融业的精英们时刻面临着各种邀约，他们总是小心翼翼地分配最珍贵和有限的资源——时间。他们会把时间留给他们喜欢，或者他们认为很重要的人，这些人通常是另一些精英。建立和维护庞大的网络具有挑战性，网络越大，所需的时间和精力就越多。因此，"超级枢纽"通常会优先考虑网络质量而不是数量，并以此对人脉网络进行区别对待。"邓巴数字"在商界得到广泛认可，特别是在以客户为导向的行业中。该理论认为，因为人类的认知能力有限，所以大多数人最多只能与 150 人建立起实质关系。正是这种先天限制，使得访问权限变得更有价值。

"超级枢纽"利用其地位和访问权限获得了"力量增倍器"，即凝聚力，他们可以号召网络中的个体一起朝共同的目标努力。通过与其他志同道合的强者联合，"超级枢纽"的影响力会以指数级提升。"超级枢纽"的权力是双重的：他们凭借自己的地位和声誉接触到了最有权势的人，同时，他们又凭借自己的信誉说服那些有权势的人加入他们的事业。世界经济论坛创始人克劳斯·施瓦布（Klaus Schwab）和乔治·索罗斯都是典型例子。他们一呼百应，只要他们发声，就会有人排着长队加入其事业。反过来，这种号召力又提升了他们的地位。

此外，超级巨头对网络流（Network Flows）具有主要控制权，因为他们处于网络的神经中枢。他们可以开放访问节点的权限、控制信息分布，也可以限制访问其他节点的权限。他们扮演着把关人的角色，可以碰触到常人梦寐以求的机会，而这种控制权又反过来巩固了他们在网络中的权力。

在金融网络中，获得接触强者权限的最重要结果，就是接近由强者控制的流通领域：信息、金融资本和机会。这些都是全球金融网络中至关重要的链接，我们将在第 3 章继续探讨。

社会资本：精英圈的共同货币

金融业的精英利用着一种共同货币：社会资本。从某种意义上说，这是一种为了造福他人而积累的劳动消耗。人类关系网基于社会资本的交换，而社会资本是人际关系的黏合剂，能促进合作。以资本作为隐喻，意味着个体可以用他们的社会关系进行投资，并得到相应的回报——这是基于信任和共同价值观的互惠预期。我们都有回报他人的义务，这种念头会持续存在。在超级枢纽的人际网络中，每个请求都是一次复杂谈判，而应允请求就像向外贷款，以借款人的地位作为抵押担保。地位越高，帮忙的价值就越高。随着个体地位和权限不断发展，其社会资本也在发展，在此基础上创建的强大力量组合，可以有效吸引其他节点。**社会资本是金融和人力资本的有效补充，是推动经济增长的要素之一**。人力资本，即个人智慧和经验的综合，向来是衡量生产力的一大指标。而社会资本，即人脉网络的深度和广度，作为评估生产力输出的衡量标准却被长期忽视。

互助一直是华尔街文化不可或缺的组成部分。涉及某人的言论是否靠谱时，金融家往往遵循不成文的荣誉准则，而互助在大多数情况下都能实现收支平衡。在无法平衡时，债务人往往面临遭受惩罚的危险，轻则地位、名誉受损，重则被驱逐出网络。

金融巨头能触及任何人、任何事，他们的地位和访问权限使其在金融网络中拥有巨大的能量。当他们发出请求时，其他人都很乐意效劳。如果万众期待的超级巨头出席某个活动，就能瞬间提高该活动的档次和名气，人们渴望与他们交流想法、建立关系。

"超级枢纽"不可避免地会在很多群体中形成，他们可以是在校学生、一个小城市的商人或舞台上的演员。不论他们的身份是什么，"超级枢纽"的形成都遵循网络科学定律，因引力作用吸引众多链接。金融体系中的"超级枢纽"影响力尤其强大，因为他们能获得资本，推进全球化。他们能居于重要地位并非偶然，因为他们能潜心解读网络 DNA、遵守其规则，直到他们足以影响网络，从而保持这种系统动态。当他们彼此直接链接，强强联合形成集群时，他们的权力会产生聚变式扩大，几乎影响到我们每个人的生活。

巨头极大的优势之一是容易接触其他巨头，这个优势尤其适用于乔治·索罗斯。每当他开始一个新项目或新事业时，他根本不用向他人请求支持，那些精英便会自动从世界各地而来，这些人不乏国家前元首和高级决策者，他们慷慨相助，渴望与索罗斯的事业产生联系。同样，索罗斯也不只提供想法和资金。他本身具有的强大人际关系网已经成为他的重要资源，他一摇旗，人们便纷纷响应。

索罗斯的 80 岁生日聚会淋漓尽致地展现了他这一生打造的人脉关系网。朋友们不远万里从世界各地赶到纽约州的南安普顿，参加他盛大的生日派对。在白色帐篷里，经济学家鲁里埃尔·鲁比尼与黑石集团副董事长拜伦·威恩（Byron Wien）畅聊；棕榈树下，德意志银行副董事长凯欧·克哈－维萨（Caio Koch-Weser）与国际货币基金组织副总裁朱民（Min Zhu）共饮香槟；黑石集团联合创始人彼得·彼得森（Pete Peterson）和国际金融研究所（International Institute of Finance）负责人查尔斯·达拉罗（Charles Dallara）则在僻静处安静地聊天。

2013 年，索罗斯与商业顾问多美子·博尔顿（Tamiko Bolton）举行了一场盛大的婚礼。婚礼日期定在联合国大会和克林顿全球倡议大会举行前的周末，许多世界领导人刚好在纽约。庆祝活动在纽约卡托纳附近的一处豪华庄园举行，距离市中心约一个小时车程。我也接到邀请。在接近会场时，我们加入了一列长长的黑色轿车车队，布达佩斯节日乐团演奏着为婚礼专门创作的曲目，迎接宾客的到来。婚宴场地布置得奢华贵气，全球金融精英都聚集于此。国际货币基金组织总裁克里斯蒂娜·拉加德、世界银行行长金墉、联合国前秘书长安南、美国国会众议院少数党领袖南希·佩洛茜（Nancy Pelosi）、参议员查克·舒默（Chuck Schumer）、时任冰岛总统的奥拉维尔·拉格纳·格里姆松（ÓRagnar Grrnar G）、爱沙尼亚总统托马斯·亨德里克·伊尔韦斯（Toomas Hendrik Ilves）、利比里亚总统埃伦·约翰逊－瑟利夫（Ellen Johnson-Sirleaf）、阿尔巴尼亚总理埃迪·拉马（Edi Rama）、意大利外交部部长艾玛·博尼诺（Emma Bonino）、希腊前总理乔治·帕潘德里欧（George Papandreou）、对冲基金巨头保罗·都铎·琼斯、朱利安·罗伯逊（Julian Robertson）、斯坦·德鲁肯米勒（Stan Druckenmiller）、阿代尔·特纳（Adair Turner）勋爵、马克－马洛赫－布朗（Mark-Malloch-Brown）

勋爵、国际金融协会理事长查尔斯·达拉雷（Charles Dallara）、爱尔兰著名摇滚乐队 U2 主唱波诺（Bono）等人都前来参加婚礼，这还只是宾客的一小部分。乔治·索罗斯和多美子·博尔顿各自的朋友都从世界各地赶来，庆祝他们的新婚之喜，同时也巩固了各自的社会关系。

　　本章通过网络科学的透镜审视金融体系中最有权势的人脉关系结构，并以此解释金融巨头如何形成。具体而言，我们揭示了催生"超级枢纽"的一些动态因素，如地位、访问权限、社会资本等。"超级枢纽"如何强强联合？是什么让他们的联系价值千金？他们又在人际网络中交换了什么？在接下来的第 3 章中，我们将更仔细研究链接超级巨头的主要链条：金钱、信息和社会资本。

CHAPTER III

The Links That

Connect

Superhubs

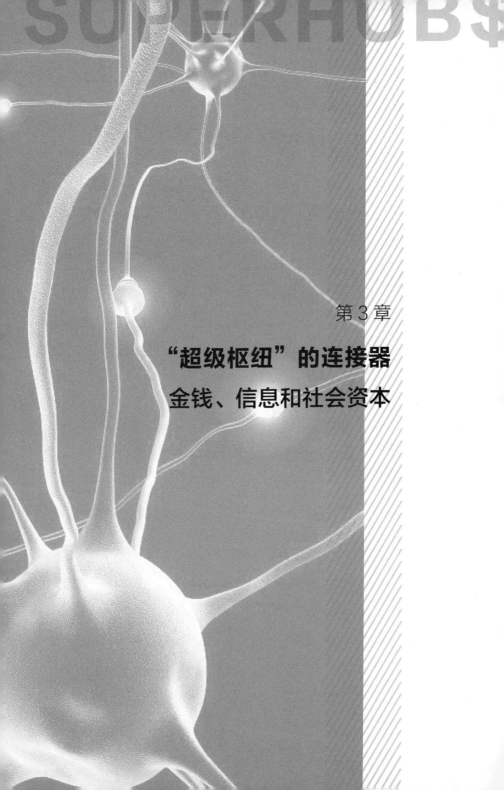

第 3 章

"超级枢纽"的连接器
金钱、信息和社会资本

金钱、信息、社会资本三者相互依存，
彼此激发，释放动能，制造人脉网络
"超级枢纽"的连接器。

在每年的世界经济论坛年会举行期间，《金融时报》（*Financial Times*）和美国国家广播公司财经频道 CNBC 都会作为联合主办方，在庄严的施泰恩伯格酒店举行酒会。这是业界精英们从不肯错过的盛宴。正是在这个酒会上，我有幸一睹拉里·芬克的风采。在此之前，我只在新闻报道中见过他。芬克额头饱满，眼睛虽然不大，却目光灼灼，看起来十分睿智，只是表情略显紧张。我断定他是一位天才，但应该不善交际。可事实与我的判断截然相反。那天晚上，他谈笑自如，友善、随和，宾客们都像被磁铁吸住似的围在他身边，希望与他交谈。即使是不认识芬克的人，也能感觉出他就是"超级枢纽"。

最佳链接：华尔街教父拉里·芬克

拉里·芬克是世界上最大的资产管理公司黑岩集团的创始人、董事长兼 CEO。机构投资者把大量来自平民百姓的储

若你想知道系统中其他参与者如何通过金钱、信息和社会资本与"超级枢纽"建立链接，芬克就是典型的例子。

蓄和养老金委托于他，世界各国政要纷纷向他征求意见。若你想知道系统中其他参与者如何通过资金、信息和机会与"超级枢纽"建立链接，芬克就是典型的例子。同时，他还具备"超级枢纽"所有的先决条件：才华横溢、教育背景出众，又颇具人格魅力。从加州大学洛杉矶分校（UCLA）获得工商管理硕士（MBA）学位后，他在纽约加入了瑞士信贷第一波士顿银行，仅用十年时间，便创造出亿万美元利润。由于他对非凡的成功已经习以为常，以至于当命运偶有逆转，他都会倍感羞耻。由于芬克的失误，瑞士信贷第一波士顿银行损失了一亿美元，他因此离开这家银行，一时成为华尔街的热门话题。

芬克从那次失败中总结了许多教训，其中之一是：他发现资产管理公司的风险意识薄弱，尤其在经济形势向好时。因此，他得出结论，认为构建风险管理系统是成功管理投资组合最基本的条件。1988 年，芬克借助黑石集团（Blackstone Group）的力量，与人合伙成立了自己的公司。黑石集团是史蒂夫·施瓦茨曼和彼得·彼得森（Pete Peterson）创建的私人股本公司。他们同意把芬克及其合作伙伴的信用额度提高到 500 万美元，条件是获得其公司 50%的股权。短短几个月后，芬克的生意风生水起。

1992 年，施瓦茨曼和芬克这两位华尔街重量级人物，因赔偿金和所有权问题发生冲突，从此分道扬镳。与此同时，芬克已经制定了更宏伟的计划，他的雄心壮志可以从他对新公司的命名看出：黑岩集团（Black Rock，又译作贝莱德集团），这就像黑石集团（Blackstone，又译作百仕通集团）的强化版。

芬克建起了无与伦比的全球网络。他与华盛顿两大党派有着深厚渊源，再加上他在政治舞台上的话语权与日俱增，使他拥有了特殊的威望。芬克还聘请了不少曾备受瞩目的政策制定者，比如瑞士央行前行长菲利普·希尔德布兰德（Philipp Hildebrand）、美国财政部前任官员肯德里克·威尔逊（Kendrik Wilson）等，进一步提升了自己的知名度。此外，他还与许多当权者都有密切往来，这又大大提高了他的影响力。他同美国财政部前部长蒂莫西·盖特纳私交甚笃，曾希望盖特纳任满后加入黑岩集团，但未能如愿。总之，芬克用了大量时间和精力开发和经营人脉，每年有大半时间都往来于世界各地，拜访客户、维护关系。黑岩集团的金融网络几乎无处不在。它控制着数万亿美元的资金，这个数字不仅高于许多国家的 GDP，有时还超过美联储的资产总额。黑岩集团通过资产管理，以及为"超级枢纽"提供咨询服务造就的链接，得以与大多数主权财富基金、养老基金、中央银行、捐赠机构和基金会都保持着密切关系。在 2008 年金融危机期间，黑岩集团成为风险管理行业的龙头，芬克也被誉为"救市先生"。许多国家政府都寄希望于黑岩集团，希望它能帮忙收拾烂摊子。时任美国财长盖特纳还请黑岩集团分解并出售价值高达 300 亿美元的高风险抵押证券。这些资产是在金融危机形势最严峻之时美联储因救助美国国际集团 (AIG) 而积累下来的。

按照芬克最初的想法，黑岩集团的核心业务为风险管理。由股市分析高手管理成千上万台计算机，通过专门用于定量分析的软件，监控数以万计的投资组合。这些系统会对输入的信息进行处理，同时借助复杂算法生成更有价值的信息。黑岩集团为世界各地机构的投资者提供建议，为他们分析市场行情、管理财富，这实际上也赋予了它洞察整个金融系统运行状况的独特视角。同时，芬克本人就是一个信息中心，他能接触大量人脉、资金和信息，这种超级连通性为他提供了价值连城的信息资本，还有不可多得的机会。

最扎实的连接器——金钱

构成金融系统的"细胞"就是金钱。金钱具有神奇的变革力量，它深刻影响着我们的社会和文化的组织方式。**金融系统、经济和市场这三个独立网络通过金钱进行了有机结合。**金钱是一种最普遍的链接工具，具有强大的能量，可以链接节点、中心和"超级枢纽"。资本流动可以在市场参与者之间创建一个交易网络，还可以把各类金融机构链接起来，构成更广阔的网络。同时，金钱可以通过信贷、贸易、股权、政治献金等方式建起各种错综复杂的关系网。

作为一种具有交换功能和价值贮藏的媒介，金钱具有典型的网络属性。它主要由提供贷款的银行发行，中央银行会通过调整利率和资产购买量控制经济体中的现金流。事实上，货币流通的模式和速度都类似于病毒。当资金停止流动时，经济也会停滞，金融系统将被冻结，市场将面临崩溃，在金融危机期间，上述情况尤为明显。

金钱的网络权力会延伸到金融系统的高管身上，他们决定着货币的发行、分配和流动。金钱创建的链接反过来构成了高管网络的基础。因此，网络创造并影响着金钱，而金钱也创建并影响着网络。金钱通过不同类型的组织机构，将人们链接在一起。全球金融体系建立在几个关键支柱上：中央银行、商业银行、非银行金融企业（所谓的"影子银行"）和国际清算银行、国际货币基金组织等其他金融机构。这些机构大都定期举行会议，以便高管互相交流，维系关系。

印钞机：中央银行

今天，几乎所有国家都有中央银行，如美联储、欧洲央行和英格兰银行。它们是独立的政府代理机构，其任务是在低通货膨胀情况下实现货币稳定增长，以维护金融系统的稳定。各国央行通常运用货币政策实现这些目标，比如制定利率、进行金融监管，在危机期间维系流动性。

欧洲央行通常在其所在地法兰克福定期举行会议，其会议结果通常务实且具有技术上的可操作性。几大央行行长和学者们会就货币政策发表意见和建议，或带来最新研究结果，与会者有大量互动交流的机会。这些与会者通常包括欧洲央行行长、欧洲央行董事会成员、德国联邦银行（即德国银行）高管、国际货币基金组织官员、欧洲联盟委员会（European Commission）高管，以及其他央行官员、高层政策制定者、学者、银行家和基金经理等。这些会议通常与欧洲银行大会（European Banking Congress）同期举行。届时，很多银行CEO都会出席会议。美联储主席、来自世界各地的财政部部长等决策者们来回穿梭在各个会场，向银行业的精英们发表具有启迪意义的演讲。高层决策者的演讲是商业活动的亮点，这也是不同网络间，即个人和公共网络之间如何相互影响的具体表现。

自2008年以来，中央银行向全球金融系统注入了数万亿美元，以便给政治家拟定更为透彻的解决方案的时间。如今，各国中央银行是世界市场最大的投资者之一，且已经成为准"资产阶层"。它们是全球经济的共同决策者，这些决策推动着世界市场，影响着我们生活的方方面面。中央银行通常是独立的，只要其行为符合使命与宗旨，便相对不受政府约束。与政府机构相比，它们能够迅速作出决策并执行。因此，中央银行行长是目前世界上最有权势的群体——在很多方面比民选官员权力更大，他们拥有雄厚的财力和迅速做出金融决策的能力。

央行行长们处在一个光怪陆离的世界中。他们的任期往往具有一定年限，其间要频繁出入世界各地的高端会议。因在各种会议中频繁碰面，再加上他们都受过高等教育，对经济学怀着赤诚之心，能在同一思维频率进行沟通，所以，他们更容易逐渐了解和信任彼此，形成熟人社会。在这个圈子中的专家往往朴实无华、平易近人，但通常也会有所保留。因为其地位特殊，所以必须谨言慎行。

央行行长多为男性，其中不乏对彼此知根知底的旧交好友。各国央行间也会举行国际会议，最著名的是杰克逊·霍尔（Jackson Hole）全球央行年会。当然，央行行长也会齐聚达沃斯，出席世界经济论坛年会。会议之外，他们也会保持联系，相互提供参考意见。如今，世界的互联性不断强化，同时危机和突发状况频繁发生，这逐渐塑造了跨国央行行长的角色，同时也加剧了这个圈子的同质化程度。

美联储主席：负责全球货币储备

在美国，除总统之外最有权力的人就是美国中央银行行长，即美联储主席。美联储主席无须为选举忧心，且高度独立，只对国会和公众负责。美联储主席拥有巨大的自主权，对美国和整个世界而言都具有极大影响力。美联储前主席本·伯南克（Ben Bernanke）是金融系统中当之无愧的"超级枢纽"，他曾带领美国度过自"大萧

伯南克曾带领美国度过自"大萧条"以来最大的危机。他的一言一行影响着市场，对我们的生活也产生了巨大影响。多年来，他一直是关键性决策的把关人，是各类金融会议的中心人物。

条"以来最大的危机。他的一言一行影响着市场，对我们的生活也产生了巨大影响。多年来，他一直是关键性决策的把关人，是各类金融会议的中心人物。

我曾与鲁里埃尔·鲁比尼一道前往美联储拜访伯南克。当我进入美联储的艾克尔斯大楼时，就被它庄重、典雅的气质所震撼。也许建筑物真的会因为它见证的历史而散发出特有的气息。这栋学院派风格的白色大理石建筑于"大萧条"期间竣工，反映了那个时代的精神气质。整栋建筑呈"H"型。多利安式圆柱和两座宏大的楼梯构成了大楼的两层中庭。进入大楼后，你会看到由石灰华大理石铺设的地板、墙壁，凸显出格鲁吉亚风格。清冷的灯光照亮了大厅的每一个角落，也将天花板上装饰的雄鹰映照得更为威严。古典音乐在大厅中静静流淌，更添肃穆的气氛。这座建筑除了为美联储提供办公地点，还在二战期间举办过阿卡迪亚会议（Arcadia Conference），富兰克林·罗斯福和温斯顿·丘吉尔曾在会议上为协调盟军的战争而努力。

美联储主席办公室的天花板很高，从室内陈设的收藏品来看，伯南克的艺术品位大胆、创新，而他本人并非同他的艺术品位一样张扬。他彬彬有礼，明显不同于"阿尔法男"①式的金融高管，这大概与他的工作有关——时刻保持冷静，以便能够审慎地做出决策。

很遗憾，甚至可以说令人难以置信的是，美联储完全没有危机意识。伯南克事后坦承，他没有意识到信贷泡沫的广度和深度，也不了解资产负债表和复杂的信用衍生工具——为抽象、几乎难以理

---

① 尤指一类成功男性，他们的个性和外表非常强悍，但往往因需要忍受巨大的压力而焦虑、敏感。——译者注

解的金融工具而创建的高度技术性和非透明的金融手段——之间的内在联系。

　　一项社会学分析表明，顶尖银行家的教育背景和生活环境相似，因而导致了一种应声虫现象[①]和狭隘心态，他们很难与普通人构成的点相链接。不过，伯南克在了解到事态的严重性后，便立即进行了强力而果断的干预。在他的指导下，美联储出台了问题资产救助计划（Troubled Asset Relief Program，简写为TARP，又称不良资产救助计划），授予财政部7000亿美元资金额度，用于购买和担保金融机构的问题资产，帮助金融机构重启中介职能，为经济复苏提供必要的信贷支持。同时，美联储还设立了一项几乎没有数量限制和条件的总额为7.77万亿美元的借款承诺。这些项目均为最高机密，甚至议员和高级助手都对此一无所知，直到彭博资讯（Bloomberg L.P.）卷入诉讼，需要披露紧急措施，这一切才渐渐为公众所知。

　　温文尔雅、语气谦恭的伯南克一夜之间获得了深不可测的力量，摇身一变成为铁腕领袖。从民主角度看，他的一些措施可能缺乏民主合法性，但相比起正常时期，在生死攸关的危急时刻，运用强权，以及凌厉的行事风格不失为一种更高效的权宜之计。伯南克警告称，货币政策不是万能药，但他被迫用该政策弥补政策惯性。纳税人的资产面临风险，他们可能没有得到足够的补偿，但至少金融系统暂时得救了。

　　从网络动力学角度看，伯南克是个例外，他能获得如此地位，主要基于他的学术资历而非强大的人脉关系。尽管他在学术界享有盛誉，但在男权社会中，他没有一个无懈可击的社会网络助他攀至

---

①毫无主见，随声附和他人的现象。——译者注

金字塔的顶峰，他从未在华尔街工作，也未涉足华盛顿政界。伯南克内向、不善言辞，很少出席精英阶层的鸡尾酒会，谈笑风生、觥筹交错跟他毫无关系。伯南克不像前任艾伦·格林斯潘（Alan Greenspan）那样拥有强大的人脉关系，但他接棒美联储主席后就积极着手发展与国会议员和白宫的关系，同时也与美国前财长亨利·保尔森和美联储董事会成员凯文·沃尔什(Kevin Warsh)保持良好关系。

伯南克的背景并不符合华尔街价值观，但更能引起美国普通市民阶层的共鸣。他出生于南卡罗莱纳州一座默默无闻的小镇，家境良好，父母在当地经营一家药店。大学期间，他像许多普通家庭出身的孩子那样，在学校勤工俭学。伯南克学习成绩优异，从哈佛大学毕业后，于 1979 年获得麻省理工学院的博士学位。他的论文导师，就是后来担任以色列央行行长，之后又被任命为美联储副主席的斯坦利·费希尔（Stanley Fischer）。在哈佛求学期间，他的人生轨迹与很多后来危机中的关键人物有交集，如高盛董事长兼 CEO 劳埃德·布兰克费恩（Lloyd Blankfein）、哈佛大学经济学教授肯尼斯·罗格夫（Kenneth Rogoff），以及诺贝尔奖得主、普林斯顿大学教授保罗·克鲁格曼（Paul Krugman）。

毕业后，伯南克在斯坦福商学院任教，随后又担任纽约大学客座教授，最终获得普林斯顿大学的终身教职。他主攻的研究方向是美国"大萧条"时期。他的论文和研究竟预示着多年后，伯南克职业生涯最重要的一段历程——危机管理。随着他资历渐深、学术成果渐丰，伯南克开始在华盛顿精英圈中声名鹊起，并成为美联储理事会成员。而他的学术背景正好派上用场。在他被任命为美联储主席时，美国政府根本不知道金融体系即将崩溃。

伯南克是带领美国度过危机的最佳人选，不仅因为他拥有丰富的专业知识，还因为他的个性。尽管形势混乱，他仍然思路清晰、有条不紊；在市场极端恐慌时，他仍沉着冷静，与涉事各方协调合作。他举止谦逊，低调内敛，与格林斯潘爱出风头的作风形成鲜明对比。格林斯潘处事圆滑钻营，不够坦荡，而伯南克会深入浅出地解释复杂问题，致力于提高透明度。此外，伯南克出色的外交和政治技能让他在面对特殊时期，实行特殊政策时更为从容。

伯南克在暗无天日的危机时期废寝忘食地工作，将世界的重担压在自己肩上，这份压力也让他付出了代价。太多需要继续处理的信息，拯救经济的重任，让他心力交瘁。雪上加霜的是，外界对他的政策进行了激烈批评，这使他压力倍增。然而，在深思熟虑后，他仍决定继续投入公共服务事业，开始第二任期。

央行的央行：国际清算银行

成立于1930年的国际清算银行，最初是为了管理德国在一战后的赔款。在它非同寻常的历史中，它总是被央行行长们强烈的个性所左右。其办公大楼位于不受瑞士法律束缚的高度自主的土地上，员工享受准外交官地位，在瑞士无须纳税。

每隔一个月，来自各个国家的央行官员会聚集在位于瑞士巴塞尔的国际清算银行。国际清算银行是世界上最古老的国际金融机构，也是世界各地60家中央银行的央行，其成员包括美联储、欧洲央行和德国央行等。作为国际金融系统的神经中枢，它就像是央行的黄金拍档，支持货币和金融稳定，协助其进行研究分析。此外，它为巴塞尔银行监理委员会（Basel Committee on Banking

Supervision)、全球金融系统委员会（The Committee on the Global Financial System)、支付与清算委员会（The Committee on Payment and Settlement Systems）以及金融稳定委员会（Financial Stability Board）提供了一个平台。

常规银行和影子银行

常规银行可吸纳存款，并向储户支付利息。它们利用存款实现创收，通常会通过放贷收取利息或者进行投资。储蓄银行重在积累资金，商业银行侧重与企业合作，而私人银行主要为高端人士进行专项服务。

投资银行没有银行执照，不能吸纳储户存款。相反，投资银行会代表客户进行投资、向客户提供投资建议，参与合并、收购和上市（IPO）等公司事务。通常情况下，投资银行的交易风险更大，因为它们面对的多为情况复杂的大客户。

影子银行是一个通用术语，用来描述没有银行执照的金融服务提供商，如投资银行、证券经销商、投资基金和货币市场基金。影子银行之所以在近年来逐渐成为人们关注的焦点，是因为很多业务从监管严格的银行流失，转向监管宽松、相对灵活的影子银行。事实上，影子银行接收了规模庞大的资本流入，已经被视为影响金融系统稳定的潜在风险。

由于银行 CEO 们所在的机构具有不可或缺性，又与我们的生活休戚相关，所以，他们堪称金融系统中最有权势的个体。这些人位居高价值网络的中心，是名副其实的"超级枢纽"。

永远的危机管理者：国际货币基金组织

国际货币基金组织（以下简称 IMF）旨在推动国际货币合作、维护金融系统稳定、促进国际贸易发展、增加就业、发展经济。该组织依据 1944 年在布雷顿森林会议（Bretton Woods Conference）签订的《国际货币基金协定》，于 1945 年在华盛顿成立。如今，已有 188 个国家和地区成为其成员。IMF 在世界各地定期举行会议，以便作为其成员的央行行长、财政部部长、政策制定者和私营部门代表会面。多年来，我经常参加 IMF 的年度会议和它举办的其他活动，因此，我有幸得以用一个有趣的视角了解世界，了解大部分人无法轻易接近的精英圈子。

国际货币体系高级别会议（High-Level Conference on the International Monetary System）由瑞士央行和国际货币基金组织共同主办，会址在苏黎世市中心闻名遐迩的巴尔拉克酒店（Baur au Lac Hotel），从那里能看到田园诗般的苏黎世湖和雄壮的阿尔卑斯山。这个会议规模相对较小，与会者大约有几百人，大多为央行行长、高级政策制定者、知名学者和评论家。

与会者受邀才能参加会议，全程遵守查塔姆研究所（Chatham House）制定的规则，即会上通过的政策与政策制定者无关。瑞士央行前行长菲利普·希尔德布兰德，多米尼克·斯特劳斯－卡恩，克里斯蒂娜·拉加德，英国央行行长马克·卡尼（Mark Carney），白宫国家经济委员会（National Economic Council）负责人、美国财政部前部长拉里·萨默斯均曾出席会议。

在危机不断恶化的欧洲，会议总是充满了火药味，与会者对国际货币体系改革各抒己见。小组成员会轮番对资本流动、储备货币和全球流动性条款等议题发表演说，随之而来的通常是演讲者同与会者之间的激烈辩论。

当我从苏黎世前往德国出席商业会议时，收到了鲁里埃尔·鲁比尼发来的短信，内容令我震惊。苏黎世会议结束后第四天，多米尼克·斯特劳斯－卡恩在飞往德国会见德国总理安格拉·默克尔（Angela Merkel）途中，竟在肯尼迪机场被捕。随后被囚禁在里克斯岛（Rikers Island）。我不敢相信这个消息，但之后被曝光的证据越来越多。

最有价值的连接器——可转换成金钱的信息

在金融领域，最有价值的连接器是可转换成金钱的信息。能接触到信息并将其转化成商机的人拥有宝贵的优势，而获取信息最高、最可靠的途径是找到信息源。

所有网络都是通信系统，信息是基本原料，而进化就是生物在网络中持续进行信息交换的过程。信息的流动可以把组成网络的链接和节点维系起来，并决定网络的运行，因此，它作为我们的思想和行动的决定性催化剂，具有巨大的链接力量。将获取信息作为目标或挑战的时代早已过去，在信息革命大步前行的今天，获取高质量信息比原先容易得多。互联网作为现代社会的神经中枢，囊括了几乎所有能数字化的信息。在未来几年，互联网用户将会大幅增加，反过来，他们又会在网络上注入更多信息。互联网已经成为一个民主化的平台，谷歌 CEO 埃里克·施密特（Eric Schmidt）指出："我们已经从信息等级化的结构，即大多数人被动接受信息，转化成每个人都可以是组织者、媒体、沟通者的模式，即主动传播信息。"结果，我们不得不面临信息过剩的局面，过滤有效信息也因此变得更加困难。大数据显示，如对此进行相关性统计，只会使情况更严重。

金融领域的挑战在于，它处理的问题并非是能触摸到的有形物体或容易理解的简单服务，相反，它应对的往往是抽象的衍生品。这些令人难以捉摸的构想往往需要时间才能显现出结果，因此，信息的可证实性显得尤为重要。然而，大部分的公开信息要么不完整，要么有失偏颇，甚至是完全错误的。媒体会从各个角度报道金融新闻，除了专家、学者和思想领袖之外，博客、推特和其他社交媒体的用户也会各抒己见。金融机构发布的研究自然具有倾向性，因为，此类研究通常是兜售其产品，提高其声誉的工具。

巴菲特在 2014 年致股东的信中表示，经理人的首要任务是必须"积极维护伯克希尔·哈撒韦公司声誉。这一使命凌驾于一切之上，包括赚取利润"。在信息大战如火如荼之时，公关公司和企业都不惜花费高昂代价，偷偷入侵新闻领域。他们用高薪聘请大批记者，这些媒体人通常以严肃新闻为幌子，用引人入胜的故事结合博人眼球的多媒体内容，不遗余力地为他们的雇主进行宣传，呈现出其最光鲜亮丽的一面。人的感觉是很现实的，而美化宣传、拔高以及直接操纵之间的界线是模糊的。

金融市场流通着一种特殊货币——错误信息。散布谣言诱使他人做出商业行为是操纵市场、获取暴利惯用的伎俩。最为典型的例子就是美国第四大投资公司雷曼兄弟公司的倒闭。造谣者大多是卖空者，他们四处散布消息，声称雷曼兄弟将会成为下一个贝尔斯登，这导致了一个自我实现的预言：银行挤兑、股价急剧下跌，公司最终倒闭。今天，谣言越来越普遍，散布谣言的平台更多，传播速度也更快。在复杂环境和充满危机感的氛围中，区分真假绝非易事。随着时间推移，"三人成虎"的悲剧可能会越来越多。

沟通是形成网络力量的重要途径。因此，人脉作为关键的信息来源渠道变得比以往任何时候都更有价值。在信息大杂烩中，要拿到一手资料，如同大海捞针。能将原始信息来源粘连起来的黏合剂就是同质性——有共同的社会背景、性格以及促进沟通，建立互信的品质（本书第 5 章将对此做详细探讨）。有较强人脉关系的人通常消息可靠，能获取更多权威消息，但人脉较弱的人也很重要，因为我们对接收既定商业和社会圈子之外的新消息的心态更为开放。另一个有价值的来源是休眠关系（Dormant Ties），即认识时间长，却因种种原因没能频繁联系的人脉。"超级枢纽"是网络的核心，他们能够访问信息，控制信息流。因此，他们既是神经中枢，又是信息经纪人。在信息爆炸时代，将有效信息从噪音中过滤出来越发困难，这更加凸显了"超级枢纽"的信息权。

人脉对信息价值的影响

哈佛商学院在一项题为《人脉价值评估》（*Assess the Value of Your Networks*）的研究中指出，基于以社会、教育、就业和性别为背景的个人关系，极大影响着信息传播和信息质量。通常，人们不相信公共信息，更相信自己熟悉和信任的消息来源。尤其是在招聘与求职时，高管之间会相互参考意见，进行裁量，以确保网罗更优秀的人才，降低搜索成本。

哈佛大学在一项名为"校友的力量"的研究中考察了信息流动如何影响股市，该研究对比了高管为校友的公司的投资行为，与那些高管并非校友的公司的投资行为。结果显示，高管们会对校友管理的企业进行更大规模的投资，而且投资成功率相对较高。他们彼此知根知底，拥有相互重叠的社交圈，且平时互动频繁，又因为背景相似，所以能更准确地评估对方。

接近决策者，尤其是央行行长，具有重要价值。有关货币政策的信息可能直接转化成利润。银行行长经常与金融高管接触，向后者解释他们制定的政策，同时也可以在交流中了解金融业的现状。2007 年金融危机让央行行长们措手不及，他们根本没意识到企业负债程度和次级抵押贷款的规模。因此，与现实世界保持联系才能让他们更全面地了解市场，从而制定更加有效的财政政策。

同时，作为货币的监管人，中央银行受制于严格的指导方针，必须提供平等、公开的信息，以避免暗箱操作和内幕交易的发生。但央行官员并非完美之人，在权力与金钱面前也会陷入迷茫，所以，信息泄漏、利用机密信息攫取利润的事件屡见不鲜。随着众多央行官员最终都加盟私营机构，权钱勾结更是加剧了利益冲突。美联储前主席艾伦·格林斯潘成为德意志银行（Deutsche Bank）、太平洋投资管理公司（PIMCO）和保尔森基金公司（Paulson & Co.）的顾问。其继任者本·伯南克离开美联储后，担任太平洋投资管理公司和对冲基金公司城堡集团（Citadel）的高级顾问。同样，德国央行前行长埃克塞尔·韦伯成为了瑞银集团（UBS）董事长，而瑞士央行前行长菲利普·希尔德布兰德离任后成为了黑岩集团的副总裁。

央行行长与金融家之间关系过密的轶事数不胜数。这种不当关系甚至导致了保罗·塔克（Paul Tucker）与英国央行行长宝座失之交臂。这位德高望重且深受人爱戴的英国央行高级官员，曾被公认为前任行长默文·金（Mervyn King）最热门的继承人。然而，操纵同业拆放利率的丑闻将他推至舆论的风口浪尖，那些曝光的电子邮件证实，塔克与巴克莱银行 CEO 鲍勃·戴蒙德（Bob Diamond）来往密切，塔克因此受到议会委员会质询。最终，马克·卡尼击败塔克，成为英国央行行长。

许多咨询公司都不加掩饰地宣扬他们与公共部门的亲密关系。以迈德利环球顾问公司（Medley Global Advisors）为例，这家为金融行业提供研究成果的宏观经济和政治研究公司常常会自豪地表示，他们与多国央行和政府机构往来密切，该公司创始人理查德·迈德利（Richard Medley）甚至称，自家公司的商业模式得以使它成为美联储的"情报机构"。

2012 年，该公司在美联储政策正式发布的前一天，便公开讨论政策细节，因而被相关部门审查，国会也介入了美联储信息泄露案件的调查。对此，迈德利争辩道，公司已于 2010 年被英国《金融时报》收购，因此，迈德利环球顾问公司是媒体组织，有权受到法律的特殊保护。在我完成本书时，此案仍在调查中。早在这项调查开始的两年前，本·伯南克就曾警告决策者，需注意信息安全，不要把内幕信息泄露给媒体和顾问公司。他特别指出："可能存在对非媒体外部人士的信息泄露，包括市场参与者、前政府官员、顾问等，其中有些人会把内幕消息卖给市场参与者或者员工，进而从中获利。"

另一起有争议的事件由布勒旺—霍华德资产管理（Brevan Howard Asset Management）公司赞助的一次会议引起的。这是一家管理着 270 亿美元的对冲基金公司。活动主办方是金融分析中心（Centre for Financial Analysis）、经济政策研究中心（Centre for Economic Policy Research）和瑞士央行，举办地设在伦敦豪华的伯克利酒店（Berkeley Hotel），与会者主要是对冲基金经理、交易员和银行家。晚餐期间，欧洲央行执委会成员伯诺瓦·科雷宣布，欧洲央行在接下来几周内会增持政府债券。当他的言论在欧洲央行网站发布后，欧元在 12 小时内大幅下跌，政府债券也因此经历了大幅波动。科雷向金融人士提及欧洲央行计划，被指泄露机密信息。欧洲央行行长马里奥·德拉吉（Mario Draghi）站出来为科雷辩护，他表示从欧洲央行网站在几天前公布的数据就能明显看出，欧洲央行将增持政府债券，同时，他也承诺改善银行的沟通策略。

金融危机期间，关于救市计划信息的不对称或不平等获取让人更加质疑华尔街利用优势地位攫取利益。2008 年，美联储决定实施量化宽松计划，但因缺乏实现计划所必备的专业知识和基础设施，美联储不得不依靠第三方的力量。因此，它邀请太平洋投资管理公司、黑石、高盛和惠灵顿等四家私人资产管理公司帮助实现其计划，并把许多未公开的信息提供给这些公司，以便它们了解如何实施计划。这就造成了潜在的利益冲突，因为这些公司代表各自在美联储购买债券的客户在同一证券交易所进行交易。为了避免冲突，这些公司签署了保密协议以及一系列防止价格波动的规章制度和预防措施，并同意接受账目审计和其他控制程序。

但太平洋投资管理公司下大赌注，"对其交易展示信心"，并且持续获得高额回报，因而吸引了各界人士的广泛关注，尤其是它通过其顾问，如美联储前主席艾伦·格林斯潘、纽约联邦储备银行咨询委员会成员穆罕默德·埃尔－埃利安（Mohamed El-Erian）以及伯南克的红颜知己理查德·克拉里达（Richard Clarida）等与美联储保持密切关系。在此期间，格林斯潘与时任美联储主席伯南克进行了两次秘密会晤。太平洋投资管理公司 CEO 比尔·格罗斯把他与美联储的密切关系作为卖点，时刻吹嘘他无所不能的人脉和远见，甚至将自己的人生目标设定为"与各级政要握手"。该公司曾受到追溯审查，但并没有证据显示它在交易中存在违法或不当行为。

动荡时代的人脉优势

美国财政部前部长蒂莫西·盖特纳曾是华尔街人脉极广的高管之一。尽管他之前从未涉足银行业，但盖特纳拥有相当光鲜的背景。他在美国前国务卿亨利·基辛格（Henry Kissinger）和政治家布伦特·斯考克罗夫特（Brent Scowcroft）联合创办的基辛格同仁公司（Kissinger Associates Inc.）开始了自己的职业生涯。

之后，盖特纳就职于纽约联邦储备银行（以下简称纽约联储）。年轻有为、活力四射的盖特纳深受上级赏识和下属推崇，很快就晋升为高管，负责监督多家美国大型金融机构的运营，包括花旗集团等。他经常与华尔街的高管交流，努力收集市场信息，这一点从他的工作日程上就能看出，他的个人生活也和许多受他监督的企业高管重叠。然而，盖特纳却在最为风光之时遭遇了惨重的打击：他因为没能及时意识到自己监管的那些机构已经陷入危机，且危机产生的多米诺骨牌效应拖垮了整个金融系统而遭人诟病。著名经济学家威廉姆·比特（Willem Buiter）认为，盖特纳领导的纽约联储已经与金融界达成妥协。

麻省理工学院和华尔街著名评论家西蒙·约翰逊（Simon Johnson）曾与他人共同发起一项名为"动荡时代的人脉价值"（The Value of Connections in Turbulent Times）的调查，意在考察盖特纳任美国财长时期，那些与他关系密切的金融机构是否在危机期间得到了特殊利益。约翰逊把人脉定义为友谊、专业协会和其他互动，如慈善机构合作等。

这项调查结果表明，在盖特纳成为美国财长的热门候选人时，与他关系密切的金融高管所在公司的股价有显著上涨。当盖特纳的支持率因个人税务问题而下降时，那些公司的股价出现了异常回落。然而，没有证据表明，这些股价波动是因为盖特纳与这些公司之间存在任何非法或不道德的共谋所导致的。也没有迹象表明盖特纳有腐败行为。虽然他因为制定了错误的政策而广受批评，但他并没有因为道德污点遭人诟病。他根本不需要贿赂金融公司，以期在私营企业获得高薪职位，因为当他离开纽约联储时，所有机会之门都已经向他敞开。他不求政治仕途，所以也不需要吸引政治献金。相反，当危机降临时，惊慌失措的投资者会寻找任何有利于他们的机会。

研究发现，在盖纳特竞选美国财长时期，某些公司出现股价暴涨的原因在于市场预期，而公众认为，有人脉的公司会有更好的发展机会。这种预期是正确的，盖特纳确实雇用了他信任的人。"在危机和紧要关头，社会关系可能会对政策产生更多影响。"紧急情况需要绕过官僚主义，运用互信的人脉关系。所以盖特纳的招聘选择是既定人类行为模式的自然结果，这显示了人们更倾向于同他们熟悉和信任的人合作。也就是说，越是身居利害攸关的要职，人们越倾向于吸纳他们熟悉、对他们忠诚且让他们感到舒适的人，而不太会选择一个也许能力出众但完全陌生的人。

由于华尔街和普通市民之间存在复杂的紧密联系，因此，政策制定者往往会向华尔街那些具有相关专业知识、了解情况且具有决策力的同仁寻求建议。尽管这只是权宜之计，尤其是在别无选择的情况之下。不过，仍然有一点值得怀疑，人们是否能完全脱离利己主义或文化偏见。"文化偏见"在这个语境中是指，金融业会间接影响监管机构，前者会巧妙地说服后者，使后者认为，金融部门的利益与普罗大众的利益没有分别。这有个假定前提，即政策制定者与华尔街高管相处的时间足够长，

就会与他们沆瀣一气，下意识地采用他们的观点，给予他们优惠待遇。政客们总会在聊天时受对方影响，这就导致了游说行业的蓬勃发展。最后，这项研究得出的结论是，有人脉的公司获得的利益是暂时的，是危机带来的结果："一旦自由裁量权减弱，做出重要决策的速度放缓，这些关系就变得不那么重要了。"

思想领袖——超级信息枢纽

思想领袖就是"智库"。他们对金融和经济进行全方位分析，提出见解，并由此影响我们看待世界的方式。那么这些思想领袖究竟做了什么？影响力如何？他们又为何如此受欢迎？

在金融危机白热化之时，我曾有幸与一位思想领袖共事，他就是鲁里埃尔·鲁比尼，纽约大学斯特恩商学院知名经济学教授。他还创立了一家以他的名字命名的咨询公司。他拥有犹太和伊朗血统，出生于土耳其，成长于意大利。在获得哈佛大学经济学博士学位后，鲁比尼曾供职于 IMF，曾以高级经济学家的身份任职于总统经济顾

问委员会（Council of Economic Advisers），后来又成为时任美国财政部部长蒂莫西·盖特纳的高级顾问。他出版过多部著作，获得的奖项和荣誉不计其数。以鲁比尼的故事为原型拍成的影片《监守自盗》（*Inside Job*）荣获 2010 年奥斯卡最佳纪录片奖，由著名导演奥利弗·斯通（Oliver Stone）执导的电影《华尔街 2：金钱永不眠》（*Wall Street Ⅱ：Money Never Sleeps*）中也有他的身影，他还因此获得了戛纳电影节的邀请。

鲁比尼就像很多电影刻画的学者那样：不贪慕虚荣，也不顾外在形象，衣领和领带常年歪斜着。在这个相对枯燥的行业里，他过着多姿多彩的人生，经常因为其专业知识和个人生活荣登版头条。他的人脉很广，遍及学术、政策、金融和企业界。他的影响力不仅来自他的才学，还因为他在网络中的核心位置。与鲁比尼共事是一次令人难忘的学习经历，我得以接触到一些世界上最有趣和最有权势的人。然而，这份经历也令人身心俱疲，因为金融危机未见尽头，而他的行程也异常繁忙。

在美国次贷危机还未发生时，鲁比尼就已准确预见这一趋势，并清楚地意识到这场不可避免的危机会对全球金融体系造成怎样的影响。在 2007 年达沃斯世界经济论坛上，高管与政客完全没有意识到金融系统已在崩溃边缘。那里盛行着一股毫无缘由的乐观主义。例如，美国经济顾问委员会前会长、时任伦敦商学院院长的劳拉·泰森（Laura Tyson）认为，"又是经济稳健发展的一年"。时任美国国际集团副总裁的雅各布·弗兰克尔（Jacob Frenkel）表示，那些对经济抱持消极态度的"熊市论者"（Perma-bears）将被证明是错误的。像鲁比尼这样冷静的批评者是少数，当时，他们被看成是为了博人眼球而不惜唱衰经济的人，成为了众矢之的。然而，当多米诺骨牌纷纷倒塌，舆论的钟摆走向了另一个极端时，曾被人嗤之以鼻的人反被誉为圣贤，广受追捧。鲁比尼迅速成为抢手的顾问，受邀飞往全球各地，向总统、央行行长和大型公司 CEO 谏言。许多会议都发生在他曾经工作过的权力重镇：白宫、美国财政部和 IMF。

在鲁比尼看来，在学术界人脉的权重要低于其他行业，因为学术界毕竟要靠研究成果赢得成就和名望。他本人便是在学术界先树立权威后，才慢慢向政界发展。尽管鲁比尼拥有接近高层的机会，但他认为，圈外专家的影响力总是有限。他解释说，要真正影响政策，就必须在政界寻求一份正式的全职工作，参与信息传播和决策。接近决策者并不容易。与许多人想象的相反，美联储主席珍妮特·耶伦（Janet Yellen）、欧洲央行行长马里奥·德拉吉等人都非常谨慎，不愿意谈论任何机密问题。同时，一些机构负责人通常不具备独立决策权，他们只是作为决策团体的一分子，这使得结果更加难以预测。例如，耶伦是美联储公开市场委员会（Open Market Committee）的 12 名成员之一，德拉吉是欧洲央行管理委员会（ECB Governing Council）的 24 名成员之一。

一般情况下，外部环境处于不断变化中，决策者作出的决策都具有不确定性。此外，他们的观点和评估会随着时间而改变。

鲁比尼坦陈，进入政策制定者的圈子后确实能更好地理解他们的思维和决策过程背后的逻辑，但他强调，这并不能取代全面分析思考的过程。我的看法是，政策制定者清楚机密泄露造成的影响，所以他们对"国家机密"守口如瓶。然而，在私下会见时，你仍然可以从他们的语气、措辞或肢体语言中发现一些蛛丝马迹，从而推断事情的发展方向。当然，这种直观印象永远无法取代脚踏实地的分析，但至少能让你拥有一定优势。

鲁比尼认为，拥有高情商固然很有帮助，但他的想法之所以如此有力量，主要是因为其思想领袖的地位和声望。鲁比尼的商业咨询公司可能受益于他本身的才学和社交技巧。咨询是竞争极其激烈的行业，且研究通常需要高成本投入，却无法产出多大利润，雪上加霜的是，市场上还充斥着大量免费的高质量分析报告。进入咨询行业不存在壁垒，因为它不需要执照，任何人都可以自称为顾问。**高学历、决策经验和高层人脉关系为思想领袖提供了独特的竞争优势，使他们更容易加入"超级枢纽"俱乐部。**

金融界大多数思想领袖都是经济学家，其中有不少甚至已成为学术名人，比如托马斯·皮凯蒂（Thomas Piketty）、纳西姆·塔勒布（Nassim Taleb）和保罗·克鲁格曼等。他们触动了时代热点，本身已经成为品牌；他们是耀眼的明星，拥有一群死心塌地的追随者；他们是媒体的宠儿，轻易就能得到许多独家邀约，以及进入顶级董事会的机会；他们的工作超越了与世隔绝的学术圈，成为了舆论焦点；他们对公共话语体系的构建影响极大，通常会把抽象复杂的分析转化成通俗易懂的语言。政府、机构和企业领导者在决策时会慎重考虑他们的观点，这赋予了思想领袖额外的市场价值，使他们能在提供咨询服务时开出更高的价格。此外，他们的中心地位帮助他们成为"超级枢纽"。就美国的思想领袖而言，他们的演讲费用起价为每小时 75 000 美元，头等舱机票和五星级酒店住宿的费用另算。如果到国外演讲，他们的出场费可以超过 150 000 美元，具体根据路途远近而定。

　　思想领袖通常敢于挑战传统思维。过去几年，经济和政治发展超出了许多现有范例的解释范畴。每当思想领袖开启转型研究时，他们就会引领公众集体思维的进化。不过，他们那些有悖常理的观点往往会引发争议，因为很多人都惧怕变化，不敢挑战传统规范。

　　思想领袖对创新的启迪具有巨大的市场潜力，因为大多数经济学家经常性的错误预测已是众所周知的事实。从股市波动到欧元解体，他们接二连三地做出误判。IMF 研究部高级顾问普莱凯希·拉格尼（Prakash Loungani）在分析了各种经济预测结果后发现：所有预测结果符合"预言很难，尤其是预言未来"这条铁律。同时，公共机构和私营机构的预测错误率几乎一样高——尤其是在经济衰退前或恢复增长前夕对拐点的预测。也许这就是为何经济学通常被称为"悲观学科"的原因。为此，学术界不懈努力，试图推动根本性的改革。2013 年，本·伯南克在普林斯顿大学毕业典礼演讲时指出，经济学能够完美解释为何决策者在过去的选择是错误的，但它对未来的预测功能远不尽如人意，不过他也表示，经济分析至少有助于避免存在逻辑漏洞的观点。

　　为什么专家很难准确预测，即便是在相对可预测的情况下，也会失误？原因之一是，未来本就是不确定的，不可能根据预测就能得出模型，并进行数学分析；另一个原因是，人类思维会受认知偏差的限制。在我们进化、发展的过程中，我们倾向于推断，尤其是在不确定的情况下，推断可作为认知捷径以做出判断，然后得出结论。我们会根据我们自己的参照体系解释事情的缘由，并且只相信与自己观点相符的结论。在为生存而进行斗争的过程中，偏见为我们节省了许多宝贵的时间，但偏见也阻止了我们准确地处理新信息、修正错误的观点。因此，有能力超越偏见的专家会给对话增添很有价值的维度，这些维度会成为关键的信息链条。

CEO 们必须不断创新，以规划长期愿景和策略。在范式变革席卷世界的时代，决策参数变得更加不确定，也更为复杂。全球经济低速增长、政治不稳定性增加、宏观经济风险不可估量，在这样一个与以往如此不同的世界里，CEO 们必须寻找极其准确的指导和创新观点。杰米·戴蒙曾经说过，CEO 们都是糟糕的预言家，他们只能看到最近的过去。高管们经常在思维已经同质化的小团体中寻求意见，这会导致视野局限，以及患上分析瘫痪症①。一些人认为，思想领袖只是 CEO 的传话筒，另有批评人士认为，思想领袖只是在为 CEO 们的不良经济行为或不招人待见的措施开脱，比如裁员。然而，思想领袖是迷思中的信号灯，他们可以帮助 CEO 产生新想法、建立大局意识。通过影响有影响力的人，思想领袖得以让他们自己的思想成为经济和金融发展的一部分，这赋予了他们"专家权力"。

变数最大的连接器——社会资本

我在第 2 章提到，"超级枢纽"在网络内部交换的"商品"之一是社会资本，一种由信息、服务、影响力等构成的资源。社会资本也是一种投资，也会产生回报。在等级分层中，人们所处的地位越高，他们的信誉度就越高。这意味着他们的社会资本财富会越多，使用这份财富做交易的能力也越强。

---

①当人们面临的选择越多，获取的信息越多时，人们就越不容易做出决定，从而使事态陷入僵局。——译者注

社会资本可以通过帮助他人、建立关系等方式积累。例如，人们可以利用其关系和影响力惠及他人或直接引荐。自然而然的结果是，"超级枢纽"不但人脉广，而且社会资本也丰厚，在网络中可以交换的"商品"也更多。从某种意义上说，社会资本可以作为网络中其他"商品"交易的手段，比如资金和信息。

在金融圈高层，社会资本的交换尤为重要，但这种交换不一定会带来好结果。在 2008 年美国金融危机肆虐之时，高盛的客户担心危机可能导致高盛破产。为防止这种局面影响自己，他们开始将资金从高盛取走。这种恐惧情绪随后也在高盛内部蔓延。为此，高盛时任总裁加里·科恩（Gary Cohn）亲自出马，试图说服客户继续把资金交由他们管理。曾是乔治·索罗斯旗下的明星交易员，管理着 35 亿美元资金的斯坦利·德鲁肯米勒（Stanley Druckenmiller）要求撤回他的资金时，科恩试图动用多年来与德鲁肯米勒之间构建的工作及个人社会资本，说服他把资金留在高盛。但德鲁肯米勒拒绝了，科恩立即回应，自己正在列敌友清单，若德鲁肯米勒不肯支持高盛，他们之间的关系将无限期改变。但因为对科恩和高盛没有信心，德鲁肯米勒不仅收回了他所有的金融资本，还收回了社会资本。

机会：连接器的循环供电系统

金融精英会通过他们的网络去创建有利于增加其利益的环境。机会能催生人、钱和信息之间错综复杂的联系，反过来这种联系也能催生机会，而社会资本是以上几个因素相互融通的渠道。它们也遵循幂次定律，即你拥有越多，得到也就越多。社会学家罗伯特·默顿（Robert Merton）将这一现象称为马太效应（Matthew Effect），其名字来自圣经《新约·马太福音》中的一则寓言："凡有的，还要加给他叫他多余；没有的，连他所有的也要夺过来。"

一个人的高质量人脉越多，就越有可能获得额外的人脉、资本和信息，这会带来更多机会。社会资本、金融资本和信息相互依存，这意味如果你拥有其中一项，就越可能得到其他几项。

据说，乔治·索罗斯以自己的人脉、资本和信息作为交易基础，净赚了 10 亿美元。他在全球的人脉，尤其是政治领域，为他提供了一些机密信息。正因如此，他能够瞄准机会，把他的见解转化为金钱收益。当然，索罗斯本身也绝顶聪明，但他的成功仍离不开基于信息的投机行为。**人脉质量越高，获得的信息就越有价值；信息越有价值，就越能产生精确的分析结果；投入的资金越多，产出的收益也越丰厚。**2016 年，索罗斯的净资产达到了 249 亿美元。

黑岩集团创始人拉里·芬克根据现有信息创建了一套精准的、领先世界的风险分析系统，以生成更有价值的见解。除了获取信息，芬克也在不断制造新信息，并由此成为信息中心。他制造的信息越复杂，吸引的资金就越多，人脉也就越广，机会也就越多。2015 年，黑岩集团管理的资产高达 4.72 万亿美元。

当史蒂夫·施瓦茨曼与美国商务部前部长彼得·彼得森联合创办黑石集团时，彼得森将自己的一些 CEO 和高级决策者的人脉转化成交易机会，这些人脉资源带来的信息为黑石集团的成功奠定了基础。2016 年，黑石集团管理的资产超过 3440 亿美元。

世界上最大的债券基金公司——太平洋投资管理公司创始人兼执行经理比尔·格罗斯（Bill Gross）利用他在美联储的人脉关系，

获得了大量有价值的信息，为公司带来了更好的商机，而这反过来又吸引来了更多资本。2014 年,格罗斯加盟骏利资产管理集团(Janus Capital Group Inc.)，仅用一年时间，她就通过自己的人脉为公司带去 14 亿美元资金。

如果天桥资本公司对冲基金经理安东尼·斯卡拉穆齐无法和花旗 CEO 潘伟迪建立联系，他就不可能有机会以优惠价格收购花旗银行的对冲基金投资组合，也无法通过增加其基金公司资产而吸引更多资本。2016 年，天桥资本公司管理的资产达 126 亿美元。

我们可以看到，接触到人、资本和机密信息能建立优势，发现旁人无法接触的独家商机。那么，到底是什么造就了"超级枢纽"？他们是如何披荆斩棘，达到职业巅峰的？在第 4 章，我们将详细探讨让他们走向成功的与众不同的性格特征。

CHAPTER IV

The Matrix

第 4 章

破　译

解开"超级枢纽"矩阵

世界是复杂的、非线性的，智商和情商必不可少。除此以外，锻炼强烈的"职业直觉"与"情境智力"，形成自己独特的思想体系更是融入链接、理解链接，并从中获得力量的至关重要的品质。

性格特征在金融领域起着举足轻重的作用。尽管金融资本可以将网络中的"超级枢纽"链接起来，但决定如何运用这些资本去创造、交易和投资的，最终还是"超级枢纽"本身。非凡的个性特质和社交技能可以把玩家们一步步推至网络中心。虽然成功人士不计其数，但最终能登上权力巅峰，在弹指间撬动金融杠杆的人，终究是凤毛麟角。是什么样的基本特质和才能令"超级枢纽"具有如此的吸引力？本章我们将一一解开这些谜团。

阿尔法人格的代表："白色骑士"杰米·戴蒙

"超级枢纽"通常好胜心很强，会不断挑战自我，以便始终在团队中保持领先地位。他们天生就有权力欲、控制欲，总希望影响他人，这种愿景或许受极强的自信心驱使，又或许是另一个极端——内心充满不安全感的人往往在证明自己时，会有过度补偿心理。

戴蒙很善于用心理战术，他可以征服任何人。即便在"超级枢纽"圈子中，戴蒙也是那位最耀眼的佼佼者。

权力欲是"超级枢纽"的显著个性特征。从最基本的层面看，追逐权力是生存需要。权力欲与男性睾酮素水平呈正相关。**有研究显示，拥有权力会触发神经中的快乐因子，因为权力意味着对人生有更多掌控，这会增加幸福感，有助于健康，甚至可以延年益寿。**

在一个繁忙的秋日，我和鲁里埃尔·鲁比尼来到位于纽约的摩根大通总部，与赫赫有名的摩根大通 CEO 杰米·戴蒙见面，讨论该公司的一些问题。在工作人员的陪同下，我们穿过大理石铺就的宏伟大厅，走进这座资本大楼最神圣的地方：顶层的行政主管办公室。戴蒙已经在一间宽敞明亮、设施先进的会议室等候我们。从会议室俯瞰纽约风光，令人叹为观止。鲁比尼和我对于大型投行的看法都带有批判性，我已经明显感觉到，戴蒙一定会发起完美的攻势，说服我们改变立场。他风趣幽默，主导着整场会谈。坦率地说，戴蒙谈话的内容并不深刻，我们没有从中获得任何新见解，但在会议结束后，鲁比尼却已经被戴蒙征服。

我隐隐察觉到，戴蒙很善于用心理战术，他可以征服任何人。即便在"超级枢纽"圈子中，戴蒙也是那位最耀眼的佼佼者。《名利场》（*Vanity Fair*）形容他英俊潇洒、极富魅力，知名银行评论家、联邦存款保险公司（FDIC）前掌门希拉·贝尔（Sheila Bair）在她的著作《直面危机》（*Bull by the Horns*）中，称戴蒙为金融圈最聪明的 CEO，其领导能力跟他的身高一样，足以傲视群雄。《纽约时报》撰文称他为"美国少有人恨的银行家"，并在文章中列举了很多未能从 2008 年金融危机中幸免于难的银行家：贝尔斯登的 CEO 詹姆斯·凯恩、美林证券的约翰·塞恩和斯坦利·奥尼尔、花旗集团的查克·普林斯、雷曼兄弟的理查德·富尔德等。在戴蒙看来，他自 2008 年金融危机后"历经大战，伤痕累累，但仍然站立着，且还在战斗"。在他的领导下，摩根大通成为世界上规模庞大的金融机构之一，资产达 2.4 万亿美元，旗下有 25 万名员工。

和大多数金融高管一样，戴蒙也是典型的阿尔法人格。他自小性格叛逆、桀骜难驯，从不惧怕挑战权威。高中时，因为历史老师出口羞辱班上一名非裔美国学生，言语中充满种族主义色彩，戴蒙立即离开教室，以示抗议。在哈佛商学院时，他在一项案例研究中勇于挑战德高望重的教授，并最终证明自己是正确的，这让他赢得了同学们的尊敬。戴蒙也从不害怕得罪上司。他曾与自己的导师桑迪·威尔（Sandy Weill）展开权力角逐，毫无让步之意，那场权力之争以威尔愤怒开除戴蒙为结局。

戴蒙甚至能在一场正式晚宴上与他的高级助理大打出手，因为后者斥责了另一位同事的妻子。他还在其他 CEO 面前对同行出言不逊：蒂莫西·盖特纳和戴蒙曾共同主持电话会议，讨论摩根大通收购贝尔斯登事宜，花旗集团前 CEO 潘伟迪就此事进行了一连串发问，质疑其中的技术性难题，这让戴蒙失去耐心。"别再问了，笨蛋。"他指出花旗应该感激摩根大通出手救助。当众与权威人物叫板，这样的事在华尔街闻所未闻，一时间成为传遍街头巷尾的热闻。

几个月后，戴蒙受邀在哈佛大学 MBA 毕业典礼上演讲，他就领导力问题建议毕业生要懂得克制自己的愤怒，他说："发火容易伤害别人，之后自己又得道歉，这种做法没有任何好处。"不过，他自己都不曾接受这一建议。几年后，他又得罪了时任加拿大央行行长的马克·卡尼。在国际货币基金组织的年度会议上，他暗示卡尼是反美分子。当时，出席会议的银行 CEO 们都胆战心惊，害怕受到戴蒙的攻击，担心他桀骜不驯的性格会损害自己的利益。事后，戴蒙为他的言论向卡尼道歉，并得到了后者的原谅。他很走运，卡尼之后继续高升，先后出任英国央行行长以及 20 国集团金融稳定委员会主席。在采访中，戴蒙也经常爆发激烈言辞，尤其是谈到金融改革和提高报酬等话题。

戴蒙从不避讳公开捍卫自己的权力。2012 年，摩根大通因为在"伦敦鲸事件"[①]中损失达 60 亿美元而创下纪录。对此，投资者们纷纷诟病，因为戴蒙身兼 CEO 和董事长之职，而这种自我监督的方式正是导致问题的根源。为此，戴蒙通过媒体威胁道，如果要他交出董事长的位置，他就辞职。最终，他战胜了批评者。

戴蒙就像华尔街驻华盛顿的非正式大使，也是大型银行 CEO 们的领头人。他用自己的商业智慧和人格魅力征服了政府机构，迅速成为华府的宠儿。在很长一段时间里，他甚至被誉为奥巴马最喜欢的银行家，后者曾多次公开称赞戴蒙。据说戴蒙因"伦敦鲸事件"在参议院银行业委员会（Senate Banking Committee）为自己辩护时，他西服的袖扣就是奥巴马赠送的。

高情商是领导者必不可少的一项技能。金融领域残酷而现实，达尔文主义盛行，唯有强者才能生存。由于大多数金融公司提供的服务差别不大且不受专利保护，再加上几乎所有金融高管都很聪明、受过良好教育、工作努力，因此，**拥有高情商、自我意识、能理解他人和设身处地为人着想，就会在竞争中拥有决定性优势。善解人意的领导者在管理公司时往往更顺利、更成功。**他们更愿意面对自

---

① 该事件发生在 2012 年 5 月，因一名叫布鲁诺·伊克西尔（Bruno Iksil）的交易员引发，该交易员就职于摩根大通，绰号伦敦鲸。他负责的信用衍生品交易出现数十亿美元的巨额亏损，此事件导致摩根大通损失 65 亿美元。——译者注

己的缺点、局限以及他人的批评。站在对方的立场上看问题有助于他们处理好自己同下属和客户之间的关系。在日益全球化的今天，同理心作为情商的一种表现变得愈来愈重要，它有助于跨文化对话。来自不同文化背景的人即便说着世界通用的英语，也必须注意文化中的细微差别，否则一不小心就会"触雷"。

职位越高的人，外界对他们领导能力的要求就越苛刻，他们也越需要用社交技巧吸引和留住人才。杰米·戴蒙认为，与智商相比，情商在一个人通往成功的道路上更为重要，因为社交技巧会带来截然不同的结果。若你认为自己的情商不高，也无需着急，因为情商可以后天习得，随着人日益成熟，情商会越来越高。

情商的另一个优点是能提供就业保障。最近一项研究表明，CEO 的工作，尤其是金融领域的 CEO 不会被机器取代，因为社交技巧在金融领域十分重要，而没有灵魂的机器人无法做到这一点。

亲密大师：华尔街"王中之王"史蒂夫·施瓦茨曼

成功的高管通常拥有非凡的沟通能力和销售能力。为了能在经济低迷的环境下创造利润，他们必须吸引潜在客户，达成交易。而兜售自己的理念和产品都需要沟通和说服技巧。然而金融业抽象无形，其效能如何要在未来才能看到，因此对高管而言，至关重要的一点就是建立信任，为他们的金融产品创造有说服力的故事。只有那些管理自己的资产，如管理家族基金的乔治·索罗斯、斯坦·德鲁肯米勒、史蒂夫·科恩等人，才不会经历这种压力和约束。

拥有优质品牌是宝贵的竞争优势，它能促进销售，可以成为接近高端客户群的先决条件。因此,大多数明星 CEO 通常是"品牌大师",他们为身价数十亿美元的公司做营销,是所在公司的品牌代言人。戴蒙已经树立了自己的品牌,一提起他,人们就会想到领导力、魄力以及堡垒般的资产负债表。

今天,人们对行为的理解似乎比行为本身更重要。与 20 世纪 90 年代相比,如今很多人的职业生涯会因为他人对自己行为或个性的敌意而失败。因此,高管必须积极沟通,引导观念。声誉,或他人的看法,源于个体本身的品格、行为和一致性。一旦名誉扫地,很难重新建立。正如巴菲特的警告:**"建立声誉需要 20 年,而摧毁它只需 5 分钟。"** 换言之,你现在的声誉决定了你未来的成功。与巴菲特合作过的企业都很认同他的个人品牌。他拥有卓越的声誉,他代表正直、卓越投资、稳定。他是如此宝贵,且需要额外的保价,而且本身也会产生外溢效应。巴菲特在注册伯克希尔·哈撒韦公司时,把它设在房地产机构名下,就是为了将自己的良好声誉变成消费品牌。

黑石集团创始人史蒂夫·施瓦茨曼是个能在沙漠里把沙子卖掉的"超级枢纽"。黑石集团曾是世界上最大的私人股本公司,现在,它已经演变成世界上很多样化的投资公司之一,管理资产超过 3440 亿美元。在达沃斯,几乎处处都能见到施瓦茨曼的身影。我曾在积雪的街道上多次遇见他,他用古怪的滑雪宽帽檐盖住脸,我只能通过他每年都穿的那件棕色羊毛夹克加以辨认。施瓦茨曼个子不高,但他的强大气场和人格魅力弥补了身高的缺陷。他总是谈笑自如,而且似乎很享受达沃斯聚会。

可以说,施瓦茨曼是派对达人。不论是他举办六十寿宴还是参加达沃斯论坛，关于施瓦茨曼的新闻总会成为主流媒体的头条。庆祝六十大寿本是一个对他个人而言具有里程碑意义的活动，但他很快将之变成了一项公众活动。

在位于纽约公园大道(Park Avenue)著名的活动场地军械库(New York Armory)，施瓦茨曼举办了一场颇具规模的生日宴会。世界各地的"超级枢纽"不远万里赶来，亲自为他送上祝福。虽然美国堪称世界上最能容忍炫富行为的国度，但这场耗资上百万美元的寿宴仍引起了不小的轰动。媒体称施瓦茨曼炫富、腐败。而这场奢华寿宴的举办时机也不合宜。因为当时私人股本公司正在游说，希望美国政府为他们提供优惠的税收待遇，这一商业行为招致了外界的严厉批评。不过，关于生日宴会的热议很快被黑石集团成功上市的风头盖过，施瓦茨曼的身价迅速超过100亿美元，成为名副其实的"资本之王"。

施瓦茨曼是世界上人脉极广的金融家之一。他兢兢业业，不知疲倦地穿梭于世界各地，建立和维护人脉，拓展业务。他的一举一动、一言一行都令他人感到舒适。在多次媒体采访和演讲中，他总能用自己的智慧征服听众。比如，施瓦茨曼经常对复杂问题进行深入浅出的剖析。但他不是古板的人，虽然板着脸，却经常口无遮拦地说着滑稽段子，还会模仿德国总理默克尔的言行。

施瓦茨曼出生在宾夕法尼亚州一户中产阶级家庭，自小就非常独立。获得耶鲁大学本科学位后，他进入哈佛商学院深造。同他的许多同行一样，施瓦茨曼在耶鲁大学读书时，就走上了领导岗位，他担任过班长，还是秘密社团骷髅会（Skull and Bones）的成员。许多知名人士都是这个社团的成员，如乔治·W.布什。20世纪80年代中期，施瓦茨曼离开雷曼兄弟公司。当时，年仅 31 岁的他开始创办黑石集团，合伙人是他曾经的老板、美国商务部前部长彼得·彼得森。彼得森为施瓦茨曼带来了一系列企业和政治关系，正是这些人脉使他得以顺利融资并达成交易。

私人股本公司已成为经济体中一股强大的力量。这些公司筹集股权资本，运用债务购买公司，获得公司控制权，随后用高价卖出套利。与上市公司相比，私人股本公司可以专注于长期盈利，不需要每个季度都做出业绩。该行业在过去曾广受批评，因为在将公司扭亏为盈的过程中，他们经常解雇员工，为了购买公司负债累累。有时甚至会将收购的公司拆解出售。虽然在 2008 年金融危机期间，私人股本公司因缺乏流动资金而遭遇瓶颈，但他们没有寻求任何救助。相反，政府还向他们咨询了一些诸如汽车行业该如何转型的专业知识。虽然私人股本公司和银行存在竞争，但两者的业务也会相互交织，私人股本公司会为银行提供大量业务，并向他们支付高达数十亿美元的费用。

施瓦茨曼招募了大量业内顶尖的合作伙伴，这些人不仅具有商业智慧，还拥有强大的人脉。根据他的同事和商业伙伴介绍，施瓦茨曼有着令人难以置信的驱动力，具备毫不妥协的职业精神，对自己和他人要求近乎苛刻。

黑石集团不仅在 2008 年金融危机中生存下来，甚至因危机而变得更加强大，这得益于施瓦茨曼严谨的风险管理手段，以及对错误的低容忍度。因为他掌握了过硬的专业知识，才能化险为夷，甚至连政府都向他寻求建议。施瓦茨曼用自我意识和说服力建立了一个帝国，并让自己成为"超级枢纽"。

直觉与情境智力

拥有高智商，以及在顶尖学府取得傲人的学术成就是成为网络核心不可或缺的条件。同时，"超级枢纽"的思想通常开放、包容，他们求知好学、有创造力，愿意拥抱新机会。即使不是在金融领域，许多"超级枢纽"可能也会成为其他领域的翘楚，如发明家、工程师等。他们伺机而动，在面临不确定性和令人措手不及的变化时，仍能保持果断而明智的判断力，进而取得成功。他们了解这个复杂的、非线性世界的运作规律。"超级枢纽"在职业生涯中通常会培养出一种强烈的直觉，因为单凭智慧很难理解世界的复杂性。

此外，拥有情境智力（Contextual Intelligence）也非常重要，这是一种能够理解变化的环境，并利用这种趋势的认知能力。它帮助人们融入链接，理解链接，并从中获得力量。

《索罗斯：亿万富翁救世主的人生和时代》（*Soros: The Life and Times of a Messianic Billionaire*）一书讲述了索罗斯如何全神贯注管理基金的故事。恐惧和贪婪的原始本能让他预先就嗅到衰退的味道。似乎他的神经就覆在他所管理的基金上，他背痛的问题就体现了这一点。每当感知厄运即将到来时，索罗斯都会背痛。他是法西斯时期种族大屠杀的幸存者，这份独特的生活经历可能是促使他提前辨别盈利拐点的原因之一。

"超级枢纽"都有非同一般的能力，他们能跳出事实和传统参数看问题，因此更能预见变化，从而拟定正确的计划，并高效执行。

要保持思路清晰，就要学会冥想。虽说冥想近年才开始在"超级枢纽"间流行，但它本身已有上千年历史。对冲基金大亨瑞·达利欧和保罗·都铎·琼斯以及高盛的许多精英人士都会花大量精力和金钱，用于自我反省，厘清头绪，取得竞争优势。

创立一套意识形态

求知好学的"超级枢纽"还有另一个共同特点：他们会构建自己的理论或意识形态，而不是人云亦云。在求索和破解这个世界运行密码的过程中，他们不断完善学识，锻炼直觉，归纳出独有的成功策略。

美国财政部前部长罗伯特·鲁宾（Robert Rubin）在畅销书《在不确定的世界》（*In an Uncertain World*）中，将自己的主要观点表达得淋漓尽致。他在书中提及在哈佛大学读书期间哲学课上的一个基本思维假设：世界上没有什么是确定的，这令他陷入深思。而他在华尔街所做的日常决策正是基于不确定性——评估所有可用信息，判断不同决策可能带来的结果，然后做出最优选择。这种意识构建不禁让人想起索罗斯的反身性理论，该理论是他在伦敦经济学院求学时形成的思想体系。在这一认知框架下，索罗斯十分关注思维和现实之间的关系，他也把自己的成功主要归功于这一理论。

世界经济论坛主席克劳斯·施瓦布提出了"多方利益相关者"原则，这是世界经济论坛创建的意识形态基础，也是它的合法性依据。施瓦布认为，企业不仅要对股东负责，也应兼顾所有相关方的利益，而相关方是利益可能会受到企业运营影响的群体。后来，他在此基础上更进一步，提出了"全球企业公民权"（Global Corporate Citizenship）。

全球最大的对冲基金公司桥水联合基金创始人瑞·达利欧，在多年的工作经验中，逐渐发展了一套独有的思想体系，将经济、企业和人视为同机器一样运作的实体。达利欧的这一信念系统被逐条列出，以"原则"为标题，发布在桥水联合基金的官方网站。

20 世纪 80 年代的"垃圾债券之王"、亿万富翁以及慈善家迈克·米尔肯（Mike Milken）也根据自己的思想和行为创建了独特的哲学理念。他设计了一个公式：$P = EFT(DHC + ESC + ERA)$。根据这个公式，繁荣等于金融技术乘以人力资本、社会资本和实际资产的总和。这是米尔肯终其一生都在追逐的信条。

黑岩集团创始人拉里·芬克是风险管理界的巨星。此前因失误造成巨额损失后，芬克痛定思痛，吸取经验教训，建立了一套理论体系。他认为投资经理对风险的理解不够全面，尤其是万事皆顺的时候，更是容易死于安乐。因此他总结出，建立一套风险管理系统是项目组合管理能够成功的先决条件，他也由此建立了一套举世瞩目的风险管理体系。

"超级枢纽"的理论常常反映出他们对人性、市场、趋势、拐点，简而言之，就是对系统本身的理解和掌握。理论本身可能不是最重要的因素，很多所谓的理论并没有太大创意，但它们能反映出"超级枢纽"的思考、认识和直觉，正是这些促使他们保持清晰的思维，做出审慎决策。结构化思维似乎也能指明方向和关注点，帮助"超级枢纽"控制情绪。然而，理论或理论所基于的经验，谁会先出现，并没有先后顺序。因此，没有人能够保证"超级枢纽"的判断永远正确，他们也都或多或少经历过失败。对于很多"超级枢纽"而言，进行理论创造，也是建立声望，让自己与众不同的一种方式。

崇敬失败

几乎所有金融高管们都崇敬失败，他们重视失败、挫折和失望的成因。在他们看来，大部分经验都来源于错误。美联储主席珍妮特·耶伦在为纽约大学毕业典礼做演讲时，指出了勇气、承诺和毅力的重要性。的确，华尔街的许多成功人士都在攀登至职业巅峰的过程中经历过重大失败。如果没有惊人的毅力，他们不可能最终走向成功。

被一直以来都十分信任的导师桑迪·威尔逐出花旗集团，对杰米·戴蒙而言犹如晴天霹雳。在此之前，他的事业一直顺风顺水。在经过一段时间的调整后，他重新振作，受邀出任美国第一银行（Bank One）CEO，他在短时间内就将该银行的资产翻倍，并与摩根大通成功合并。戴蒙一跃成为摩根大通 CEO 兼董事长，多次荣登《时代》杂志全球 100 名最具影响力人物榜单，被《机构投资者》（*Institutional Investor*）誉为"美国最佳 CEO"。

无独有偶，索罗斯的人生也并非一帆风顺。他通过自己的努力，成为最成功的一批基金经理之一，但当他试图成为一名严肃学者和思想家时，却挫折不断。索罗斯自小胸怀大志，希望在学术界有所建树，被众人认可。1998 年，他预感到某种迫切性，将自己多年的心血整合成书，将其命名为《全球资本主义的危机》（*The Crisis of Global Capitalism*）。书中预言了即将到来的经济崩溃。可随后的事态表明，他的预言不但没有实现，而且他的学术理论和基本推理都遭人嘲笑，声讨者中甚至不乏业内德高望重的学术权威。《经济学人》和《金融时报》指责他的作品"缺乏连贯性"，"是一种令人尴尬的平庸"。面对激烈言辞，大多数人都唯恐避之不及，但索罗斯把外界的批判放在心底，更加努力地磨炼自己的思维和写作能力。他感知到的不公平和羞耻，以及他想要恢复名誉、证明质疑者是错误的强烈欲望，都化成了熊熊燃烧的动力和决不妥协的坚持。

CEO 通常也是自大狂：“债券之王”比尔·格罗斯

与众不同的个性也能解释金融领域中“超级枢纽”的成功。甚至有些研究称，在高管这一群体中，心理变态者的数量是普通人的三倍。这可能有点夸张，不过金融高管通常以自我为中心，这种现象在商业领域似乎比在政治领域更明显。然而，由于金融危机的影响，加上来自政治和股东的压力，这种霸王式、咄咄逼人的“超级自大狂”式高管已经失宠，取而代之的潮流是“佛系的魅力”：低调、对风险高度敏感、个性温和。

高调的人往往有博得关注和赞扬的强烈需求，这种欲望会激励他们取得非凡成果。然而，过于强烈的自信会导致他们目中无人，不惜一切代价去冒险。通常，有轻微精神疾病的高管会拥有出色的政治技能[①]，他们需要用此征服别人，以进一步实现自己的目标。有些人认为，这些高管对权利的捍卫，也体现在争取薪酬方面。

夸张的自我意识可能会升级成自恋和傲慢。这类高管往往缺乏同情心，充满优越感。然而，他们表现出的非凡勇气和冒险精神往往是为了掩盖内心深处的不安全感：许多成功者抵达人生巅峰，是

---

①当“政治技能”用在企业语境中，其概念是：通过劝说、操纵和协商实施影响的能力。它与社交技能非常相似，区别在于政治技能用于衡量组织的领导者。——译者注

因为他们肩负重担,这个重担可能是他们特有的背景、曾经的失败或挫折。令人略感不安的是,领导者的个性对企业业绩有直接影响。如果领导者的性格过于张狂,那么他们可能会增加波动率[①]。如果这类领导者是系统走向的风向标,很可能不是好征兆。我相信,没有哪个金融机构是由精神病患领导的,但金融领域的环境的确容易滋生怪人,比尔·格罗斯(Bill Gross)就是其中一位。

比尔·格罗斯的净资产达 23 亿美元,是全球最大债券基金太平洋投资管理公司的创始人和前首席投资官。格罗斯拥有许多成功投资者的必备素质,但他缺乏社交技能,并因此倍感困扰。投资基金的世界很俗套,少有公众熟悉的明星经理,但对冲基金除外。这位身材瘦削、高挑,声音高亢的 70 岁瑜伽爱好者就是其中的超级巨星。在这个沉闷枯燥的投资世界里,格罗斯出位的言论和标新立异的幽默感让他广受关注。在退出太平洋投资管理公司前,格罗斯在一次室内投资会议上戴着墨镜,把自己比作 20 多岁的坏男孩代表——流行歌手贾斯汀·比伯(Justin Bieber)。格罗斯还曾让记者跟着他模仿电影《满洲候选人》(The Manchurian Candidate)里的选段,称他为"他们此生见过的最善良、勇敢、温暖、最棒的人"。这个笑话令很多观众困惑不解,对此,《华尔街日报》评价道:"比尔·格罗斯一定是疯了。"

2014 年,格罗斯离开太平洋投资管理公司,留下了一份备受褒奖的投资展望。起初,这是格罗斯为在当时刚过世不久的宠物猫——鲍勃所唱的颂词。比如"除了睡觉,鲍勃喜欢跟着我从一个房间走

---

① 波动率被广泛用来测量资产的风险性,与潜在收益率的范围及其发生的可能性有关。——译者注

到另一个房间，以确保我没事。它跟在我后头的时间实在太多，尤其是在我洗澡时，它也会在淋浴下进进出出"。人们好奇，鲍勃的行为跟债券市场有什么关系，不管怎样，至少格罗斯先生的歌词显示出他拥有与猫建立融洽关系的高超能力。相比之下，他与人类的互动，至少在他职业生涯的后期，太不尽如人意。

1971年，格罗斯在美国南加州新港滩市成立了太平洋投资管理公司，这家公司的成长速度惊人，管理的资产很快达到2万亿美元。该公司得到的大部分投资是来自机构投资者，格罗斯则通过养老基金和保险计划管理着许多美国人的钱袋子。击败系统的欲望是格罗斯的驱动力，他对债券交易进行革新，为公司带来前所未有的高利润。他结合多种定量分析技能，对经济做出准确的宏观预测，包括预测到2008年的次贷危机，并领先于同行成功预测了利率变动。但在2008年次贷危机期间，随着美联储扭曲市场规律，他的推测发生偏差，投资者撤回了数十亿美元，使得他的公司业绩下滑。

这位"债券之王"早已被其成功的职业生涯惯坏了。对他而言，遭遇这样的滑铁卢的确令人忧伤，而格罗斯和部下之间的冲突也因此愈演愈烈。据公司内部消息，格罗斯的管理风格专制独裁，并且，他对成功的交易者充满敌意，还不准同事质疑他的交易策略。他嘲笑资深同事的电子邮件泄露后，人们发现他在邮件中对反对他的人言辞苛刻，称他们忘恩负义："我让你们都富裕起来，可是看看你们对我做了什么！"他还多次威胁要做一件不可思议的事情：辞职。

最引人注目的可能就是格罗斯与他亲自指定的接班人穆罕默德·埃尔－埃利安之间日益白热化的矛盾。穆罕默德是一位德高望重、温文尔雅的经济学家，他在很多方面都与格罗斯截然相反。格罗斯指责穆罕默德企图铲除他，知情人士都认为格罗斯太过偏执。这种泼脏水的行为违反了行业内部的行为准则，在"超级枢纽"中十分罕见。穆罕默德之前一直被大家认定为接管格罗斯领导权的人选，但他在 2014 年初突然辞职，这让投资圈一片哗然。事后，穆罕默德解释说，此举是为了更好地平衡工作和生活，有更多的时间陪伴家人。

当备受欢迎的穆罕默德离开公司之后，格罗斯和团队其他成员之间的敌意和矛盾开始升级。管理层反复提醒他注意自己的态度和言行。最终，他的同事们发动了一场"政变"。在管理层准备罢免格罗斯的几天前，他反将一军，主动递交了辞职信，转而加入了一家无籍籍名的小公司——骏利资产（Janus Capital）。管理层的决定对格罗斯而言简直是奇耻大辱，他离开后，数十亿美元的投资也随之撤出，令太平洋投资管理公司一时间陷入危机，但这根本无法平复格罗斯的怨气。另一边，监管机构非常担心债券市场会出现震荡，这足以说明在金融领域中，一个人对整个市场的影响有多大。

格罗斯之所以能成功地将自己塑造成明星投资者，主要是因为他能精明地利用媒体，尤其是商业媒体。在满眼西装革履的单调世界中，格罗斯的加州打扮可谓标新立异。这种风格再加上他出位的言论，让格罗斯极具娱乐价值。例如在 2007 年，他把抵押贷款的吸引力比作妓女"六英寸的高跟鞋"和"腰部文身"。久而久之，他得到了圣雄般的地位，他的话成为法条，且拥有许多信众。

格罗斯管理的基金规模非常庞大，这些基金不仅用于投资市场，而且它们本身就是市场的重要组成部分。树立起"超级巨星"或"投资明星"这样的品牌，更容易吸引资本。知名度本身就是一种认可。

从专业投资者的角度来看，如果格罗斯的同行都在太平洋投资管理公司投资，那么，他就能为失败找到借口。但把明星经理等同于一家基金公司，也增加了风险。格罗斯的故事告诉我们，即使是最优秀的基金经理也必须学习社交技巧，打造一支铁杆粉丝团，积累社会资本。

执著使命的偏执狂：对冲基金教父——瑞·达利欧

"超级枢纽"还有一个常见的共同点，就是执著于一个念头。埃隆·马斯克（Elon Musk）的前妻贾斯汀（Justine）曾说："极端的成功往往源于极端的性格。"真可谓一针见血。按照贾斯汀的话，这类人的共性可以总结为两个字：执著。执著于一个问题或念头的人，往往会打败生活设置在他们人生之路上的所有障碍，一路披荆斩棘，所向披靡。这种执著需要源自于你的内心，达到近乎疯狂的地步。

性情古怪的基金经理瑞·达利欧就是一个极端执著的"超级枢纽"。在达沃斯世界经济论坛期间，银行、企业精英以及各国政要都会在星期五晚上举办派对，吸引贵宾。在过去的几年中，俄罗斯寡头奥列格·德里帕斯卡举办的派对是达沃斯的重头戏，不过，只有受邀宾客才能参加德里帕斯卡的派对。在他的派对上，几乎都是论坛上优中择优的精英人士。德里帕斯卡租住的瑞士风情别墅坐落在偏僻的山顶，交通不太方便，客人们必须自己想办法前往。一进入派对，只见享用不尽的顶级香槟、伏特加和俄罗斯鱼子酱，还有打扮成哥萨克骑兵模样的舞者在跳舞，美丽的俄罗斯模特也令人赏心悦目。就是在那里，我第一次见到了瑞·达利欧。当时，他独自站在角落，平静地看着满场的喧嚣。我们聊了一会儿，相互留了名片，

　　达利欧在物质上不贪慕虚荣，在知识领域却总有诸多苛求。他认为自己之所以能获得成功，主要归功于超觉冥想，这是他每天都进行的仪式。

随后他匆匆搭乘私人飞机返回了纽约。

高个、略显憔悴、面善的达利欧并没有那么广为人知，尽管凭他的实力应该有更高的知名度。不过在华尔街，达利欧绝对是一位能呼风唤雨的人物。他经营着世界上最大的对冲基金公司，旗下管理的资产超过 1500 亿美元。桥水联合基金的投资者都是机构，如养老基金、保险公司和捐赠基金等，而这些机构也管理着不计其数的普通民众的储蓄。因此，每个美国公民几乎都跟达利欧存在某种间接关系。此外，他的成功战绩、独特的投资方法、追求卓越的行事作风，让他赢得了同行的钦佩和尊重。不过跟许多基金经理不同的是，达利欧直到最近才选择出现在镁光灯下。

达利欧的投资基于宏观经济趋势。他严格分析、严谨投资而且布局有序、言行一致，因而吸引了不少成熟投资者的注意。早在 2008 年金融危机爆发前，达利欧就已经嗅到了危险的气息。在危机期间，当其他基金公司摇摇欲坠蹒跚挣扎之时，他领导的基金公司依然表现稳健。像许多身价过亿的成功基金经理一样，他兢兢业业的动力不是为了金钱；和大多数亿万富豪不同的是，他的生活非常勤俭。桥水联合基金位于康涅狄格州一处名为韦斯特波特的小镇上，他所居住的房屋也在偏僻处，离他家不远的地方就是郁郁葱葱的丛林。最近，达利欧加入了比尔·盖茨和巴菲特发起的"捐赠誓言"（Giving Pledge），承诺把自己至少一半的财产捐出做慈善。

达利欧在物质上不贪慕虚荣，在知识领域却总有诸多苛求。他不甘心仅仅当一名投机者或交易员，更希望成为一名哲学家或教育家，能对社会产生影响，向大家解释世界如何运作，从而让世界变得更好。他认为自己之所以能获得成功，主要归功于超觉冥想，这是他每天都进行的仪式。跟许多杰出人士一样，他喜欢挑战、不断追求个人发展，他以强大的激情执著于自己的使命。达利欧创建了一种理论，把经济、企业和人的运行模式比作机器。他厘清因果关系，把自己的见解和宣言如实记载下来，编撰成书，取名为《原则》。在这本书中，他把背后对下属落井下石的管理者称为黄鼠狼。《原则》一经出版，就激起了不小的负面效应。《纽约时报》撰文称该书"就像安·兰德（Ayn Rand）和迪帕克·乔普拉（Deepak Chopra）为了一盒幸运饼干进行的合作"。①华尔街八卦网站 Dealbreaker 用户对此事进行了热烈讨论，不断解读达利欧把桥水联合基金比喻成一群鬣狗吃羚羊的含义。英国《金融时报》称他的《原则》不过是"亿万富翁金融家的胡言乱语"，并称达利欧是"无知的怪人"。

　　大约在同一时间，公司内部报告也被泄漏。一位前员工将公司比作神坛，因为它独具魔力且偏安一隅。还有一些员工把公司文化描述为怪异、极权主义、令人压抑。他们认为公司文化控制了他们的大脑，是一场人类行为实验。在桥水公司中，所有电邮往来都受监控、对话以及电话都要录音，最私密的除外。录音会被存放在一间"透明图书馆"里，每个人都可以听。天花板上的摄像头记录了员工的一举一动。此外，"问题日志"和"可信度矩阵"会追踪员工的错误，而且公司严厉禁止闲言碎语。这些故事使得桥水公司听起来像一所监狱，只不过提供了更多美食和丰厚的报酬。有一名前雇

① 安·兰德，俄裔美国作家，推崇理性，认为人的最高美德是理性；她力倡个人主义，认为不能使个人利益得到最大伸张的社会，就不是理想社会。迪帕克·乔普拉，作家，主张身心调和、心灵意志主导一切，主张用印度哲学的智慧来解决现代文明的疑难杂症，以特有的富足心境及精神启迪观念解读生命的奥秘，激发人类的无限潜能。这两人处于不同领域，不同时代，所以《纽约时报》通过假想这两人合作，借此讽刺瑞·达利欧观点荒谬。——译者注

员说道，公司提供的自助餐品种非常丰富，而且可以享用很长时间，所以每个人在进公司的第一年都会增重 10 磅左右。

在这种全方位的严密监控下，有些人变得偏执，或许不难理解。然而很少有员工能坦然面对这种追求真理的激进做法：为了追求完美，在小组讨论时，每个人的观点都会不断遭到挑战、质疑和攻击。这种"凡事都要举证"的精英锤炼过程极其严酷，很少有人能熬过。员工的自尊不断遭受挑战，却还要时刻保持理性，不受情感影响地去做判断。在配备了苹果平板电脑后，每位员工必须安装三个应用程序：Pain，该程序可以追踪员工的负面情绪；Dot Collector，用于调查小组讨论中员工的表现；Dispute Resolver，主要用来调解员工纠纷，它甚至能模拟法庭，双方可在平台上提交证据。

达利欧想防止他的下属被情绪劫持，但人们质疑这种极端方式会对员工心理健康造成伤害。所有员工必须不断用悬在他们头上的"可信度指数"评级相互评估。在美国大数据分析公司 Palantir Technologies 的帮助下，中央情报局和国家安全局前官员也受雇管理员工的各种数据。桥水联合基金主要招聘大学毕业生，其中有许多人最初无法忍受每天必须都穿西装的要求，因此公司人员流动性很高，至少有 1/4 的新员工会在头 18 个月内离开或遭解雇。很明显，这种环境并不适合所有人，但仍有不少人排着长队前来应聘，至少，他们可以获得不错的学习经验，为个人履历添上光鲜的一笔。

公司的激进文化曾导致高层的一场斗争，涉及达利欧和他的高级助手兼精心挑选的继承者格雷格·詹森（Greg Jensen）。据说，事情的导火索是达利欧听到传闻，认为詹森在背后表达了对他的不满。据《华尔街日报》报道，达利欧问公司管理层和股东委员会，是否相信詹森的为人，而詹森也请他们决定，是否让达利欧实施继任者计划。在本书写作期间，这场斗争的结果还未见分晓。

试想，没有达利欧的桥水公司，如果想继续坚守他的"原则"，必须要招聘 IBM 公司的人工智能团队，用机器来保存他的智力基因，实施分权管理，以维持公司的基本运作。这项技术还应该具备把达利欧的信息和其他高级投资者的思考输入到电脑中，发展成决策工具的能力。达利欧的原则和管理风格可能被世人认为太过古怪，但这个世界终究是以结果为导向的。从这个层面看，他的成就可谓非同寻常。络绎不绝的投资者足以证明，他的偏执是成功的。

本章探讨了成为"超级枢纽"的一些性格特征和品质。在我们知道了何为"超级枢纽"、他们具备哪些共同特征之后，就可以开始探索他们为何会选择彼此的公司作为合作伙伴。很多"超级枢纽"拥有相似背景，这会让他们更信任彼此，创建一个志同道合的强大精英网络。第 5 章我们将探讨为何"超级枢纽"会彼此吸引，以及他们如何在共性中相互扶持。

CHAPTER V

Homophily

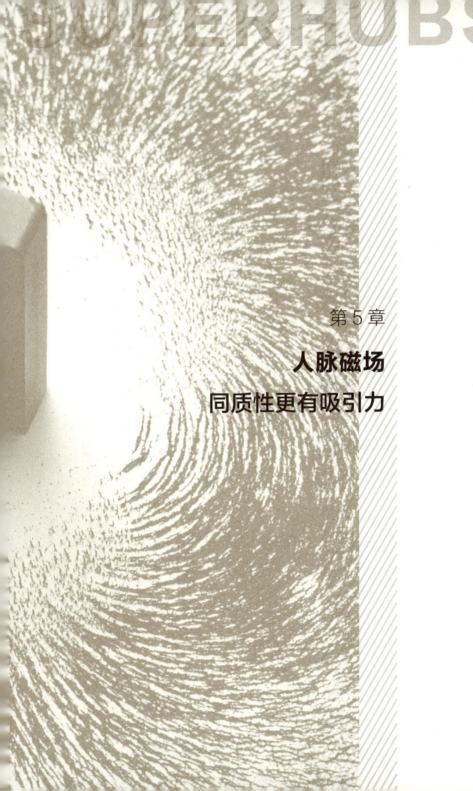

人脉磁场

同质性更有吸引力

假如被困在机场，你会选择与谁一起？相似与重叠，"传染"与共生，"超级枢纽"们不断朝同一个方向聚集。排他性社区和俱乐部成了地位与权力的象征。

每年 5 月，金融巨头们都会在盛大的罗宾汉（Robin Hood）纽约慈善晚会相聚。晚会在雅各布贾维茨会展中心（Jacob Javits Convention Center）举行，这栋宏伟的现代化建筑位于哈德逊河附近。因为贾维茨中心几乎没有任何节庆氛围，主办方需要花费大量精力精心布置。这栋大厦为慈善晚会提供的空间，比纽约市最大的舞厅还要大两倍。届时，大约有 4000 人会出席晚会，不断变换图片的巨幅显示屏、明星和娱乐节目让人目不暇接，若你置身其中，头脑会因为过度刺激而眩晕。而你可能还没来得及享受这一切，晚会就结束了。

慈善业中的金融超级人脉网：罗宾汉慈善晚会

罗宾汉基金会由净资产达 43 亿美元的对冲基金经理保罗·都铎·琼斯三世（Paul Tudor Jones III）于 1988 年建立，是金融领域很成功的慈善机构之一。琼斯经营着一家管理资产达 130 亿美元的对冲基金公司。成立罗宾汉基金会，他成功筹集了 15 亿美元，用于解决纽约市的贫困问题。慈善晚会邀请了许多大明星：迈克尔·布隆伯格（Michael Bloomberg）、埃尔顿·约翰（Elton John）和 Lady Gaga。几乎所有的华尔街巨头都前来捧场，鼎力相助。乔治·索罗斯，瑞·达利欧、拉里·芬克，城堡对冲基金（Citadel）CEO 肯·格里芬（Ken Griffin），康托·菲茨杰拉德证券交易中心（Cantor Fitzgerald）的霍华德·鲁特尼克（Howard Lutnick）、杰米·戴蒙，高盛集团 CEO 劳埃德·布兰克费恩，黑石集团主席、CEO 史蒂夫·施瓦茨曼以及私募股权公司科尔伯格－克拉维斯－罗伯茨（以下简称为 KKR 公司）创始人亨利·克拉维斯（Henry Kravis）。

2009 年，索罗斯向罗宾汉基金注入 5000 万美元质押金。也就是说，基金会要激活索罗斯的资金，必须至少再筹集 5000 万美元。罗宾汉不仅成功募集到与索罗斯的捐赠相匹配的资金，甚至远远超过了这个数字。慈善晚会的门票起价 3000 美元，这种无声的拍卖吸引了大量资金。2015 年，该晚会当晚就筹集到令人惊愕的 1.01 亿美元。在纽约所有慈善基金中，罗宾汉的募集能力一直处于领先地位。相比之下，纽约大都会艺术博物馆（Metropolitan Museum of Art）举办的时装学院庆典慈善晚会（Costume Institute Benefit）在 2014 年只筹到 1200 万美元。

罗宾汉基金会的董事会成员都是华尔街响当当的人物，他们的净资产总和达 250 亿美元。正是这些人分担了慈善晚会高达数百万美元的费用，因此所有捐款都可以直接用于资助项目。截至本书写作时，罗宾汉基金会已经向 200 家慈善机构提供了捐赠。琼斯重新定义了募款标准——以公司绩效和结果为导向的赠与，被认为是"风险慈善"的先驱。他的"标的客户"或者说他与众多"超级枢纽"之间的密切关系，对华尔街人士而言是无法抗拒的诱饵。罗宾汉基金会为高管提供了交流的平台和机会，如果你想成为其中一员，就必须付钱。这项好事无形中造成了同行压力。在这个类似于平行宇宙的社会中，权力玩家就像双子星一样互相围绕，而同质性规律，也就是相似性造就的链接，则创建了一个具有吸引力的磁场。

人们拥有的关系能够说明很多事情。正如歌德所说，"告诉我你同谁在一起，我就知道你是什么样的人"。人类网络会遵循同质性法则发展，即我们通常所说的"物以类聚、人以群分"。人们往往会与自己相似的人建立联系。尽管我们可能会觉得与我们不同的人很有意思，但与相似的人相处势必更容易，更舒服。

金融精英，千人一面

所有网络都会成长，而新的节点倾向于附着在已经拥有众多链接的节点上。这种"富者越富"现象会导致已经更高级的节点拥有更多优势，随着时间的推移，这些高级节点甚至能垄断网络。这一网络动态规律也适用于人类，且在金融领域表现得尤其明显。那些拥有最优质人脉的高管，往往会吸引更多高端人群。当他们聚合在一起时，这些人拥有的金融专业知识会让他们处于最优位置，使本来就很庞大的财富急速增长，这又会让他们成为极具吸引力的枢纽。而财富又会造就具有排他性的特权真空地带，这会让世界上最富有、最有影响力的金融家们更加同质化。

重要的技术进步与金融相结合是全球化进程的关键驱动力，同时也创造了一个具有排他性的专属于金融高管的小群体。这个群体几乎都是男性,其中大多数人都是白手起家。也许他们来自不同的国度和文化背景,但他们说着同样的语言,使用相同的金融术语。这一切使得他们显得独树一帜,外界经常对此迷惑不解。

小群体里的成员一般会从同一类学校毕业,职业类似,思维也相似。拥有相似经历的人往往有更多共同语言,能够很好地拉近彼此间的距离。他们在世界各地高度重叠的社交圈子活动,经常在纽约、伦敦或新加坡等地的各种会议、俱乐部和慈善活动中碰到彼此。

远古时代的农民也许一生都不曾走出他们的村庄。今天,精英阶层的行动轨迹早已跨越了各个时区。对他们而言,时间和空间的距离缩小了。他们坐飞机不断地围绕地球飞行,几天内就能在各大城市甚至各大洲之间穿梭。他们是"空中飞人",时差是他们永恒的伴侣。他们也因此比一般人拥有更多的商机和机会。

这些金融高管经常与 IMF、各国央行、国际清算银行的最高决策者以及各大公司的 CEO 们过从甚密,因为这些人都是他们的潜在客户。他们拥有相似的生活方式,居住在富人社区,送孩子上私立学校。即使他们之间存在竞争,也能通过合作增加共同利益。有句古老的谚语"高处不胜寒"不无道理。金字塔顶端的人与普通人的交集越来越少,他们将所有消耗体力的活动外包,雇用司机,购买私人飞机,甚至还有私人电梯把他们与普通人区隔开来。他们的工作和个人生活紧密地交织在一起。随着时间的推移,在共同的圈子里发展。通常,金融高管不是为了生活而工作,因为他们的生活就是工作。通过社交,他们相互之间会产生强烈影响,使得圈子的同质化程度越来越高。

精英圈法则：信任是根基

"超级枢纽"会选择同自己认识和信任的人做生意。在复杂的金融系统中，高管们为了减少不确定性及其所处机构的治理成本，会倾向于与自己相似的人合作。同质性能促进沟通，让他们能够相互理解，而且对积累社会资本有重要作用。工作经历、教育背景、性别和社会地位相同的个体直接分享着一般人接触不到的宝贵信息，在识别和把握商机中独具优势。

出于同样的原因，高频率的接触可以确保信息快速传播。金融精英的行为和逻辑相似，会释放出同样的社会信号。了解彼此的过去和声誉使他们能够做出更准确的判断。相比之下，圈子外的人无法提供类似的信息和资料，供这些金融高管们在决策时参考。

此外，与熟悉的人共事还能节省成本、降低雇用风险。熟悉的领导风格和文化环境能缩短学习摸索的过程，提高效率，节省时间和金钱。一项研究显示，首席投资经理们经常利用自己的人脉，聘请与他们信念、职业道德和人生哲学相似的关键决策者，因此节省了不少成本。另外，在高风险、时间紧迫的情况下做决策时，高管们倾向于回避官僚流程，直接找他们信任的人。

同质性霸权主义

很快融入一个群体，并在里面感到很自在，你有过这种感觉吗？你是否有过简单说几句话，甚至一个眼神，对方就能了解你想法的时候？跟对方一拍即合、相见恨晚，毫不费力就相互亲近的感觉，你曾经历过吗？这都是因为同质性。

判断同质性的标准之一是背景相似，包括社会、教育、专业、经济实力等。亚里士多德、柏拉图等哲学家都曾研究过相似性的"力场"（Force Field）。14世纪，意大利的金融公司都是在家庭、公会和社会阶层基础上形成的。同样，法国金融机构是在朋友、社区邻居和相同的政治背景下成立的。

罗斯柴尔德家族的成员遍布欧洲，形成了独特的家族银行网络。他们可以从中获取大量信息、洞悉机会、找到客户。个人关系对于金融决策、交易以及与盟友保持良好关系都至关重要。史蒂夫·施瓦茨曼和彼得·彼得森在合伙创立黑石集团时就决定，不与"敌人"做生意，而是与自己的人脉所带来的合作伙伴做生意。今天，尽管金融领域的领袖不一定需要天生的特权才能成功，但出身名门的高管，如杰米·戴蒙等，肯定会拥有获得先机的优势。

同质性也发生在选择配偶的时候，人类倾向于选择社会经济背景相似的人做伴侣，即所谓的选择性交配（Assortative Mating）。强强联手的夫妇能过上更美满的生活，他们会让自己的子女从一出生就拥有优越的成长环境，这进一步加剧了社会贫富差距。

一个真正公平的系统，应该是由贤能统治，但真正的贤能统治只是幻影。1995年，《新闻周刊》（*Newsweek*）的封面故事《跨阶级的兴起》（*The Rise of the Overclass*）提到，在众多华尔街明星中有女性，也有不同种族的人。这篇文章因而被视为精英阶层多元化的证据。但在高端金融领域，多元化只是美好的虚幻。在华尔街的初级阶层中，人才的确更多元化，但高级职位仍主要由白人男性占据。2014年，本·伯南克在普林斯顿大学毕业典礼的演讲中表示，没有任何系统完全由精英统治，家庭和健康等因素往往会导致机会不均等。为了挤进上流社会，最安全的办法是适应，争取同上层精英有更多共性。然而，如果没有得天独厚的社会经济背景，有一个共性恐怕难以得到，那就是老练。

绝大多数公司都以"文化适应"为基本要求，这意味求职者需要拥有正统的口音、游历甚广、经历类似，并遵循相同的社交礼仪。简而言之，这是一些成长在富裕家庭里的人才能具备的特点。很多特质都需要投入大量时间和金钱。面试官常常忽略其中包含的微妙歧视，这导致精英阶层相似性越来越高。在"机场测试"问题（即你选择与谁一起被困在机场）中，研究者发现，人们更重视亲近性而非优点。亲近性可能会把更优秀的人才和女性求职者排除在外，因为这个阶级中几乎都是男性。

高管的个人背景也类似。单身或公开同性恋身份的高管非常罕见。他们结婚生子，拥有稳定的家庭生活。那些高管的夫人有些是职场女性，但绝大部分是家庭主妇。

资产越多，生活可能越复杂，而能够外包的部分毕竟很少，于是管理社会活动就成为了她们的工作。这些成功高管的配偶会负责协调私人、公共娱乐以及公益慈善活动。她们还要负责确保孩子进入竞争激烈的私立学校，打理好遍布各大洲的豪宅，甚至监督佣人干活。

高智商精英俱乐部

智商和学术成就是一个人在金融圈平步青云不可或缺的条件。研究表明，金融领域的领导者普遍具有学术天赋，且智商远高于一般大众。这种相关性在亿万富豪俱乐部表现得尤为明显。他们的认知能力和教育背景与高薪高身价紧密相关。这似乎不证自明，但现在我们有了科学证据：**高学历有利于积聚大量财富。**

几乎所有金融领域的领导者都有学士学位，并且大多数人拥有硕士学位。可见，不论你聪明与否，仍然需要正式的资格证书证明你的智慧。哈佛大学、斯坦福大学、麻省理工学院的商学院都是世界顶尖学府。学生一旦与这些品牌关联，他们在毕业后将步步高升，得到许多无与伦比的好机会。几乎所有公司大门都会向他们敞开，职业生涯也会呈直线上升的趋势。当学生知道自己被一个当今和未来领袖的圈子所接纳，这无疑会让他们更自信，赋予他们不可撼动的身份认同和更明确的人生目标。

顶尖商学院不仅是"知识训练营"，还会通过广泛的校友网帮助学生培养人际关系技巧。除了教育本身之外，学生们之所以渴望进入哈佛大学，是因为他们能在那里建立起宝贵的人脉关系，甚至于在学校建立的人脉也许远比在课堂学到的知识来得更有价值。所以学生会全身心投入人脉网络，学习如何与高级专家互动，如何维护和培养这些关系。他们会在教室、图书馆和合作项目中花大量时间与同学在一起，从而养成相似的思维习惯和世界观。这是一间具有排他性的"俱乐部"，非名校学子不能加入，即便资质稍弱，也很难融入其中。2015 年，对冲基金大鳄约翰·保尔森向母校哈佛大学捐赠 4 亿美元，这是截至当时哈佛收到的最大一笔捐赠。于他而言，这不仅是慈善行为，也是一笔人脉网络投资。约翰·保尔森通过提高自己的地位和声誉，增加了社会资本，正式步入精英网络中心，真正成为了一名"超级枢纽"。

在华尔街工作的人主要来自精英学校，2007 年，近一半的哈佛毕业生进入金融领域，尽管在 2008 年金融危机之后，老牌金融公司和银行已失去了往日的强大吸引力，但到 2011 年，金融行业仍是常春藤盟校毕业生的最大雇主。威望和高薪对毕业生有强大的吸引力，毕竟他们中还有人背负着高额的助学贷款，对未来的经济前途感到迷茫。各企业也会通过资助研究项目、聘请知名学者做顾问和营销等方式建立与名校的联系。精英学术关系能帮助金融公司提升信誉和声望，属于一种隐性支持。不过，一些人认为金融关系本身就是重大的利益冲突，容易滋生学术腐败。

富豪统治集团：白人男性俱乐部

精英学校与另一个圈子的发展直接相关：老男孩网络（The Old Boys' Network）。起初，它是指在男子私立学校建立的人脉关系。的确，如今名校校友会是"超级枢纽"网络至关重要的组成部分。常春藤名校近年来收到的捐款数额相当可观。2014 年，对冲基金执行主管肯尼斯·格里芬（Kenneth Griffin）向母校哈佛大学捐赠 1.5 亿美元；2015 年，黑石集团掌门人史蒂夫·施瓦茨曼向母校耶鲁大学捐赠 1.5 亿美元。久而久之，一套非正式的系统形成了，各"俱乐部"成员要确保相互帮助以提升共同利益。成员们会在工作中、高尔夫俱乐部、智库以及任何其他外人难以进入的场合进行互动，无论是金融方面或地位方面，又或者说两者兼具。

老男孩网络已不再像过去那么保守和具有偏见性了，但或多或少还有一些。其成员通常有相似的社会背景，生活在特权家庭。因为他们强大的影响力，所以他们决定文化、定义规则。年长的成员会从俱乐部里年轻一代身上看到自己的影子，他们会回想起曾经的奋斗史。这个圈子建立在忠诚之上，长者会向年轻人提供指导、引荐和帮助。"俱乐部"里不分年龄，人人都秉持相同的价值观，他们会在交流中互相巩固圈子中既定的观念，从而变得更加墨守成规。

虽然金融制度已逐渐趋向于精英化，更加注重成绩和表现，但仍然会向有人脉的群体倾斜。在不断的内外动态中，老男孩网络的成员没有任何预谋，也许只是出于本能地通过相互绑定而变得更紧密，以此防御外人进入。他们会对自己的亲属给予特殊考虑，而略过其他不符合既定标准的人。这导致领导岗位明显缺乏女性和其他群体（我们将在第9章详细探讨这一点）。在没有任何制衡的情况下，系统继续维持着这些偏见。决策者常常通过吸纳与自己相似的人塑造组织，使之朝着对自己有利的方向发展，这是一种保护地位的体现。通过错综复杂的链接，他们的关系网紧密交织，发展势头强劲。经过几个世纪的发展后，这种保护权力的模式只会发展得缓慢一些，但短期内恐怕不会消失。

金融领域的领导者们一体同心，于公于私，他们都存在着诸多重叠的地方，如果图解他们的关系，你会发现很乏味。以美联储副主席、前以色列央行行长斯坦利·费希尔为例，他曾是美联储前主席本·伯南克和欧洲央行行长马里奥·德拉吉在麻省理工学院时的教授。费希尔曾先后担任 IMF 副总裁、世界银行首席经济学家和花旗集团副主席。他门下的弟子还包括美国财政部前部长拉里·萨默斯和曾为白宫经济顾问委员会主席的格雷格·曼昆（Greg Mankiw）。多米尼克·斯特劳斯－卡恩辞任 IMF 总裁职务后，费希尔也曾竞逐这一职位。在伯南克结束美联储主席任期后，费希尔也动过念头。

费希尔、伯南克、德拉吉的想法一脉相承，这充分体现在他们于2008 年金融危机爆发后对量化宽松政策的看法上。危机期间，时任英国央行行长的默文·金也曾在麻省理工学院经济系任教。我们的世界一直由毕业于同一所学校的少数人掌控，这多么不可思议。

高盛集团是老男孩网络的缩影。它就像独家俱乐部，巧妙地说明了网络科学的幂律分布如何与实际网络力量相链接。由于高盛似乎无时无刻不在赚钱，因此它被戏称为"戴着人类面具的吸血鬼"。据称，高盛引发了多起金融危机并从中大把捞钱。

高盛人几乎无处不在。公司聘用过不少高官，也有许多合作伙伴在离开高盛后担任公职。比如，曾经的高盛集团联合 CEO 罗伯特·鲁宾担任过比尔·克林顿政府财政部部长一职。在 2008 年金融危机期间，时任高盛 CEO 的亨利·保尔森从鲁宾手中接过财政部部长一职。欧洲央行行长马里奥·德拉吉曾是高盛国际的副主席兼总经理。2011—2013 年任意大利总理的马里奥·蒙蒂（Mario Monti）曾担任过高盛集团顾问。罗伯特·佐利克（Robert Zoellick）从高盛集团国际事务主管一跃成为世界银行行长。之后，佐利克又回到高盛，成为国际顾问委员会主席。德国政府还曾授予他骑士十字勋章，嘉奖他为德国统一做出的贡献。

德国政府因向高盛提供了过多政府项目而遭到外界严厉批评，反对党将这些项目称为"投资银行家奖金计划"。在世界各地担任政府高官的高盛前员工不计其数。有影响力的著名高盛人还有：美联信集团（CIT Group）前董事长兼 CEO，曾任高盛集团总裁兼 CEO 的约翰·塞恩（John Thain）；乔恩·科尔津（Jon Corzine）是全球曼氏金融（MF Global）CEO、美国新泽西州前参议员、高盛前 CEO；

邓肯·尼德奥尔 (Duncan Niederauer) 是纽约证交所集团前 CEO，也曾是高盛集团合伙人；约书亚·博尔滕（Joshua Bolten）是美国总统乔治·W. 布什时期的白宫办公厅主任，也是高盛法律和政府事务前执行董事。当然，这份名单还可以更长。

"超级枢纽" ≈ 超级富豪

金融高管的共同点是拥有巨额财富。这是一个可衡量的、被广泛认可的成功标准。财富可以赋予其更大的金融权力，让他们在政治、慈善或其他任何领域更具影响力。尽管他们活跃在不同领域，但他们会被财富创造的特权和问题联结起来。

政策制定者不属于这个特殊领域，因为他们的薪酬比对冲基金巨头、私募基金之王或银行 CEO 要少太多。2015 年，美联储主席耶伦的年薪约 20 万美元，IMF 总裁克里斯蒂娜·拉加德的年薪约 50 万美元。不过，权力和地位等其他因素足以弥补薪资水平上的不足，因此他们仍然雄踞金融网络的中心。同样，学者、知识分子和顶级服务提供商也是"超级枢纽"的一部分，因为他们的共性大于差异。不过，酬劳仍然是"超级枢纽"强大的公约数，这是他们延续独有小圈子的必要条件。

金融行业的 CEO 们经常因为他们高得惊人的薪酬而登上新闻头条，他们的薪水甚至能超过华尔街工薪阶层薪酬的总和。飙升的薪酬是明星高管和 CEO 的具体表现。"巨星经济学"这一概念出现在 20 世纪 80 年代初，由芝加哥大学经济学教授舍温·罗森（Sherwin Rosen）提出。他在一篇广受认可的论文中指出，技术进步将为表现优秀的人提供更多进入市场的机会，这也会加剧薪酬不平衡。这种动态解释了成功的运动员、演员和音乐家为何会得到巨额报酬。

舍温的先验理论也适用于金融领域。随着经济的增长，银行演变成巨大的全球集团，投资基金开始管理数万亿美元资本。随之而来的是为吸引顶尖人才展开的激烈竞争，薪酬必然会提升到常人无法想象的高度。CEO 们用公关宣传、电视采访和行业奖项等，为自己树立了超级巨星的品牌。不管是绝对值还是相对于其他高管，这些明星 CEO 的薪酬都是极高的。

金融家们普遍认为报酬纯粹基于业绩，因为其利润可以衡量，这是他们应得的。然而，在复杂且不透明的全球金融环境中，客观的业绩难以测量。行政控制权之外有许多未知的变数，比如之前一直被看好的资产阶级面临崩溃，或能源、互联网泡沫的破裂。系统性金融危机甚至显示，实际上所有资产类别都呈负相关。面对最近数十亿美元的损失以及数亿美元的罚款，这一业绩指标备受质疑，因为 CEO 们的工资仍在上涨。

支持者认为，赢家通吃的薪酬就是自由市场力量和合同的结果。有竞争力的薪酬可以留住顶尖人才。根据他们的说法，向金融高管支付可观的薪水远比失去他们造成的破坏性损失所要付出的代价小得多。批评者反驳说，金融 CEO 们自私自利，一门心思想让自己的薪水呈螺旋式上升。他们管理的公司向他们支付薪水，而且通常还负责主持能决定自己薪酬的董事会。

美国国民经济研究局（National Bureau of Economic Research）表明，工资上涨是"传染"的结果，因为董事会容易受到其他工资更高的公司的影响。如今，CEO 的薪酬已不是传统意义上的工资，而是类似于比赛中赢得的奖金。

当然，不同的金融机构面临的情况也不同。上市银行要对股东负责，但对冲基金公司的创始人，如索罗斯、史蒂夫·科恩和斯坦·德鲁肯米特等，他们各自管理着数十亿美元的财富，因此他们只用对自己负责。另一些对冲基金公司则代表养老基金、保险公司和大机构投资者管理数十亿美元，他们是对冲基金的创始人或合伙人，这些人的薪水是明确的和透明的。同样的原则也适用于私募基金，虽然该行业近来因隐性收费而被美国证券交易委员会 (SEC) 审查。

麦肯锡公司是使高管薪酬飙升合法化的主要推手。该公司的顾问阿尔希·巴顿（Arch Patton）就 20 世纪 60 年代早期高管的薪酬做了一项研究，并将结果发表在《哈佛商业评论》上。巴顿的研究广受关注，此后每年都会重刊。这项研究为麦肯锡影响高管薪酬提供了合理的理由，因为其历任 CEO 的人脉网遍布全球，他们不断传播麦肯锡的理念，使之成为金规铁律。

英国作家大卫·米切尔（David Mitchell）通过《观察家报》（Observer）指出，顶级银行家的本事之一就是让普罗大众相信他们价值连城。尽管有不少批评声，但"身价越高的 CEO 越有本事"的思想在人们心中已经根深蒂固，除非股东或社会抗议，否则高管薪酬过度上涨的趋势不会放缓。

工种不同，薪水也千差万别。对冲基金巨头居首，私募基金大鳄次之。他们的薪资水平通常处于领先地位，因为除了可以从投资中获利，他们还可以收取大量管理佣金。因此，即使他们的实际薪酬可能会因业绩大相径庭，但下行空间有限，因为不管业绩如何，他们仍能收取可观的管理佣金。

相比以上两者，银行 CEO 的薪资水平相对较低，因为他们只是上市公司的"工具"，扮演着比较实用的角色，且经常面对在金融上不太在行的投资者。另外，他们的工作还具有更多企业管理性质，而不仅仅是投资管理。

2013 年，全球最有价值的 25 位对冲基金经理总收入为 211 亿美元，2014 年总收入为 116.2 亿美元，2015 年这个数字为 129.4 亿美元。英国《卫报》刊文指出，2015 年，两位收入最高的对冲基金巨头是城堡对冲基金公司的肯尼斯·格里芬与文艺复兴科技公司（Renaissance Technologies）的詹姆斯·西蒙斯（James Simons），其中西蒙斯的年薪为 17 亿美元，若将他视为一个国家，其生产总值可以在世界各国中排在第 178 位。格里芬与西蒙斯的年薪总和相当于全球薪资最低的 11.2 万人的年收入。

以下是对冲基金行业部分杰出人物的收入状况：

2013 年，净资产达 249 亿美元的索罗斯以 40 亿美元的最高年薪力压群雄。自从他将自己的基金公司转换成家族理财机构后，便不再属于对冲基金领域。

2013 年，阿帕卢萨资产管理公司（Appaloosa Management）CEO 大卫·泰珀（David Tepper）的净资产达 114 亿美元，年薪 35 亿美元。他在 2014 年的年薪为 4 亿美元，这一数字在一年后就飙升至 14 亿。相比起泰伯，桥水联合基金公司 CEO 瑞·达利欧的年薪增速较缓，呈阶梯式增长：2013 年 6 亿美元，2014 年 11 亿美元，2015 年 14 亿美元。

赛克资本（SAC Capital，现已更名为 Point72 资产管理公司）创始人史蒂夫·科恩净资产达 127 亿美元，其 2013

年年薪为24亿美元，2014年年薪为20亿美元，2015年年薪为15.5亿美元。

保尔森基金公司创始人约翰·保尔森的净资产达98亿美元，2013年年薪为23亿美元，不过在2014和2015年，他未能上榜。

文艺复兴科技公司创始人詹姆斯·西蒙斯的净资产达155亿美元，其2013年年薪为23亿美元，2014年年薪为12亿美元，2015年年薪为17亿美元。

相比上述对冲基金巨头，私募基金巨鳄的收入要少得多：

黑石集团创始人史蒂夫·施瓦茨曼的净资产达95亿美元，2013年赚得3.745亿美元，2014年赚得6.9亿美元，2015年赚得8.106亿美元。

阿波罗全球管理公司（Apollo Global Management）创始人利昂·布莱克(Leon Black)的净资产达46亿美元，2013年年收入为3.69亿美元，2014年为3.31亿美元。

KKR公司创始人亨利·克拉维斯的净资产达42亿美元，2013年收入为3.27亿美元，2014年为2.19亿美元，2015年为1.651亿美元。

银行CEO们则"穷"得多：

摩根大通CEO杰米·戴蒙的净资产达11亿美元，2013

年和 2014 年的年薪同为 2000 万美元，2015 年有所提升，达
到 3700 万美元。

高盛 CEO 劳埃德·布兰克费恩的净资产达 11 亿美元，
2013 年年薪为 2300 万美元，2014 年为 2400 万美元，2015
年稍有下降，为 2300 万美元。

花旗集团 CEO 迈克尔·高沛德（Michael Corbat）在
2013—2015 年的年薪分别为 1760 万、1310 万和 1640 万美元。

CEO 们几乎不会反对他们水涨船高的薪酬，不过摩根士丹利
CEO 詹姆斯·戈尔曼（James Gorman）是个例外。他在 2012 年接受
英国《金融时报》采访时感慨 CEO 们薪酬过高，并对股东予以同
情。幸运的是，这次采访并没有对他 2013 年的薪水造成任何负面影
响，那一年他的总收入达到 1800 万美元，比 2012 年增长了近一倍，
2014 和 2015 年，他的年收入分别为 2250 万和 2100 万美元。

羊群效应："超级枢纽"社区

地理位置是网络科学定律最明显的表现："超级枢纽"倾向于相
互聚集。金融巨头像群鸟一样朝同一个方向聚集，他们会栖息在临
近彼此的地方：生活在最昂贵的社区，住在需要拥有独立邮政编码
的大房子里。住在同一地区，甚至同一栋楼，为他们提供了一种归
属感，而且会吸引跟他们类似的人，于无形中排除异己。按照网络
层级结构，"超级枢纽"往往占据最中心地段或摩天大楼顶层，那里
视野辽阔，景色壮丽。在"中心地段的中心"拥有房产是"超级枢纽"

不可或缺的身份象征，因为网络中的地理位置是社会地位最显见的标志。

在美国，金融家集中于接近纽约中央公园的上东区、康涅狄格州的格林威治、韦斯切斯特郡的贝德福德，当然还有位于纽约长岛的汉普顿斯。虽然一些保守的金融家仍然选择落户第五大道的传统富人区，但大多数人开始涌向中城区，那里是新兴亿万富翁的聚集地。总的来说，住在这些社区里的每个人都坐拥几十亿身家。

私募股权巨头史蒂夫·施瓦茨曼住在曼哈顿住户同质性最高的大厦：纽约公园大道 740 号。这栋宏伟的石灰石大厦位于纽约公园大道和 71 街的拐角处，里头住着的都是各行业翘楚。最引人注目的是这里传奇的历史。在美国这个相对年轻的国家里，这无疑是一种傲人资本。

据说，2000 年施瓦茨曼斥资 3000 万美元，从美国最有声望的洛克菲勒家族手中购买了这里的一套公寓。这套三层公寓位于大楼最顶部，设有 24 个房间。还有其他一些金融家选择居住在此处，比如伊斯雷尔·英格兰德（Israel Englander）、戴维·甘奈克（David Ganek）、美联信集团前 CEO 约翰·塞恩以及橡树资本管理（Oaktree Capital Management）公司的霍华德·马克斯（Howard Marks）等。

选择第五大道而没有选公园大道的有：艾威基金管理集团（Avenue Capital Group）创始人马克·拉斯里（Marc Lasry）、高桥资本管理（Highbridge Capital Management）公司联合创始人格伦·杜宾（Glenn Dubin）以及索罗斯。索罗斯的府邸位于第五大道 87 街以东的大厦。那是一套可以俯瞰中央公园的复式房，共有 16 个房间，用于娱乐的奢华客厅和餐厅位于 7 楼，用于休息的房间位于 8 楼。

在联合国会议召开期间，许多外国政要都要来此发表提案，这使得索罗斯的邻居们十分沮丧，因为他们必须忍受设在第 87 街的重重路障和严密安保。

通常，顶尖金融家们会花 1000 万美元以上购买体面的房产，装潢和改造会另外再耗费几百万美元。这些豪宅的潜在买家至少需要拥有 1 亿美元的流动资产，并要接受财务记录的审查。不过，高昂的房价并不是唯一障碍，负责选择住户的社区董事是更难逾越的关卡。曼哈顿许多高档社区都会相互合作，这意味着其运作模式很像俱乐部，老住户有权决定新申请人是否符合资质。正所谓"金钱买不到阶级"，许多著名的富豪申请者都经历过被拒之门外的尴尬情形。

还有一栋金光闪闪的建筑矗立在中央公园西路 15 号。这座"权力之塔"位于中央公园的西南角，是一栋集现代和优雅于一身的奢华建筑。它配有露天游泳池、私人餐厅、酒窖和健身房。物业人员训练有素，为富豪提供顶级服务。这里的物业费通常每月高达数千美元。许多公寓配有私人电梯，壮观的露台、落地窗，可将曼哈顿的景色尽收眼底。一居室公寓可供住户的员工居住。在这里居住的富豪包括花旗集团 CEO 桑迪·威尔、高盛 CEO 劳埃德·布兰克费恩，以及第三点基金（Third Point）创始人丹尼尔·勒布（Daniel Loeb）。

曼哈顿上东区的联排别墅也很受亿万富翁的欢迎。那里的别墅配备后院，这在寸土寸金的城市里，这无疑是最奢华的奢侈品。阿波罗全球管理公司创始人利昂·布莱克最近在这个贵族社区购买了一栋价值 5000 万美元的别墅，并额外花费了 2000 万美元用于装修。布莱克爱好艺术收藏，多年来收集了许多价值连城的珍贵藏品，这栋豪宅将成为它们完美的储藏室。

夏季的周末，富豪们大都会移到纽约长岛的汉普顿斯或"乡下"（纽约州北部）。几乎所有金融家都有豪宅。这些豪宅一般配有游泳池、网球场和客房，周围是郁郁葱葱的私人花园，别墅外围矗立着高高的篱笆，安全性和隐蔽性兼具。富豪们需要雇用房地产经理为自己打理房产，每年的维护成本高达数十万美元。即使在富人社区，也会形成超级中心。在汉普顿斯，"超级枢纽"会聚集在麦德巷（Meadow Lane）球场、杜松子酒巷（Gin Lane）和沙丘路（Dune Road）。在那里，布莱克有一栋豪华海景房，他在那里举办了 63 岁庆生派对，专门邀请了英国摇滚明星埃尔顿·约翰前来助兴。金融家戴维·甘奈克和亨利·克拉维斯也住在附近。史蒂夫·施瓦茨曼在纽约州的沃特·米尔（Water Mill）有栋房产，那栋房子曾属于铁路大王范德比尔特家族的继承人。

在周末举办豪华的家庭派对，不仅可供娱乐放松，也是拉拢人脉的绝佳平台，金融精英们通常通过这种方式维护社交圈。

每年 7 月 4 日，《华盛顿邮报》女继承人兼作家、主持人拉丽·韦茅斯（Lally Weymouth）都会在她那栋古典的南安普顿庄园举办晚宴和优雅的招待酒会。那是只属于商界名流的场合。能收到一纸邀请函是莫大的荣幸，所有金融巨头和他们贵气逼人的妻子都渴望参加。能拥有这份殊荣的人包括：史蒂夫·施瓦茨曼、劳埃德·布兰克费恩、利昂·布莱克、亨利·克拉维斯和威尔伯·罗斯等。如果"外人"能带来一些有趣的或对聚会有用的东西，也能获准入场。我也曾接到过邀请，当时还对聚会礼仪颇为忐忑：我该穿什么衣服？带什么礼物？那里会发生什么？

本章，我们探究了赋予金融精英权力以及使其同质化的"物以

类聚、人以群分""富者更富"现象。现在，我们对金融精英中的同
质性如何起作用有了更清晰的认识。第 6 章中，我们将探讨高管如
何构建网络，以进一步提升他们的影响力。

CHAPTER VI

Executive

Networking

第 6 章

人脉即净值

如何积累关系资本

在遇到陌生人时，我们会在 13 毫秒内决定对方是否是我们喜欢的类型。每个人都渴望建立深厚、真诚的人脉关系。搭建人脉并不是利用他人，而是为大家创造机会，借助个体独一无二的关系资本催生网络资本，提高自我拥有社会总资产的 ROA（资产收益率）。

瑞士日内瓦邻近法国，这座城市优雅的气质与风格与它的邻居如出一辙。日内瓦古雅低调，拥有令人难以抵挡的魔力。雄伟的大厦和修剪整齐的花园，折射出这座城市的繁华。这座具有历史厚重感的城市见证过无数富人的浮华和落寞。在白雪皑皑的阿尔卑斯山下，是一派平静祥和的景象，但那就像在日内瓦湖上游水的天鹅，表面上看悠闲而平和，水面下有力的脚蹼却在奋力划动，搅起涌动的暗流。

许多有影响力的大型机构都将总部设在日内瓦，如世界卫生组织（WHO）、欧洲核研究组织（CERN）和世界经济论坛（WEF）等。

在大多数人的印象中，经常把 WEF 与瑞士滑雪胜地达沃斯联系在一起，因为自 1987 年"欧洲管理论坛"更名为"世界经济论坛"起，WEF 每年都会在达沃斯举办年会，但 WEF 的总部其实坐落在日内瓦湖区一座风光旖旎的小镇——科洛尼（Cologny）。

"超级枢纽"中的"超级枢纽"：克劳斯·施瓦布

我经常到瑞士出差。还记得我第一次受邀参加 WEF 年会，在前往会场时，我乘出租车环绕日内瓦湖，然后沿着古老的小镇往山上驶去。透过车窗，看着眼前美丽的湖光山色，我不禁陶醉其中。车子行进在蜿蜒曲折的道路上，两旁绿荫葱葱，五颜六色的花儿面向阳光尽情绽放，这感觉更像是度假，而不是到世界上极具权势的机构之一参加会议。

出租车在一扇巨大的重金属滑动门前停下。通过严格的安全检查后，大门自动打开，一条环形车道直接通向了一栋超气派的现代建筑。我走到前台，碰到了不少熟悉面孔，然后在工作人员的带领下走进会议室。大楼的建筑风格反映了这家机构的独特性。它身上融合了东西方元素，特设的玻璃幕墙能一览日内瓦湖全景。光线充足，宽敞的大厅里装饰着来自世界各地的艺术品，一些身着休闲装的年轻人在其中谈笑风生。

WEF 是很难被理解和极具争议的国际组织之一。可能是因为其出身，使得它在外人看来有些神秘。你可能无法想象，这个如此庞大的组织竟然由一人所创，这跟很多其他机构不同。论坛成立之初，主要集中探讨经济问题，如今议题更加全面，涉及科学、政治和文化。它堪称当代最有效、最强大的网络平台和孵化器。WEF 就像超级智囊团，它关注紧迫问题，提供解决方案的框架，通常会携手私人和公共合作伙伴。它充满争议，是因为最有权力的人都会聚集于此，批评者称这可能导致相互勾结、达成共谋。不论如何，全球性问题需要全球性解决方案，而 WEF 是唯一一个折中办法，因为只有它才能聚集起当今世界最有影响力的群体。2015 年年初，WEF 的国际地位明显上升，瑞士联邦委员会（Swiss Federal Council）公开承认它是公私合作的国际机构，类似于红十字国际委员会。

WEF 创始人克劳斯·施瓦布堪称最伟大的网络创造者。施瓦布曾是经济学家、工程师，不过，他是如何成功转型为"超级枢纽"，吸引到世界上最具影响力的人，并由此建立起举世瞩目的国际跨学科会议平台的呢？这位光头、戴着眼镜、表情严肃认真的德国教授，讲起话来慢条斯理，是典型的男中音，带有浓重的德国口音。他身材挺拔、步态从容稳健，颇有政治家风范。施瓦布以高度自律著称，他坚持徒步登山多年，有着特别的幽默感。凭借"超级枢纽"的地位，他吸引了许多与他一样有影响力的人。出人意料的是，他竟声称自己性格内向，惧怕出入各种社交场合，再加上施瓦布言谈谨慎，总是有所保留，因此，有人曾经视其为傲慢之人，但他拥有的强大人脉网络足以证明他的真诚和处事周全。

1971 年，施瓦布成立 WEF。当时它只是欧洲商界高管的小型聚会。因独具远见、直觉、好奇心和机敏，施瓦布很快就把论坛发展成了全球品牌。他在 70 多岁时仍在世界各地出差，是该组织不断蓬勃发展的主要动力和持续创新的源泉。批评者——主要是那些从未受到 WEF 邀请的人，一直以酸溜溜的心态唱衰达沃斯论坛，还有些与会者抱怨当地通勤不便，论坛入场费用太高。不管怎样，与会者每年都络绎不绝，门票始终供不应求。

施瓦布为何具有如此强大的网络力量？背后有什么魔法？同许多其他高层领导者一样，施瓦布在职业生涯之初就创建了一套独特的理论，这成为他所有努力的基础。根据他的多方利益相关者原则，

"企业的管理者不仅要对股东负责，还必须照顾所有利益相关者的利益，包括员工、客户、供应商，还有政府、公民社会和任何其他可能受到企业运作影响的各方"。后来，施瓦布在多方利益相关者原则的基础上创立了全球企业公民权的概念，主张企业是全球社会中的利益相关者，政府和公民社会也是一样。

在全球化中受益极大的企业应承担社会责任，以此作为回馈。施瓦布的理论符合全球趋势，并在 WEF 内部得到了新发展：全球化和跨国权力精英出现。民族国家权力减弱、全球领导力的缺乏、强大企业集团的出现助推了多方利益相关者原则的发展。基于施瓦布的理论，WEF 确立了"通过公私合作改善世界状况"的宗旨，并明确了自己的使命：包容多元族群，同时邀请非营利组织和全球青年领袖代表，不向其收取入场费用。此外，多方利益相关者原则还为 WEF 提供了合法性、权威性和可靠性。

施瓦布一步步从节点发展成中心，最后成为"超级枢纽"。他创建了一套完美的理论，在瑞士学术界树立了自己的声望，还获得了哈佛大学肯尼迪政府学院的公共管理硕士学位。

在肯尼迪政府学院期间，施瓦布开始在国际舞台崭露头角，与不少重量级人物建立了联系，这不仅磨炼了他的技能，也进一步巩固了他的声誉。施瓦布的创新精神，还体现在把《全球竞争力年度报告》（*Global Competitiveness Report*）概念化，在其中纳入了可持续性方面的考虑上。多年来，他将自己的思考转化成智力产物，形成学术论文，并引起了全球关注。施瓦布逐步确立了思想领袖的地位，还一举拿下 14 个荣誉博士学位、17 项国家级荣誉和无数奖项，进一步巩固了他在国际社会的地位。

他还当选了彼尔德伯格俱乐部[①] (Bilderberg Group) 的领导委员会成员。施瓦布的成功诠释了这样一个道理：每个网络都需要原子核，而其他节点会围绕原子核旋转。

施瓦布巧妙地选择了一处不受外界干扰的偏僻山区，作为 WEF 年会会址。此外，他选择了立场中立的瑞士，周全地考虑到与会者的政治立场，使他们关注共性而非分歧。在强调同质性时，他还关注着更广阔的层面，因为人们往往倾向于亲近与自己有共同点的人。

施瓦布的继承人问题迟迟没有得到解决，这促使一些人猜测，施瓦布要么不想退位，要么是还未找到能胜任这一职位的候选人。不管施瓦布想不想退休，WEF 能在 2015 年得到官方认可，并被列入国际组织行列，意味着它必然需要正式建立接班人计划和管理制度，如此才能保证论坛的可持续发展。然而，施瓦布独特的个人地位、广博的人脉，令不少人担心在他离职后，论坛的未来将会怎样。不管那一天是否会到来，施瓦布都是"超级枢纽"的"超级枢纽"。

如何建立个人独一无二的人脉网络？

那些拥有更多优质人脉，并懂得如何利用人脉的人最有权力，这一情况在今天比以往任何时候都更为明显。网络力量提供了网络权力，那些成功的高管之所以能达到顶峰，不仅仅依靠他们的分析能力，还因为他们强大的关系网。我们在开始自己的职业生涯时，

[①]彼尔德伯格俱乐部是一个由欧美各国政要、企业巨头、银行家组成的精英团队，这个俱乐部的诸次会议所讨论的问题包括全球化、国际金融、移民自由、国际警察力量的组建、取消关税壁垒实行产品自由流通、限制联合国和其他国际组织成员的主权等等，往往被认为是西方重要国际会议召开前的预演。——译者注

都会有个人的人脉资本，而高管会培养更广更深的专业网络，从而获得关系资本。关系资本是一种无形资产，它反映了人脉中包含的内在价值。**人脉层次越高，你的力量就越强大，关系资本也就越有价值。这是一份宝贵的资产，因为在知识经济时代，几乎一切都可以被复制，唯独人脉关系独一无二，不可复制。**

关系资本催生了网络资本，增加了关系的回报率。高管的关系资本被认为是最有价值的，因为它扩大了机构的网络覆盖范围及其盈利能力。在全球化的时代，网络已经成为一项独特的竞争力。全球化会带来质量的提升，价格的下降，使得公司更难让自己的产品和服务脱颖而出。这就使得人脉关系，即本质上高度个人化和独特化的关系网，变得更为重要。人脉网络可以成为选择哪家银行进行上市的决定性因素，因为基金公司经常看到无数资金流进流出，看到各大公司弹指间就能完成巨额交易，当众多公司表面看来都实力相当时，人脉就能起到决定作用。

最宝贵的资源之一是网络情报，我们已在第3章探讨过这一点。最重要的信息往往来自于他人，而不是单纯的理论分析，所以情报和信息的分享是链接"超级枢纽"的纽带。在信息大爆炸时代，原始消息源已成为一种不可缺少的"商品"。施瓦布指出，情境智力和情商无法从论文中学到，只能通过与他人互动获得。因此，领导者必须构建深入、多样和动态化的网络，因为若要成功，他们必须消息灵通，以便先人一步获得资源，把握商机。强大的人脉网络使得"超级枢纽"与同行和相对较弱的群体相链接，以便编织一个紧密的网络，可以跳出同质化思维的局限，覆盖信息盲点。这样的联盟可带来资源、支持和更大的影响力。

最传统的方式最有效

人类网络会根据我们分析和应用的规则而形成。不过，关系中还包含许多未知的变量和元素。当我们进入一个房间时，为何会立即被某些人吸引？为何我们会信任一些人，而怀疑另一些人？人与人之间的化学吸引有时很难理解，更难以用网络科学的定律解释。但有一些机制，可以在一定程度上阐释这些捉摸不透的现象。

我们每个人内心深处都有与他人建立联系的需求。合作和成功的程度使得我们有别于其他物种。我们会构建人际关系，这种能力已经通过长期的演化而不断提升。我们学会了评估他人，通过解读他们的声音、面部表情和身体语言等获取背后的信息。我们调动的感官越多，评估就越准确。

脸是人体最富有表现力的部分。它会释放大量视觉线索，包括人的情绪状态。在遇到陌生人时，我们会在 13 毫秒内决定对方是否是我们喜欢的类型。熟人让我们感到舒适，陌生人让我们变得警惕。这些反应由大脑做出，调动认知过程以及情绪刺激。杏仁核是大脑生存系统的一部分，负责接收所有感官信息，处理恐惧和情感记忆。可疑信号会触发不信任，激活杏仁核。而当我们信任他人，大脑的前额叶皮层就会被激活。这些反馈证明，若想建立深厚的联系，必须面对面，这是评估他人并与之建立联系的最优方法。

施瓦布在接受英国《金融时报》采访时曾预测："二三十年之后，人们可以不用开会了，因为数字化会改变人们的互动交流方式。"新通信技术将如何影响金融领域领导者的网络？它们对人际互动的频率又有何影响？我们对通过互联网建立人脉的可能性已经有不少揣测。电信革命缩小了时间和空间的维度，允许人们随时与世界各地的人建立联系。无线技术以前所未有的速度和力度增加了链接的容量和连通性。如今，互联网已然成为沟通的神经中枢。

技术成为了连接器，同时也设立了障碍。不过，不论是链接还是隔离都值得重视：与人脉网络相比，电子网络发展的速度更为惊人，它可以促成一对多的对话，听众数量可以接近无限，还能协助机构组织社会或政治活动。然而，电子网络也可以导致人们退出直接互动。批评者认为，技术降低了我们作为个体的价值，使人格贬值。在他们看来，没有在前期付出必要的投入和代价就拥有亲密关系只是一厢情愿的幻想。电子网络让人们"忽略了人类的特质……把彼此视为没有感情和温度的机器"。

的确，电子通信使得网络互动真假难辨，在屏幕的保护下，人们可以伪造身份，扭曲事实，在不释放传统预警信号的情况下巧妙隐藏意图，由此操纵人际关系。微妙的沟通语气，如音调变化等细微的差别往往无法在电子邮件中体现出来。视频会议是仅次于面对面会议的沟通形式，但它不能取代后者，因为视频会议的参与者不能进行直接的眼神交流、握手和其他手势或解读非语言暗示。

因此，数字化互动不过是肤浅的，甚至可能是脆弱的。如Friendster 和 Myspace 等基于互联网的社交网络往往转瞬即逝。若没有准入门槛，用户也没有忠诚度，他们会很快将注意力转移到下一个他们认为更好的目标。如果技术失败，或被政府封锁，链接也会出现问题。

美国佩尤研究中心在"社交孤立和新技术"研究中表明，面对面交流依然是人们选择保持联系的主要手段。深入的信任关系是一种特权，理应投入大量时间和精力，必须通过逆境考验，培养共同经历。另外，人际互动越稀缺，就越有价值（所谓物以稀为贵）。这就是为何超负荷工作的金融家、繁忙的 CEO 和精力旺盛的亿万富翁都会投入大量时间和精力到世界各地参加国际活动。虽然数字化手段可以帮助维护关系，但人类互动的复杂程度，是数字化永远无法企及，也无法取代的。

社交能力：赢得朋友，影响他人

人脉网络的目的是建立、维护和使用非正式关系来促进与工作相关的活动，获取资源。最好的网络实践应该着眼整体，找出"积极的枢纽"，因为他们热衷于交际，总是想对对方进行思想碰撞、相互学习，而且很享受交流与联系的过程。畅销书作家马尔科姆·格拉德威尔（Malcolm Gladwell）发现，有一小部分人有连接器般非凡的社交能力。他们是把社会紧密串联起来的针线，是社会网络极其重要的组成部分。"超级枢纽"都拥有这种能力，他们是网络构建能手，不知疲倦且毫不费力地培养了影响力圈子。"超级枢纽"为促进人脉网络所做的一切，都会以因果回路反馈出来。人脉网络对他们而言是习惯成自然，他们拥有让别人感到自在舒服的能力。"超级枢纽"重视人脉质量而非数量，重视链接而非收集，重视耕耘而非攫取。很多长久的关系在一开始时没有掺杂任何特定动机或商业目的，而是随着时间的推移逐步成熟，在经受住考验和磨难后，才最终形成了互利互惠的关系。

搭建人脉网需要敞开心扉。成功的 CEO 通常充满好奇心，主动寻求挑战、开拓边界。他们不怕风险、不惧失败。在他们一生求索和改变现状的过程中，从不轻易放过任何结识新朋友的机会。他们对他人的态度通常比较积极正面，愿意结交新朋友，并建立长期关系。通常，我们在见到新面孔时，会带着偏见迅速对对方做出预判以节省时间，并留在我们的舒适区。网络构建高手则会保持开放的心态，用自己的高情商创建真正的沟通链接，让别人在与他们相处时感到舒服自在。这一点很重要，因为"人们会忘记你说过的话、做过的事，但不会忘记你带给他们的感受"。

社交高手令人难忘。你认识谁很重要，但谁认识你更重要。社交能力可以帮助你用一种积极的方式脱颖而出，如凭借魅力、智慧、机敏的反应或善举给人留下深刻印象。乐观、开朗、精力充沛的人具有个性魅力，再加上良好的社交技巧，这类人总是更容易获得支持、信息和反馈。长期担任德意志银行 CEO 的约瑟夫·阿克曼 (Josef Ackermann) 有句名言，"具备良好的个性能够学到任何东西，但良好的个性是学不到的"。有深度、经得起考验的关系不能只依赖闲谈去建立，它们必须基于内容。"超级枢纽"喜欢和有趣的人在一起，因为有趣的人能带来谈话资本。对此，施瓦布强调，社交高手不仅是知识的探求者，还是思想交流的催化剂。

强大的 CEO 们善于利用他们与权势人物之间的关系。网络与构成它的人一样宝贵，它是否强大取决于身处其中的人与人之间的关系。特定的网络结构能增加其有效性，如果 CEO 之间的人脉也能充分接触，那么他们就能增加人脉的连通性。"超级枢纽"平台相当于独家网络，准入门槛高，是只属于精英的聚集地。它就像受邀才能加入的俱乐部，会员资格供不应求，不过，"超级枢纽"知道如何通过地位、声誉和人脉克服重重障碍。圈子的等级越高，圈中人的同质性也就越高，它对同行的障碍就越小。团体内的同质性有助于提高熟悉度，至少表面看起来如此，成员间通常尊重彼此的成就，即便他们之间存在竞争。然而，他们之间的关系也常常会因为竞争、怨恨、偏袒和同行压力而波动。

金融业的顶梁柱们也许比一般人更具有专业优势，但他们终究是人，仍具有人类的弱点。当他们面临挫折、压力时，人脉网可以为他们提供心理支持。还有谁能比那些曾经面临过类似挑战，拥有相似经验的人更理解你？人脉网还能提供支持和关怀，鼓励"超级枢纽"克服困境，而他们的个人生活也多有交集，如朋友、社交圈、慈善晚会、专业领域等，正是这一切组成了严丝合缝的网络。

拥有人格魅力的造物者

在金融领域中，真正杰出的领导者不仅拥有技术能力和情商，还具备优秀的品格，比如人格魅力。有魅力的人心态更包容，具有吸引力，甚至连机会也主动找上门来，这就为他们建立人脉提供了便利条件。这类领导者拥有全神贯注对待他人的能力，这让对方感觉到自己备受尊重，在这些领导者心中占据特殊地位。他们有强大的存在感，能立即吸引人们的注意，征服观众。他们自信、有魅力，能成功说服任何人，从而进一步达成自己的目标。他们才思敏捷，善于自嘲，能很快跨越文化、地位的沟壑，解决利益分歧。这些位于金字塔尖的人大都很有幽默感——这是一种社交智慧，能很快让人放下戒备、敞开心扉，由此拉近彼此的距离。

索罗斯非常善于摆平突如其来的花边新闻。每当有媒体问到他不愿意提及的事情时，他就会回答："我不记得过去的事，我只记得未来。"当他被问及工作习惯时,索罗斯会回答:"形势所迫时,我会疯狂地工作,因为一想到我必须工作,我就很生气。"鲁里埃尔·鲁比尼也经常妙语连珠,似乎有开不完的经济学玩笑,"上帝创造经济学家是为了让气象员的预测看起来更准确"。

成功的社交高手经常主动建立庞大的、备受瞩目的网络。例如,史蒂夫·施瓦茨曼发起了苏世民学者项目(Schwarzman Scholars Program),为清华大学留学生提供奖学金,帮助他们发展专业网络。施瓦茨曼曾表示,他的门徒将有机会接触中国权力机构最有影响力的一部分人,以及很多达沃斯论坛的常客,如劳伦斯·萨默斯、尼尔·弗格森(Niall Ferguson)和阿里巴巴创始人马云等。

保罗·都铎·琼斯利用极其成功的罗宾汉基金会创造了一个庞大紧密的网络,世界上最富有的金融家都在其中。施瓦布利用 WEF 建立了"超级枢纽"网络。索罗斯创立了许多智库和慈善机构,他知道进入一个圈子并在其中施加影响力的最佳策略,就是成为圈子的组织者。

在东方,人脉关系通常比在西方更重要,许多国际金融公司都开始流行招聘官员与富商的后代。直接购买亚洲国家政府和企业精英的人脉网,是获得商机的捷径。然而,这种做法并非完美。通过招聘来换取业务违反了美国的《反贿赂法》,而许多大银行已经涉嫌这种行为。

人脉网络中的攫取者、给予者与匹配者

在纽约的四季酒店享用午餐时,一名来自法国的基金经理称赞我的人际交往技巧。但他憎恶人脉网的概念,似乎理解不了美国人

为何追捧它。他虽然知道人脉的重要性，但不想因此被打扰。

　　许多人对人脉关系有种天生的抗拒。他们对带有功利性的人际交往感到不适，将其等同于利用，甚至是操控他人。在这些人看来，因为潜在利益、潜在利用价值而与他人建立关系不仅缺乏诚意，且非常虚伪，甚至有违道德。此外，带着附加条件帮助或取悦他人往往被视为无礼。多伦多大学的一项研究显示，职业人脉会引发道德和生理上的污秽感。调查对象在该研究中坦言，当他们出于利益目的而不是发自内心地与人交往时，会感到矛盾和不安。不过，已经拥有权力的人似乎更适应人脉关系，会以此巩固并推动他们的地位，从而强化现有的权力结构。

　　另有一些调查对象对搭建人脉的行为感到不太自在，觉得在房间里想方设法接近他人令人尴尬。一些高管，尤其是技术过硬、不需要过多依赖人际关系技巧的高管，认为攀附关系有失身份，甚至是一种折磨，为此牺牲陪家人和朋友的时间太不值当。内向的人往往很难进行社交，他们需要更多的努力才能主动接近他人。这类人也不太擅长自我推销，反而认为这种行为肤浅、浪费时间。

　　搭建人脉的目的是进行合作，交换信息、资源，实现利益共享，这就说明它应该是互惠互利的。亚当·M. 格兰特（Adam M. Grant）在《沃顿商学院最受欢迎的成功课》（*Give and Take*）一书中，对成功人士如何运用动机、能力和机会互惠互利进行了一番研究，最后分出了三类人：攫取者（Taker），他们的收获超过给予；给予者（Giver），他们的付出多于收获；匹配者（Matcher），他们的付出和给予基本持平。根据格兰特的研究，给予者往往散布在社交高手和社交菜鸟这两极，而攫取者和匹配者大多分布在中间段。给予者不知疲倦地建立深厚的人脉关系，慷慨地付出且不图任何回报。给予者中的社交菜鸟往往过于善良，反倒容易被利用；而给予者中的社交高手会通过不断努力，以创造双赢的局面，并且知道适可而止。由于他们建立的良好口碑和声誉，因此往往能一呼百应，及时获得支持和资源。有趣的是，给予者在给予时，他们付出的善意会传播并扩大。而只知攫取的人，声誉会受损，尤其是当他们无休止地利用他人时。善意和慷慨终会得到回报，尽管不一定是在给予的当下就能得到报偿，但这份网络资本（人情资本）一定会在"社会资本银行"增值。

归根结底，每个人都渴望建立深厚、真诚的人脉关系。在当今世界，我们都彼此依赖，搭建人脉并不是利用他人，而是为大家创造机会。如果执行得当，会互惠互利。利己主义者和掠夺剥削的人很难走远，只有平衡的人际关系才能经得住时间考验。

人脉网络的主板——智库

智库在金融领域的影响力超乎我的想象。"智库"一词听起来抽象深奥，讲得通俗一点，就是有权和有钱的人在积极施加影响力。他们与商务、金融或最重要的政治集团无缝链接，因此，这类人在很多领域都上下通达。智库作为非营利组织，会汇集专家进行研究，产生创意，再将之转化为利益。

几乎所有金融高管都直接或间接与智库有所联系。布鲁金斯学会（Brookings Institution）被认为是最具影响力的智库，成员包括凯雷集团（Carlyle）和德意志银行的掌门人。另一个颇具影响力的智库是美国外交关系协会（Council on Foreign Relations），其董事会成员包括美国财政部前部长罗伯特·鲁宾、黑岩集团 CEO 拉里·芬克、黑石集团创始人史蒂夫·施瓦茨曼。此外，我个人最熟悉的智库有：三十人小组（Group of Thirty，简称 G30）、布雷顿森林委员会（Bretton Woods Committee）和新经济思维研究所（简称 INET）。G30 关注经济问题，其董事会成员包括欧洲央行、英国央行、黑岩集团和瑞银集团等机构的领导者。布雷顿森林委员会关注国际经济合作，董事会成员包括：拉里·萨默斯、索罗斯、施瓦布和众多央行行长。G30 和布雷顿森林委员会的成员常在 IMF 会议碰头，因此可以近水楼台，找到所有权力人士。由索罗斯创立的 INET 负责革新经济理论，并为其提供服务，因而它能得到金融家的支持。其聚会类似 WEF 的缩影，因为身处其中的人有诺贝尔奖获得者、成就非凡的学者、中央银行行长和金融高管。

新经济思维研究所：链接布雷顿森林的人脉资源

我第一次参加 INET 会议，是在位于新罕布什尔州布雷顿森林的怀特山。我和乔治·索罗斯及其团队一起，乘坐他的私人飞机从新泽西的泰特波罗机场（Teterboro Airport）起飞。一个小时后，我们抵达华盛顿山支线机场。4 月初，雄伟的阿巴拉契亚山脉仍然白雪皑皑。接送我们的面包车载着我们前往观景台一睹壮丽风光。虽然阳光明媚，但春寒料峭，气温极低，所以我们决定省去午餐，直接驱车前往具有文艺复兴时期西班牙风格的华盛顿山宾馆（Mount Washington Hotel）。这里让我想起经常出现在好莱坞电影中的美国家庭度假胜地。华盛顿山宾馆拥有悠久的历史：1944 年，美国召集

44 个国家的领导人在布雷顿森林举行会议，建立了一个全新的全球经济架构，IMF 和世界银行也诞生于此。

入住后，我与其他客人一起参加了欢迎招待会。在宽敞明亮的宴会大厅里，我遇见了许多老友。这些智囊团将聚焦"现行的金融监管和政策干预无法适应当今全球化的金融体系"这一难题，以此为中心，会议讨论了许多有趣的话题，并邀请到世界顶级的演说家做演讲。

INET 执行主任罗布·约翰逊进行了开幕演讲，他曾是美国参议院银行委员会首席经济学家，在索罗斯基金管理公司担任要职。会上的讨论非常专业，学术气息浓厚，对金融业中的新手来说，这简直抽象得令人绝望。哈佛大学教授肯尼斯·罗格夫和索罗斯谈到了新兴经济和政治秩序；哥伦比亚大学教授杰弗里·萨克斯（Jeffrey Sachs）和彼得森国际经济研究所 (Peterson Institute) 的卡门·莱因哈特 (Carmen Reinhart) 探讨了后危机时代的宏观经济管理。我原本以为英国前首相戈登·布朗 (Gordon Brown) 的讲话会枯燥乏味，但他在午餐会上的演讲谈到全球金融问题时，他用极富洞察力的见解和饱含激情的语调，深深吸引了在场观众。

会议日程很满，从一大早开始一直持续到晚上。晚餐时，我最喜欢的一位演讲者，时任英国金融服务局（U.K. Financial Services Authority）主席的阿代尔·特纳（Adair Turner）勋爵谈到了幸福经济学。国际金融协会（IIF）理事长查尔斯·达拉雷 (Charles Dallara) 和诺贝尔经济学奖和诺贝尔和平奖得主约瑟夫·斯蒂格利茨（Joseph Stiglitz）极具先见之明地谈到了亚洲新兴金融体系。

贫富差距日益悬殊是整个会议期间的普遍话题。我在这场会议的收获还包括：与索罗斯和美联储前主席保罗·沃尔克 (Paul Volcker) 进行了一场讨论；晚餐餐叙时，我还有幸与美国财政部前部长拉里·萨默斯当面交流。能亲眼见到这些史诗般的传奇人物，学习他们的思考方式和洞察视角，并当面与他们进行讨论的经历实在令人难忘。会议期间，政商巨贾们通常还会围在壁炉边或坐在舒适的酒吧里进行非正式交谈。这个会议流程很具有"达沃斯"风格：宾客们被"封锁"在远离城市的偏僻之地，不得不相互接触，这为搭建人脉创造了完美契机。

本章解释了为何"超级枢纽"的人脉网络等同于他们的身价，以及"超级枢纽"如何运用关系资本使得关系产生最高回报率。进行人际互动，形成深刻而强大的关系网，不可或缺且无法取代，这背后有着进化和心理方面的多重原因。同时，高管通常拥有倾向于搭建人脉网络的心态，他们善于运用情商、人格魅力积极构建网络。

"超级枢纽"深知人脉是金融领域极其重要的组成部分，能创造互利机会，因此，他们愿意为之投入大量精力和金钱。在第 7 章中，我们将看到多数高管建立人脉网的场所，那是一处只有精英才能进入，外人难以企及的封闭之地。

CHAPTER VII

Members Only

第 7 章

会员俱乐部

顶级精英圈的排他性

"超级枢纽"的运维，也是奢华渐欲迷人眼。那里，没有免费的午餐。

2010 年，欧元危机以燎原之势迅速蔓延，我代表鲁比尼全球经济咨询公司组织了一次对冲基金专题晚宴。该公司创办人是著名的经济学家鲁里埃尔·鲁比尼，当时我正与他共事。我们会定期举办类似的活动，邀请金融行业巨头参加，基金大鳄索罗斯、摩尔资本（Moore Capital）CEO 路易斯·培根（Louis Bacon）、黑石集团创始人史蒂夫·施瓦茨曼、峰堡投资（Fortress Investments）的迈克尔·诺沃格拉茨（Michael Novogratz）、第三点基金的丹尼尔·勒布、伊顿公园资本管理公司（Eton Park Capital Management）的埃里克·明迪奇（Eric Mindich）等都是我们的常邀贵宾。

在每次宴会中，大约有 15 名贵客会在鸡尾酒会上互相交流，然后坐定享受晚餐。其间，鲁比尼会展望全球宏观经济前景，之后贵宾们会纷纷发表自己的看法。这种活动在金融领域司空见惯，而恰巧我也很擅长组织这类聚会。

晚宴里的"玄机"

此前，我还在斯卡斯代尔证券公司（Scarsdale Equities）工作时，曾参与举办午餐会。自20世纪60年代起，午餐会开始在美国各公司兴起，一般每周都会举行。我们会把餐会设在公司所在的地标性建筑洛克菲勒广场大楼顶部，那里有间金碧辉煌的彩虹餐厅（Rainbow Room），视野辽阔，能鸟瞰壮观的曼哈顿全景。

宴会厅的水晶吊灯和镜面装饰与窗外透进来的阳光，汇集成柔和的光线笼罩在桌椅上，整间大厅显得格外温暖。这家餐厅由西普利亚尼家族（Cipriani）经营，面向高端客户群，为他们提供最美味的自助餐。即使是品位刁钻的华尔街精英，那儿的菜肴对他们而言也绝对是至尊享受。许多著名的投资者都愿意专门赶往这家餐厅，与同行商谈业务。

在为鲁比尼组织晚宴时，我搜寻了一下名片盒。我首先列入邀请名单的就是索罗斯，他曾多次参加我举办的午餐会。不过让我惊讶的是，这一次他竟然对此嗤之以鼻，拒绝了我的邀请。原来是因为最近《华尔街日报》的一篇报道惹恼了他。这份报道"曝光"了近期市场分析公司Monness Crespi Hardt & Co邀请18名对冲基金经理出席的一场晚宴。此事引发了一场公关危机，为受邀宾客带去不少麻烦。根据这篇报道，当天晚餐的话题是欧元的终结。《华尔街日报》的记者指出，这次谈话导致市场看跌欧元，欧盟因此压力倍增，致使希腊债务危机加剧。虽然当天索罗斯并不在场，但作者仍然引用了他的话作为警告，预言欧元区即将解体。作者特意提到，对冲基金传奇人物、做空雷曼兄弟的大卫·艾因霍（David Einhorn）也

出席了宴会，更证实了其险恶用心。这篇报道不可避免地让人们得
出这样的结论：对冲基金大鳄在密谋攻击欧元和希腊。

公众普遍认为，对冲基金公司都在利用他人的厄运趁火打劫。
这篇报道正好切中公众对对冲基金公司的负面看法，而且还促使美
国司法部反垄断部门对此展开调查。一些对冲基金经理收到通知，
要求保留所有涉及押注欧元的交易记录以接受调查，看是否存在合
谋做空行为。同时，欧盟委员会宣布，鉴于希腊危机，将调查在主
权信用违约掉期①中的交易。因为对冲基金不应该利用其他国家的
危机从中获利。几名经理合谋导致一个国家破产，并非不可能，因
为在全球货币市场，欧元的每日交易额超过 1 万亿美元。此外，就
货币交易进行情报和信息交换本身就涉嫌违法。

最终的结果证明，此事纯属误报。实际上，这场晚宴并非秘密
进行，而是设在公共餐厅。所谓的长达 145 分钟、包括 23 个欧元主
题的录音对话，不过就是三名经理就该话题谈论了大约三分半钟而
已。当我就此事询问索罗斯时，他冷冷地回应道："相信我，如果我
有宏伟的交易计划，是绝不可能与人分享的。"但鉴于媒体的不实报
道和潜在法律后果，索罗斯暂时失去了参加餐叙的兴趣。几经波折，
晚宴最终还是办成了，不过经理们在讨论时显得非常谨慎。

阴谋论：为了解释而解释

金融领域"超级枢纽"的人脉网络通常具有高度排外性，其活动、
会议、私人聚会和慈善活动都只针对会员开放。不难想见，金融业

---

① (Credit Default Swap，简称 CDS)，即信用违约互换，又称信贷违约掉期，是进行场
外交易的最主要的信用风险缓释工具之一，CDS 是一种金融衍生产品，信贷衍生工
具之一。——译者注

经常处在阴谋论的风口浪尖。一般来说，这些阴谋论之所以会出现，是因为人们讨厌随机性和不确定性。每当金融危机等威胁性事件发生时，人们会感到失控。设计一套阴谋论来解释不确定性、模糊事件以及失控现象是人性本能的需要，因为，当意识到自己的存在是由说不清道不明的随机性决定时，会令人不安。因此，为了在这个世界上建立秩序，我们要努力为特定事件找到相应的原因。受到确认偏误的影响，如果事情过于复杂，难以理解，我们就会倾向于编织故事，将责任归咎于更强大的力量——比如金融大鳄相互勾结，用牺牲社会大众利益的方式攫取个人利益。

阴谋论很危险，它愚弄大众，更为糟糕的是，它会妨碍人们寻找真正的解决方案。这种阴谋论容易转移焦点，蒙蔽人们的双眼，看不到真正的相关事实和理论，从而错过恰当的分析。我并不是说阴谋并不存在，但阴谋终究是少数的例外现象，而非常态。

权力嘉年华

人脉网络的搭建、扩大和巩固都需要平台。金融精英遵循年度迁移的模式，纷纷涌向那些凭邀请才能参加的秘密会议，比如WEF、艾伦公司太阳谷峰会（Allen & Company Sun Valley Conference），或由IMF、彼尔德伯格集团、阿斯彭研究所（Aspen Institute）等机构组织的会议。这个"超级枢纽"部落会随着时间推移慢慢演化，其成员非常重视这些"仪式"。一方面是为了观察新面孔的出现，另一方面是强调自己的存在感，确认自己的地位，并获得认可。为了加强团体意识，这些会议为互动提供了一个安全场所，但依然百密一疏，为黑马留出了一些气口，很多高管将自己的成功部分地归功于此。

权力平台的秘语是"邀请"，通常有很高的准入门槛，只有"超级枢纽"才能进入。若要受到邀请，你必须具备一些前提条件，身份、地位、名望和影响力都要达到一定高度。准入资格也取决于某人所属的协会、机构、团体或网络。如果一家跨国公司的 CEO 职位不保，而且也没有获得同级别的其他职务，那么，WEF 可能就不会对他发出邀请。通常情况下，在会议上，参与者会交换思想、分享经验、培养人脉。主旨演讲、小组讨论、鸡尾酒会和联欢晚宴都会进一步巩固这些原本就相互吸引的人的关系。因此，这些权力集聚的活动会形成结缔组织，以便创建更有凝聚力和社会影响力的圈子。只有"超级枢纽"才能获得准入资格。

WEF 是很著名和很有效的平台之一。年会在每年 1 月份拉开序幕，汇集了金融、企业、政府和学术研究等各界领导者。参与者本身都属于不同的多维度跨学科网络——不同民族、企业、机构，而且带着不同信息。这种跨域碰撞，能破除井底之蛙的单一思维。WEF 成功的秘诀是选择了一处位置偏僻、交通不便的小村庄作为会议地址。这些缺点实际上是论坛最大的财富，因为参与者除了社交互动，没有其他娱乐活动可以选择。

由于大量国际媒体参与报道，使得 WEF 高度透明。现在，甚至一些私密会话也能通过互联网直播实时观看。一部分目光如炬的公众经常对达沃斯抱有怀疑态度，因为论坛入场券数量十分有限，且申请竞争非常激烈。准入资格是无法购买的，因为衡量标准除了财力外，诸如慈善工作、学术成就或技术创新等也会纳入考量。非营利部门的代表，比如有非凡成就的青年领袖可以免费进入，不过绝大多数参与者必须支付高昂的门票费用。但这丝毫不影响 WEF 年会一票难求的火爆局面。论坛年会会员起步价为 6 万瑞士法郎；论坛战略伙伴的费用高达 60 万瑞士法郎，不过，几乎所有大型金融机构都倾向于选择成为战略伙伴而非会员。若再加上私人飞机、汽车接送和举办聚会和晚宴等其他辅助费用，参会费用可能轻易超过 100 万美元。

战略伙伴对会议议程有一定话语权，还能优先接触最有价值的资产：举世瞩目的与会者，尤其是高级政策制定者。大部分会议和活动会对所有与会者开放，但世界经济领袖非正式会议（简称 IGWEL）只对最高级的参与者开放，如总理、外长、财长、央行行长、CEO、精英学者、高级政策制定者，如国际货币基金组织、欧洲央行、世贸组织和世界经合组织等机构的首脑。

与会者摩拳擦掌，打算充分利用 WEF 这一平台。作为"超级枢纽"，他们会在高素质员工和慷慨的预算经费的支持下，将人脉构建效率最优化。金融家会与同行会谈，就行业发展新动向进行沟通，并探讨如放松管制等与各自利益休戚相关的问题。他们可以在一同与会的监管者和政策制定者面前直接提出这一话题。

没有场合能像 WEF 一样，如此高密度地将目标客户或潜在客户聚集在一起。这是银行家和基金经理们的天堂。索罗斯这样的顶级投资者已经不需要去寻找或迎合客户，他会借此机会与各国元首、央行行长、各大企业 CEO 和各领域的全球领导者进行谈话，由此把脉市场动态。

与会者的等级可以从会议证件的颜色分辨出来。挪威王子哈康（Haakon）、约旦国王阿卜杜拉（Abdul-lah）、比利时国王菲利普（Philippe）等皇室成员和德国总理默克尔以及俄罗斯总统普京等国家元首都属于最高级别。WEF 基金会董事会的一名成员告诉我，他们在开会时，只要约旦王后拉尼亚（Rania）进来，每个人都必须起立。政要通常乘坐直升机前来，他们的车队还会堵塞道路。不过有些政要的出行方式比较平民化，如哈肯王子和安德鲁王子。

科技巨头如谷歌执行董事长埃里克·施密特（Eric Schmidt）和谢尔盖·布林（Sergey Brin）都是论坛的超级 VIP，因为他们"很酷很酷"。另一个可见的地位标志是汽车通行证，只有缴纳会费最多的与会者才能获得。拥有这张令人垂涎的通行证，豪华轿车就能在小镇各地随意出入，包括会议中心。能在这些车里面坐着的乘客多么幸运，他们可以直达会议厅。即使在达沃斯这个人员构成相对纯粹的场合，与会者之间依然会出现失衡状态。尽管这个环境有助于学科和行业之间相融合，但同质性依然盛行，会出现媒体、科技和金融类人群的不同区隔。

派对是搭建人脉极高效的场合之一，其中最受欢迎的是谷歌派对，它让每位与会精英都心向往之，但只允许收到其邀请的客人进入。我曾见到有位美国大型跨国公司 CEO 因不在宴请名单上而被无情拦下的场面。2014 年，谷歌没有像往年一样举办大型派对，而是在新建成的洲际酒店举办小型活动，并邀请了格莱美奖得主，歌手玛丽·布莱姬（Mary Blige）。论坛上也有超级独家活动，不过仅限于戴尔公司董事长兼 CEO 迈克尔·戴尔 (Michael Dell)、英国超级富豪理查德·布兰森（Richard Branson）、美国银行 CEO 布莱恩·莫伊尼汉（Brian Moynihan）等响当当的人物。

可与谷歌派对匹敌的是麦肯锡派对。而各银行，以及包括
CNBC、《金融时报》、《福布斯》等机构举办的招待会，档次也很高。
当然，有些活动没有设置特别的门槛，排外性相对较低。经过多年
的亲身体验，我的感受是，这些派对几乎大同小异。尤其是在 WEF
年会期间，同一拨人会在各个场合轮转，只要你处在核心位置，最
终每个人都会从你身边经过。

最排外的活动通常是私人晚宴和小型派对，当然，它们的缺点
是你会花大量时间与一小部分人在一起，而你也许更愿意花这些时
间与更多人社交。私人晚餐的优势当然是通过在进餐时的长时间深
入交谈，双方的关系会更进一步。每当收到有意思的邀请时，我通
常会欣然接受。在远东投资集团董事长诸立力（Victor Chu）举办的
晚宴上，与我同桌的是一位巴林王储和德国巴斯夫（BASF）化学集
团公司 CEO。

超小型派对的门口通常不会贴名单，有的只是重重安检，比如
伊丽莎白·默多克（Elizabeth Murdoch）及其丈夫马修·弗洛伊德
（Matthew Freud）在他们位于魔山（Magic Mountain）的瑞士风情乡
村别墅里举行的小型派对。若想参加这个派对，必须先坐缆车上山，
再在满是积雪的路上步行十分钟，不过这份折腾是值得的，你可能
会有幸与查理兹·塞隆（Charlize Theron）这样有趣的女明星交谈，
这在其他场合恐怕难得一见。我还在那场晚宴上遇到了一位恐怕只
能在达沃斯才能见到的重量级人物——俄罗斯总统普京。几年前，
普京总统曾向我发出邀请，那张乳白色的请帖上印有金色字体，装
饰着俄罗斯联邦政府的盾形纹章，信中写着：很高兴能邀请你参加
晚宴。我在俄罗斯没有任何业务，也从未见过普京，所以我纯粹出

于好奇参加了那场晚宴。它是研究地位、层次结构、人脉网络和"超级枢纽"吸引力的典型案例。晚宴在阿拉贝拉喜来登酒店的宴会厅进行。酒店颇具俄罗斯风情，虽然人们的相貌和穿着都很不同，但他们都能毫不费力地用英语交谈。

通常，最高级的安保是"无形的"，但这里随处可见神情严肃的保镖，他们就像电影中的特工，看上去相当彪悍，仿佛时刻都在释放这样的信号——最好别招惹他们。普京的密友——举世闻名但备受争议的指挥家瓦列里·捷吉耶夫（Valery Gergiev）引领乐队表演了一小段俄罗斯交响曲，博得观众阵阵喝彩。宴会上的俄罗斯音乐、鱼子酱和伏特加都很充足，但普京只有一个。宾客们形成一个巨大的圆圈包围着总统，紧随他的脚步，迟迟不肯散开。在此之前，我从未在任何晚宴见过这样的盛况。宾客几乎都是来自各顶级企业的CEO，竟然对这样一位政策饱受质疑的领袖如此顶礼膜拜，实在是很奇特的景象。

看着他们集体奉承的样子，我有些不耐烦，于是挡住了普京的路："现在该轮到女士了！"我说道。接着，我开始说德语，想让他措手不及，以获得额外的时间来思考接下来要说什么。但出乎意料的是，他立刻扭转了局面，用地道的德语与我交流。我调侃俄罗斯对德国的能源供应，这一话题在当时正处于争议中。当我看着他那双浅蓝色的眼睛仍然非常严肃时，意识到我们的幽默感可能不太一样。于是，我迅速把站在旁边的一位CEO拉过来解围，并说道："克莱菲尔德博士还想和您聊一聊。"然后便仓皇离开。

即使在2015年乌克兰危机白热化之时，坚韧不拔的俄罗斯人也如期出现在达沃斯。这个曾在政治以及经济方面都尽可能回避西方社会的国度，展现出大国的镇定沉着，仿佛丝毫没有被乌克兰的动荡所影响。俄罗斯多位重量级 CEO 出席，包括八名亿万富翁，他们同往年一样，举办了许多场盛大派对。诚然，气氛还是稍微有些压抑，不少西方 CEO 都不约而同地认为当前形势有点尴尬。但极度包容的人脉之王克劳斯·施瓦布还是一如既往地特设宴席欢迎他的俄罗斯朋友。

华盛顿特区：金融资本 + 影子会议

IMF 曾经是一个官僚、单调乏味的机构，但金融危机成为它改变的转折点，原因不仅仅在于它有了一个生活"丰富多彩"的新掌门——多米尼克·斯特劳斯－卡恩。1944 年，来自 44 个国家的决策者前往新罕布什尔州，在布雷顿森林会议中建立了 IMF 和国际复兴开发银行（世界银行前身），以建立和监督新汇率制度。截至 2008 年，当金融危机席卷全球之时，IMF 的成员增至 188 个。IMF 已成为国际政策制定者的平台。由于它在政界的地位、具有代表性的多元化设置、正式又不乏灵活性的决策过程，再加上智囊团，IMF 成为唯一有资格在协调和实行经济救援措施方面发挥领导作用的机构。通常，参加 IMF 会议的都是各国央行行长、财政部部长、银行 CEO、评级机构高管以及政策机构和其他国际机构的高管、智库学者等。

IMF 每年举办两次主要会议：春季年会大约有 4000 名与会者，主要关注政策。秋季年会大约有 12000 名与会者，其中包括私营部门代表，如银行家和基金经理。同时，许多其他机构会借机组织"影子会议"。虽然这些会议并非正式隶属于 IMF，但目的都是利用重要金融部门代表聚集在一起的契机，组织平行主题会议。

IMF 的 2500 名员工来自大约 150 个国家和地区，他们被安排在位于华盛顿特区古雅的乔治敦社区附近那两栋巨大的、其貌不扬的混凝土建筑里。

我第一次参加 IMF 会议是在 2008 年 10 月，当时正值雷曼兄弟垮台、金融危机肆虐之时。在三天的议程里，我还参加了国际金融研究所、G30 以及其他智库举办的会议。当时我认识的人并不多，只认得那些经常在媒体报道中出现的知名人士，如多米尼克·斯特劳斯－卡恩、欧洲央行前行长让－克洛德·特里谢（Jean-Claude Trichet）和几家大银行的 CEO，比如德意志银行的约翰·阿克曼。整个周末，我见了几百号人，很难记住所有人。我也不了解他们所在的机构，不知道这些机构之间存在什么内在联系。我花了几年时间才慢慢熟悉这些与 IMF 相关的机构，记住了这些机构的成员名字，掌握了各机构之间的联系。这就好像组装复杂的拼图，有无数陌生的模块——组织、组织里的个人，以及独立于组织的个体。要把这些模块拼在一起，需要很长时间。

金融体系很复杂，必须用全局视角才能完全理解。非专业人员往往无法知道金融网络的所有组成部分，因此他们很难真正地理解。而且，经济理论很抽象，也很枯燥，这也给理解加大了难度。由此产生的系统不透明性为阴谋论提供了温床。然而，在参与了决策者的讨论后，我很怀疑他们是否在利用他们具备的独特知识去执行一项宏伟计划。金融系统崩溃后，我很困惑这些行业巨头对金融系统的了解和控制程度。因为他们似乎也不知所措、方寸大乱。

IMF 伊斯坦布尔会议："泰坦尼克号"上的舞蹈

IMF 会议可能很无聊、气氛压抑，但会议选址通常不错，是个"烧钱"的好地方。

IMF 会议在华盛顿特区连续举办两年后，转战国外。会址遥远通常意味着折腾耗时，从这个层面讲，会议并不高效。但正是这种低效转化成了结果的高效。因为与会者在花费大量精力不远万里参加会议后，会相对认真对待。他们会分享一些共同经历，比如长途飞机上有多闷，或者他们在陌生的城市迷了路。人与人之间的关系就这样拉近了，很多时候，单纯的业务关系会发展成友谊。

2009 年 10 月，金融危机全面爆发，许多银行面临倒闭。当年，IMF 秋季会议在伊斯坦布尔举行。尽管经济形势严峻，金融机构还是斥巨资包下了很多星级酒店的高档套房，包括坐落于海岸边的塞拉宫凯宾斯基酒店（Ciragan Palace Kempinski Istanbul）。该酒店建于 1800 年，曾是奥斯曼帝国的宫殿。这是一栋巴洛克风格的宏伟建筑，室内有大理石柱，内饰镶嵌考究，有价值连城的黄金家具，就像是《一千零一夜》里描述的宫殿。来自世界各地的金融精英乘直升机飞抵目的地，然后聚集在优雅的、阳光充足的会议室，这里的全景露台得以让美景尽收眼底。每年，几乎都是相同的一拨人赶到各个国家参加会议。

许多与会者讨论，鉴于当前的金融形势，花费昂贵的费用是否合适？毕竟很多银行可能会因此大肆挥霍纳税人的钱。然而事实上，会议无法与银行家的处境同步，他们似乎依然停留在过去。宾馆和酒店提前很久就预订好了，可供选择的数量有限，银行家仍然有出席会议、吸引客户的使命。虽然所有银行都面临同样的困境，但要他们屈尊在租金便宜的地方落脚是不可能的。况且，担心系统即将崩溃或自己所在机构可能会倒闭的忧虑情绪，很快就会在满是香槟和鱼子酱的环境中消逝。

会议将高层政界人士、央行行长、银行 CEO 和基金经理都聚集在一起。时任土耳其总理的埃尔多安（Erdogan，现为土耳其总统）在塞拉宫金碧辉煌的宴会厅为国际金融研究所作了主旨讲话。活动很正式、洋溢着令人沉醉的节日气氛，这更像是一场平民舞会，而不是银行家们的晚宴。土耳其央行时任行长杜尔穆斯·伊尔马兹（Durmu Yilmaz）和土耳其副总理兼外长阿里·巴巴詹（Ali Babacan）不停地在各类活动、会议和招待会上来回穿梭。其中一场极其惊艳的招待会由德国商业银行（Commerzbank）在宏伟壮观的艾斯玛苏丹宫殿（Esma Sultan Palace）举办。这座三层楼高的海滨豪宅古色古香，修缮完好，精心布置的灯光更彰显了其尊贵气质。虽然宫殿坐落在一处老旧、狭窄的街道上，交通不便，但所有参加 IMF 会议的人都参加了那场招待。德国商业银行当然要使出浑身解数，用高档美食和美酒款待高贵的宾客。

德意志银行招待会上几乎都是知名贵宾，大概是由于其 CEO 约翰·阿克曼的人气。这些宾客中包括土耳其石油巨头、亿万富翁卡勒曼·萨德克奥卢（Kahraman Sadikolu）、德意志银行副主席凯欧·克哈维萨（Caio Koch-Weser）、时任德国央行行长阿克塞尔·韦伯（Axel Weber）。我们登上了"萨瓦罗纳号"（Savarona），乘着这艘世界知名的豪华游艇兜风，游艇由卡勒曼事先预定。在这样奢华的场景中，我们讨论着世界金融问题，男人们抽着雪茄，还有一位客人用钢琴为现场助兴。我已经筋疲力尽，然而，唯一能上岸的办法就是待在游艇上，然后换乘小艇。这场漫长的招待会一直持续到凌晨三点，但这样独特的私人聚会往往会建立起更亲密的关系。这类活动会造成精神疲惫，我称之为"会议抛物线"。第一天，人们还有点害羞，忙着给人留下好印象。第二天和第三天是精力最为旺盛的时候，等到第四天大部分人就累得不成样子。

秘密权力集团：彼尔德伯格与家族办公室

世界上最具独家性的精英聚会，也许是始于 1954 年的彼尔德伯格会议。这个旨在促进跨大西洋对话的会议，以第一次会议举办地命名——位于荷兰的彼尔德伯格酒店。为期三天的会议只能凭邀请函参加，全球大约有 150 位最有权力的人才有幸受邀，其中有国家元首、外交官、将军、CEO、贵族、意见领袖和记者。过去的与会者包括马里奥·德拉吉和本·伯南克等央行行长；英国财政大臣乔治·奥斯本 (George Osborne)、荷兰财政大臣杰伦·戴塞尔布卢姆 (Jeroen Dijsselbloem)，以及美国前财长亨利·保尔森、蒂莫西·盖特纳、拉里·萨默斯和罗伯特·鲁宾等；银行高管如高盛集团 CEO 劳埃德·布兰克费恩、世界银行的罗伯特·佐利克、德意志银行的保罗·阿赫莱特纳 (Paul Achleitner)、西班牙桑坦德银行 (Banco Santander) 的安娜·博坦 (Ana Botín)；大投资商如黑岩集团的菲利普·希尔德布兰德、蒂尔资本管理公司 (Thiel Capital) 的彼得·蒂尔 (Peter Thiel)、城堡对冲基金公司的肯·格里芬、艾弗考尔投资银行 (Evercore) 的罗杰·奥尔特曼 (Roger Altman)、KKR 公司的亨利·克拉维斯和美国中情局前局长戴维·彼得雷尔斯（David Petraeus）将军。

会议议程保密，严格遵循查塔姆研究所的规则：参与者可以使用在会议上收集到的信息，但不能透露信息提供者或其他与之相关的人员的身份。与会者不能带搭档和私人助理，安检处外人也不得接近。由于参与者可以放下官方身份参加这个小范围会议，他们能够有更多的非正式互动，更能畅所欲言、集思广益。而一直生活在公众目光中的他们，平时说话必须保持警惕，因为他们的每句话都会受到严苛的审查、被多方解读，甚至影响市场动向。但在彼尔德伯格，他们可以与同行在轻松的气氛中畅谈，从而更透彻地了解地缘问题、未来发展。

我至今未有这份荣幸参加，但结识了不少与会者。他们都有极强的保密意识，尽管言语间也会偶尔透露一些信息，帮我慢慢解开一些谜团：彼尔德伯格会议似乎没有外人想象得那么令人振奋，因为会上不会做出任何政治决定。

不过，保密会引起怀疑。一些局外人认为彼德尔伯格集团是一个由企业控制的"全球影子政府"，致力于引领人类命运。虽然这未免有些牵强，毕竟参与者利益多元，但当有权有势又掌握了大量珍贵信息的人聚在一起，而没有任何公民社会团体的参与，确实会引起外界猜测。最大的疑虑之一是这些人是否会进行利益结盟。不过，最危险的勾结通常发生在普通场景，比如游说，毕竟即使他们有阴谋诡计，彼尔德伯格会议的参与者只需一通电话就能实现，并不需要大费周折跑到遥远的地方。他们彼此熟悉，也完全可以相约去最喜欢的餐馆、组织游艇聚会或周末小聚，这些途径均可以避开媒体的目光。可能对与会者而言，彼尔德伯格会议最大的吸引力在于，它能彰显他们的精英地位。

瑞士再保险公司（Swiss Re-insurance Company）中心位于瑞士的拉奇利康（Rüschlikon），地段堪称完美。这栋设计精心的复合式园林建筑，由 19 世纪 20 年代一位著名的瑞士实业家建造，可以俯瞰苏黎世湖和阿尔卑斯山。其会议中心的建筑风格清新，里面装饰着许多艺术收藏品。

穿过建筑外围的花园，再通过一条栽种着菩提树的林荫小径，就可以抵达一栋新巴洛克式府邸。我参加的不少家族理财会议都是在这样的地点举行。那里有穿着高领毛衣和黑色裤子的保镖，专门保护家族理财师及其高管，与会的每一个家族的净资产都超过 1500 亿美元。此前，我接触的大多是机构投资者，在自己创办公司后才开始涉足私人财富领域。由于我认识世界各地的富豪，有位科技界亿万富翁的家族办公室①希望我协助建立一个有关家族理财的全球非营利组织平台。在那里，他们可以交换意见，洽谈合作，而无需银行等金融中介、律师、税务顾问等服务方参与。这种集会的私密性和排外性极高，只有当你也是其中一员时，这些家族和他们的代表才会对你敞开大门。

家族办公室是豪门望族的投资管理公司，其首要任务是财富保值。在美国，银行、金融公司和家族办公室管理的家族资产高达 5 亿美元。流动资产超过 5 亿美元的家族拥有自己的投资公司，这有利于他们保护隐私，而且成本效率也高。家族办公室的理念经历了

---

① Family Office, 起源于 19 世纪的美国，是为富裕家族管理财富的私人机构。——译者注

较长时间的发展演变。早在 19 世纪，商业大亨约翰·洛克菲勒就设立了家族办公室。通常，一个家族是通过经营数家成功的公司，而且往往需要几代人的努力才得以建立起财富王国。家族中有老一辈实业家、新时代的企业家，可能还有高科技领域的亿万富翁，成员数量从十几人到几百人不等。

中国有句俗语："富不过三代。"说的是第一代白手起家创造财富，第二代安于现状勉强维系，第三代挥霍浪费坐吃山空。大多数家族在第一代都不是传统意义上的金融巨头，因为他们并非发迹于金融服务行业。不过他们往往会在各地开公司，并取得不小的成就，积累大量财富，凝聚经济实力。他们通过投资，积极影响着国际经济和金融格局。2016 年，全球有 1810 位亿万富翁，资产净值总额 6.5 万亿美元，其中有 540 名亿万富翁来自美国，包括金融家索罗斯、斯坦利·德鲁肯米勒、史蒂夫·科恩、史蒂夫·施瓦茨曼和利昂·布莱克等。他们中的许多人都有自己的家族办公室。家族办公室的负责人通常工作努力、家底殷实，并且非常重视隐私。要接近他们很不容易，通常有门卫重重把关盘查来访者。因为这些家族拥有着雄厚的财力，使他们成为众人争相追逐的目标。

家族办公室创造大量就业岗位，缴纳可观税收，还是慈善活动的积极支持者，因此通常在当地颇具影响力。每当我们邀请政府官员参加家族办公室的聚会时，他们都会欣然接受。

家族办公室平台还能促进网络互动，以便大家族互惠互利、共同投资、左右市场。一个从事石油行业的沙特阿拉伯家族可以分享其对大宗商品价格的看法，一个德国实业家族可以提供相关情报，告诉你哪些德国中小型企业有发展潜力或收购价值。英国亿万富翁可以邀请其他家族参与投资他主导的惠民基础设施，而印度企业家可以通过这类平台寻找合伙人共同投资电信部门。关键在于，家族办公室平台可以让参与者直接从消息源获得一手信息，而不是从有利益纠葛的第三方获得几经过滤的二手消息。家族办公室是羊群效应的另一个典型例子，具有相似特征的人聚在一起，能最大化各自的权力。因为他们拥有更好的机遇和手段，如果充分利用，就能进一步巩固其权力。

权力的养料：午餐、健身、Party、慈善

除了 WEF、IMF 会议等程式化活动以外，大多数"超级枢纽"还会通过聚餐维护他们的人脉网络。在 2016 年之前，"超级枢纽"在纽约的"据点"之一是曼哈顿西格拉姆大厦的四季酒店。西格拉姆大厦被视为现代主义建筑的巅峰之作。四季酒店的公共区域分为两大区块——娱乐室和烧烤厅，中间由一条走廊相连，走廊上挂着巨幅毕加索油画，它是 1919 年版法国芭蕾舞剧《三角帽》(*Le Tricorne*) 的舞台道具。堪称壮丽的娱乐室里有一个由卡拉拉白大理石铺就的池塘，四周栽种着一些季节性植物：春天有盛开的樱花，夏天有葱郁的棕榈，秋天有火红的日本枫树，冬天有挺拔的桦树。每个房间都装饰着古铜色的落地纱帘，让照射进来的阳光变得柔和。

午餐只有一个选择：烧烤厅。在纽约其他许多餐厅谈话通常是个挑战，因为你必须扯着嗓子喊，对方才能听清。但四季酒店的餐厅很宽敞，足以让顾客互不干扰，确保私密性。四季酒店有光辉灿烂的历史，传承着一种精英气质，来过这里的名人数不胜数。几十

年来，亨利·基辛格一直是它的常客，史蒂夫·施瓦茨曼、彼得·彼得森、拉里·芬克和保罗·沃尔克等"超级枢纽"也常来此聚会。于我而言，在四季酒店的每一次午餐餐叙都是难忘的经历，因为当权力精英聚合在此时，似乎总能发起一些有意义的事情：一次意想不到的碰面、一场引荐、一次邀请、一次机会、一场对话的开启，或者复苏已经休眠的关系。

不幸的是，四季酒店最终走向没落。这个历史悠久、血统尊贵的餐厅也走到了最后一刻。毕加索的画被挪走了，灯光昏暗了。西格拉姆大厦的主人、纽约社交圈的中心人物阿比·罗森（Aby Rosen）将其租客——四季酒店老板朱利安·尼科利尼（Julian Niccolini）逼至墙角，如果后者不肯支付天价租金，就必须搬出西格拉姆大厦。更糟糕的是，这个美食胜地被推到了丑闻中心，尼科利尼被指控性骚扰一名年轻女性。最后，他承认罪行，与检察官达成协议，以抚平风波。罗森把四季酒店改装成了一个更为现代化的地方，而尼科利尼将会在几个街区开外的公园大道重新开张他的四季酒店，可能还会同时带着他的许多忠实顾客。也许四季酒店会暂时落幕，但权力午餐肯定不会。

社交、工作、健身从不分离

高管们不只在吃饭时社交，还会在高级健身俱乐部里交流，如位于曼哈顿中心思达拉健身房（Sitaras Fitness）。他们会在健身时谈成一笔买卖。从外观看，思达拉健身房并不起眼，它甚至连块招牌都没有，却总有黑色的豪华轿车出入。司机打开车门，索罗斯、通用集团传奇 CEO 杰克·韦尔奇（Jack Welch）、美国运通公司前董

位于曼哈顿中心的思达拉健身俱乐部，拥有诸多身价不菲的注册会员。

事长詹姆斯·D. 罗宾逊三世 (James D. Robinson Ⅲ)、保罗·沃尔克以及众多传奇投资人会穿着运动服走下车。思达拉健身房可能是纽约金融高管最密集的健身房。因为它的客户太高端,所以这家健身房经常登上《纽约时报》《金融时报》和其他国际媒体的头条。美国尤其崇尚运动,会直接把运动健身与活力、敏捷的思维联系在一起,即便工作再忙,也没有理由不健身。许多年长的高管都会定期运动,健身于他们而言是一种身份的象征。

思达拉健身房的创始人约翰·思达拉曾是健美运动员,现在是一名健身教练。若想进入这家私人俱乐部,必须通过引荐,而且要接受严格的背景彻查。思达拉用他的专业知识,对每位客户的体能进行分析,并提出个性化的健身方案,由此提升了健身房在业内的知名度。风度翩翩的思达拉有着与精英人士建立联系的天赋。他有独特的远见和直觉,能与高端客户建立良好关系,这些客户往往会成为他的投资者和顾问。在竞争异常激烈的纽约,思达拉独树一帜地瞄准了利基市场,选择了也许是华尔街最苛刻的群体。

"超级枢纽"们享受着这份隐私和奢华,最重要的是彼此陪伴,不受外界干扰,不被人评头论足。在这个人口超过 800 万的城市,人们面对着无数的选择,而金融大鳄们被神奇的力场拖拽着,进入了一个高度同质化的圈子,因为在这里他们感到舒适放松。一个额外的好处是,他们可以躺在思达拉健身房舒适的躺椅上,轻松地讨论业务。那是城市沙漠中一处难得的绿洲。据说,很多大型交易都是在那里达成的。

我是思达拉健身房中的极少数女性会员之一,就像在华尔街一样。因为它的私人氛围以及宽敞的空间,让我在那儿感觉很舒适。

当然，在压腿时看到保罗·沃尔克在旁边不免有些尴尬，不过下回一同出席正式晚宴时，这一幕就会成为好笑的段子，供彼此娱乐一番。对于一天 24 小时，一周 7 天都在工作的人而言，社交、工作、健身从不分离。

索罗斯的豪宅派对

在自己家中举办私人派对是"超级枢纽"完美的社交平台，他们可以借此巩固和提升地位。

索罗斯那栋文艺复兴式的房产坐落在南安普敦老城区亿万富翁聚集的地带。这位传奇投资者通常会在盛夏住在那里，出差路过时也会小住。对一些人而言，这样的豪宅是其成功的视觉表征。有些人只是欣赏建筑的美丽和奢华，但几乎所有人都会把这样豪华的房产作为社交平台，招待客人。

索罗斯在世界各地建立了令人难以置信的复杂人脉，每个周末，他都会安排客人到自己的宅邸聚会，通常客人的选择会是一个折中方案。如果是一群同质化程度很高的人相聚，谈话可能缺乏趣味，但如果人们太不同，就会缺少共同话题，无法碰撞出火花。最好的组合是老朋友带新朋友。如果性格互补，谈话就会比较顺畅：倾诉者跟倾听者坐在一起，内向者与外向者混合，把有趣的人跟严肃的人安排在一起。索罗斯通常搭配得很不错，他还喜欢亲自设计座位图表，让艺术家、知识分子和金融家能够有说有笑，在轻松的氛围中进行讨论、交换意见。

索罗斯位于南安普敦的豪宅配有美丽的花园、游泳池和网球场，附近就是广袤的海滩，索罗斯打完网球后经常去海滩散步。聚会相对随意，客人们可自由安排时间。他们可以就近享受早餐，或在花园中享用午餐。

唯一正式的是晚餐。晚宴通常从鸡尾酒会开始，它往往能营造良好的氛围，可以让大家互相熟络起来。大约一个小时后，当太阳开始落山时，客人们就进入正式的餐厅，精彩的讨论接踵而来。索罗斯的客人通常都是他的密友，或在各自领域都有所建树的领军人物，他们都能为讨论增色不少。与多样化群体进行对话，交流想法，是索罗斯得以从更高角度看待问题的秘诀。有时他会抛出一个想法供众人讨论，从中可能会听到他从未思考过的观点。

当时间宽裕时，索罗斯会在他那栋庄严而舒适的贝德福德庄园过周末。这栋庄园位于山顶，周围是郁郁葱葱的花园，能看到美丽的乡村风光。庄园里有很多客房，每间客房的主题都各不同。他喜欢与严肃的思想家为伴，即学识满腹而不一定腰缠万贯的人。

因为索罗斯本身就是"超级枢纽"，多年来，他的朋友们往往彼此也成了好友。很多类型的人与索罗斯交往密切，这也反映了其人脉网络的多样性。

越慈善，越高级

金融精英们有很多机会在一起进行交流，但最吸引他们的无疑是慈善场合。金融家们经常在世界各地的慈善活动上碰面。他们心目中最盛大的慈善晚会往往是在纽约举行的。由于课税较低，且社会系统相对较弱，让美国人拥有更慷慨的捐赠文化。盎格鲁－撒克逊金融家协会运用他们的金融和商业头脑让慈善活动的效率最优化。

对富人而言，参与慈善事业是必不可少的。所以比尔·盖茨才能说服巴菲特和其他几十位亿万富翁加入他的"捐赠誓言"活动，承诺把自己至少一半的财产捐献出来做慈善。他们中有许多人都是医院、博物馆、剧院或教育机构的董事会成员，这些人会用自己的人脉吸引捐助者，筹集善款。他们举办的活动会把严肃的慈善事业和轻松的娱乐项目结合起来，通常有明星助阵，还会荣登各大媒体头版。

支持通常是相互的，所以慈善捐款持续飙升。尽管金融家们在经济危机期间损失惨重，但他们现在看起来已经恢复了元气。批评者认为亿万富翁高调出席慈善活动，有借机炒作的嫌疑。参与慈善活动确实可以提高他们的社会地位，而自私的动机并不会减损善举带来的效果，总而言之，利大于弊。

数架直升机在空中盘旋，警车列队开道、鸣笛，是纽约一年一度"克林顿全球倡议"①活动的盛景。《经济学人》称之为"慈善界的奥斯卡颁奖典礼"。每年9月份的第三个星期，纽约城充满了活力，俨然一副宇宙中心的模样。这次活动刚好与联合国大会时间重叠，届时，193个成员国的代表，包括许多国家元首都会空降纽约，他们通常会下榻在市中心最豪华的酒店。与此同时，纽约会进入戒严状态，许多街道都封锁起来，为各国政要让道。许多人会蠢蠢欲动，利用世界领导人、CEO、慈善家和诺贝尔奖得主都齐聚这座城市的机会组织活动。

克林顿全球倡议活动的声势十分浩大，从捐助者的人数到筹集

---

① Clinton Global Initiative，简称CGI。由美国前总统比尔·克林顿于2005年创立，是独立于克林顿基金会的非政府组织，旨在聚集全球各界领军人物的智慧和资源，致力于推动人们探讨世界性问题，促进世界各地共同承担责任，尤其强调变想法为行动，应对一系列全球化挑战，解决全球性的问题。——译者注

善款的金额，都能够取得空前的成功。克林顿是位杰出的"超级枢纽"，由于他本人和夫人希拉里的国际地位，世界各地的精英都会竭力与他们建立关系。

另一个能展示华尔街人士如何巧妙利用自己的人脉筹集善款的人是迈克·米尔肯。这位慈善家本人曾因证券欺诈而入狱，获释后被诊断为前列腺癌 III 期。他以坚韧不拔、艰苦卓绝的精神与病魔抗争，就像他曾经征服债券市场一样，最终完全康复。他致力于很多慈善事业，会用自己遍布世界的人脉网，调动很多金融家和有影响力的人物。每年夏天，他都会在富豪们最喜欢的避暑胜地汉普顿举行派对，他的很多亿万富翁朋友如莱昂·布莱克、约翰·保尔森、史蒂夫·施瓦茨曼和理查德·勒弗拉克（Richard LeFrak）都会慷慨解囊。

本章，我们了解了金融精英们那些独家的、国际性的、凭邀请函才能参加的平台，更近距离地看到了顶级精英俱乐部的样子。尽管这些高端会议和活动在我们外人看来如此迷人，但事实上，这是大亨们的工作。为了保持他们的网络地位，巩固权力，他们必须经常奔波以维护现有关系、搭建新关系。"超级枢纽"需要牺牲和付出，包括他们的身心健康、家庭和生活质量。第 8 章我们将探讨高端金融精英的消极方面。

CHAPTER VIII

Opportunity

Costs

第 8 章

机会成本
"超级枢纽"必须做出的牺牲

"神奇的轮回"并不神奇，只是成王败寇、适者生存的金融进化论。每次轮回，都要付出金钱买不回的代价。

巴黎是我很喜欢的城市之一，所以在收到好友佩欣·达拉雷（Peixin Dallara）的生日派对邀请时，我很高兴能去这座灯火之城。佩欣和她的丈夫查尔斯·达拉雷（Charles Dallara）是典型的"工作朋友"。我在第一次参加 IMF 会议时结识了查尔斯，后来他介绍我认识了从事私募工作的佩欣，我们一拍即合，成为好朋友。20多年来，查尔斯一直任国际金融协会（Institute of International Finance，以下简称 IIF）主席，这是另一个听起来索然无味，但实际上极其重要且有影响力的机构。

事业与家庭难以兼顾

IIF 是目前世界上唯一的全球性金融业协会，总部设在华盛顿。其成员包括世界所有的主要商业银行、金融投资机构、资产管理公司、养老基金、评级机构和保险公司等。它为银行高管、政府官员和公司 CEO 们提供了交流平台。查尔斯是该协会主席的最佳人选：作为美国财政部前部长和 IMF 高级官员，他人缘好、口才佳，在金融领域和政治领域都有广泛人脉。

查尔斯和时任德意志银行 CEO 的约瑟夫·阿克曼，以及花旗集团副主席比尔·罗兹（Bill Rhodes）一道，把 IIF 发展壮大，成为世界上最强大的银行业游说组织。多年来，它已成为金融领域不可或缺的一部分，在许多重要的国际会议上都有一席之地。作为一名倡导者，查尔斯主要负责幕后工作，但在欧洲主权债务危机期间，局面发生了戏剧性的转变。查尔斯出面代表银行进行历史上最大规模的主权债务重组。此事事关重大，包括潜在的欧元区解体，于是他义无反顾投身谈判，同时也让自己站到了聚光灯下。

佩欣生日那天，查尔斯正在雅典，作为银行的首席谈判代表，他身陷没完没了的乏味会谈，讨论哪些债权人该承担多少损失，以防止希腊债务违约。私人债权人被迫同意与欧元集团一起参与，否则救助计划在政治上就行不通。

查尔斯一直以来都是忘我的工作狂，佩欣对此感到无奈。就在那个周末，她期待已久的完美生日派对差点就泡汤了。佩欣打算在历史悠久的旺多姆广场（Place Vendôme）上那家颇具传奇色彩的丽兹酒店（Ritz Hotel）举办生日派对，那里距爱丽舍宫和卢浮宫只有一步之遥。丽兹酒店雄伟的大理石墙壁见证了许多历史事件，各国皇室、国家元首、亿万富翁和行业领袖都选择此地举办活动。酒店里金光闪闪的家具、精美绝伦艺术品，尽显巴黎式的优雅和它经历的光辉岁月。

在生日派对的前一晚，我在丽兹酒店的酒吧里与佩欣碰面。一连几个月，查尔斯一直忙于欧洲债务危机的事，他和家人都为此做出了金钱无法衡量的牺牲。佩欣一直很体谅查尔斯的工作，但现在不免感到担忧。按照原计划，查尔斯应该在生日派对当天回到巴黎，但恰巧就在那一天，欧债危机的谈判达到了高潮，他只能继续留在雅典。

为了给妻子举办一次特别的生日派对，查尔斯费了不少心思，事先邀请了不少好友从世界各地飞往巴黎。虽然生日派对几近完美、奢华、令无数人艳羡，可如果佩欣生命中最重要的人——她的丈夫查尔斯无法出席，那么任何光芒都无法掩饰佩欣的失望和痛苦，尽管她已经为这种可能性做好了心理准备。

所幸的是，查尔斯搭乘了当天最后一班飞往巴黎的航班，赶上了生日派对。不过他还得在房间里继续用电话远程参与谈判，能否有时间参加派对仍是个未知数。最终查尔斯出现了，也许他内心承受着巨大压力，不过他丝毫没有表现出来。查尔斯和佩欣优雅得体地招呼他们的朋友，其中很多都是金融界的"超级枢纽"。媒体对此次派对的报道是"查尔斯·达拉雷为了早已承诺的约定离开希腊飞往巴黎，他将继续通过电话参与谈判"。那是个美妙的夜晚，不久之后，希腊债务危机谈判也传来捷报，也许只是暂时的成功，但至少算告一段落了。

这个故事说明了"超级枢纽"的身份对家庭的影响。查尔斯的故事是个特例，他最终还是幸运地出席了妻子佩欣的生日派对，但中间的种种不确定性仍给当事人造成了压力。有很多"超级枢纽"恐怕并没有那么幸运，很难估算他们到底错过了多少与家人和朋友团聚的难忘时刻。对"超级枢纽"而言，工作永远是第一要务，但这可能严重影响他们的身心健康。

令人上瘾的权力游戏

在外人眼中，"超级枢纽"的外表光鲜亮丽，但殊不知这一切的背后要付出怎样的代价。金融高管生活的世界令众人艳羡，那是个名望、特权和金钱俯拾皆是的名利场。然而，与之如影随形的是牺牲、权衡和高风险。

虽然金融公司外表富丽堂皇，但内部的企业文化对很多人来说是种煎熬。金融圈里很流行这样的说法："不要在上一次协议的成功里沾沾自喜！""你最近为公司创造了多少效益？""生于忧患，死于安逸！"招聘者给年轻有为的专业人士许诺了明星级的待遇、名望和高薪。这种高度紧张的环境总是生机勃勃，有强大的企业文化、团队精神和目标。然而，从业者必须以一天 24 小时，每周 7 天都处于随时待命的状态，去应对金融市场的瞬息万变。因为谁也不知道下一秒会发生什么，这就意味着谁都无法为从业者设置清晰的工作时间，而这终将产生负面影响。

选择了金融领域，就等于选择了一种生活方式，这个圈子崇尚孤注一掷的文化，你要么无所不有，要么一无所有，不努力就出局。不能成为玩家就只能成为看客，永远替别人鼓掌呐喊。金融领域有着军队一般的严格规矩和等级结构，要出人头地，就必须有所付出，而这种付出往往是以牺牲个人生活、家人和爱人为代价。

许多高管都是工作狂、空中飞人，他们要靠药物和兴奋剂来弥补长期的睡眠不足。有一位从事私募的亿万富翁几乎常年都坐着私人飞机在世界各地出差，他告诉我，没有安眠药他恐怕一天都活不下去。金融危机的爆发更是加剧了业界人士的压力。华尔街就业岗位大约减少了 10%，但工作量有增无减。与此同时，风向变了，很多以前惯常的商业行为被认为是不道德或非法的。争夺客户和交易的竞争日趋残酷，而与日俱增的监管审查和官僚规则更让原本已经超负荷的工作雪上加霜。许多年过四十的人根本无力支撑，还有一些抱有美好愿景加入这一行业的人，只想赶紧撤出。要知道，投行家的平均工龄只有 7～9 年。

我亲眼见过金融界人士在过度工作后，虽然精疲力竭却仍强打精神庆祝时的模样，也见过许多人自诩为夜猫子时那份发自内心的骄傲。在这个由男性主导的世界里，流行"我的分红比你多"的文化，通宵工作的人被视为有能力。银行家口中的"朝九晚五"并不是指当天下午五点，而通常指第二天凌晨五点。最讨厌的是，这种环境崇尚"露面"，强调存在感：就算无所事事也要待在工作岗位上，只是为了展示你对组织的高度忠诚。

由于竞争激烈，谁也不想第一个离开，所以每个人都在公司待到很晚，一副看起来很忙的样子。然后，便是"神奇的轮回"（Magic Roundabout）：有专车送你回家，它会在你家门口等待，等你洗完澡换完衣服后，直接将你带回公司。

对年轻人来说，这种生活方式可能很酷、很带劲，但随着年龄增长，它会对人的生理和心理造成伤害。那些最终扫除一切障碍爬至权力顶端的高管，往往本身的性格就很适合高度竞争的环境，或者是在不断攀爬的过程中磨砺了自己的性格。金融行业盛行达尔文主义，高管们必须始终站在食物链顶端创造利润，抵御竞争对手。正如他们所说，"高处不胜寒"。毕竟高管的位置寥寥无几，而雄心勃勃、觊觎这些岗位的人却不计其数。

工作与家庭生活失衡

繁忙的工作带来的负面后果不只影响高管，也波及他们的家人。"超级枢纽"们经常不在家。即使不出差，他们也总是通宵加班，招待客户，回到家时他们大都精疲力竭。如果不是"出差达人"，他们在飞机上是无法睡觉的。全球跨时区互相连通，加上现代通讯设备，需要他们全天在线。我听过无数关于高管们假期夭折，因周末进行电话会议，而错失家庭活动的事情。不过，"超级枢纽"的离婚率却明显低于普通人。巴菲特与他第一任妻子的婚姻维持了 50 多年，瑞·达利欧已经结婚 40 年，杰米·戴蒙与妻子结婚也已经 30 多年。这可能是由于在一起时间太少，反而更珍惜对方、相互争吵的机会也减少了，又或许还有其他原因。

由于离婚和随之而来的隐私曝光所带来的巨大代价也是一种威慑，因此高管们通常不轻易离婚。通用电气前 CEO 杰克·韦尔奇第二次离婚时，高度的媒体关注让他从公司持续获得优厚福利的账单也浮出水面，导致美国证券交易委员会介入调查。最终，韦尔奇不得不主动放弃每年 250 万美元的养老金。低离婚率使股东们感到开心，因为 CEO 离婚可能会对公司股价造成负面影响。根据金融协议，CEO 可能会因此失去他在公司的部分股权，他的影响力也会由此折损。此外，离婚会耗费精力，影响 CEO 们创造效益。它也会影响 CEO 对待风险的态度，令其更加谨慎，甚至畏首畏尾。

"超级枢纽"的特殊身份不仅会影响到配偶，还会影响到他们的孩子。约瑟夫·阿克曼长期担任德意志银行 CEO，他的女儿凯瑟琳为此承受了常人无法想象的压力。恐怖组织用汽车炸弹暗杀了她父亲的前任阿尔弗雷德·赫尔豪森（Alfred Herrhausen），她的同龄人梅茨勒银行年轻的接班人雅克布·冯·梅茨勒（Jakob von Metzler）被杀害。当阿克曼接到意大利无政府主义者寄来的炸弹信时，凯瑟琳正好在场。她在威胁和恐惧中长大，不能与其他小伙伴一起玩耍，常年只有保镖做伴，她因而患上了严重的恐慌症，很长一段时间都不敢跟父亲吐露这个秘密。凯瑟琳说，小时候，每当她需要父亲时，父亲都会在身边，但在她慢慢长大步入青春期后，父亲经常不在家。

媒体追逐：生活在放大镜之下

媒体审视的眼光无处不在，有时会产生负面影响，尤其是当赌注很高的时候。高管们的一举一动几乎都在镁光灯下，其私生活也被高度曝光，家人也经常深陷舆论漩涡。德国报业巨头阿克塞尔·斯普林格集团 CEO 马塞亚斯·多夫纳（Mathias Döpfner）也是德国畅销报纸《图片报》（*Bild*）的发行商，他曾言简意赅地总结了小报的法则。他说："《图片报》能把人捧上天，也能让人摔得粉身碎骨。"

这话同样适用于美国小报。高盛 CEO 劳埃德·布兰克费恩刚刚才告诫他的部下，不要过度炫耀财富，不久后《纽约邮报》（*New York Post*）这家人人嗤之以鼻的美国小报就刊登了他妻子的报道，声称其在汉普顿的慈善活动上大发雷霆。据称，她大声喊道自己绝不排在那些比她捐钱少的人后面。不管报纸是否夸张了当时的情形，这篇报告已足以让当事人尴尬。

在信息高度透明的时代，有效的自我审查必不可少，在此事发生了三个月后，布兰克费恩又遇到了麻烦：《泰晤士报》问他如何看待银行家的分红和高报酬，他说自己只是一名"做着上帝的工作"

的银行家。尽管他后来解释这只是句玩笑话，但这一言论已经引发了不良后果。

2014 年，杰米·戴蒙圣诞贺卡被曝光后，也引起了一系列媒体对此进行负面报道。贺卡里的照片，是他和家人在他们位于第五大道的豪宅里打网球的情景。贺卡的创意总监可能觉得这张照片很真实，却没有想到，这无意中暴露了豪门的富裕生活，在家里打网球，被媒体描绘成腐朽和不恰当的。

有时亲戚或家人成为公众焦点，也会令"超级枢纽"十分懊恼。英国巴克莱银行 CEO 鲍勃·戴蒙德因伦敦银行同业拆借利率丑闻被罢，在他遭到外界严厉的批评时，戴蒙德的女儿仍力挺他，她发了这样一条推特，"乔治·奥斯本 (George Osborne) 和埃德·米利班德 (Ed Miliband)，尽管放马过来"。一旦"幸运精子俱乐部"[①]有任何风吹草动，都会引起公众的强烈兴趣。媒体总是热衷于报道华尔街富二代的精彩生活，身为名人之后自然有好处，但同时也意味着一举一动都会暴露在媒体的放大镜下。

重病：付出最终的代价

正所谓成也萧何败也萧何，把"超级枢纽"推到金字塔顶端的品质，如高动机和高弹性，同样也能使他们崩溃。高管是完美主义者，他们认为自己不可替代，并且担心展示出软弱的一面会被人瞧不起。在相互质疑的竞争环境中，他们必须时刻强打精神。因此，即使遭遇个人危机，他们通常也佯装若无其事，把自己的恐惧、痛苦和疲惫隐藏起来。但压力累积到一定程度，会转变成抑郁，或者更糟。

————————————
①这一概念由巴菲特提出，他称"富二代"为"幸运的精子"。——译者注

在金融危机爆发后，许多高管们身心俱疲，但他们中的大多数人都选择隐藏自己的真实情况，或者偷偷用抗抑郁药物治疗。英国劳埃德银行 CEO 安东尼奥·奥尔塔·奥索里奥（António Horta Osório）是少数肯公开承认自己很疲惫的高管之一。经过一年马不停蹄的工作后，他终于因不堪压力和重负，申请病假。几个月后，他重返工作岗位。这份工作使他获得 830 万英镑年薪，以及 400 万股票分红。前不久，奥索里奥在采访中提到，他当时无时无刻不在工作。有小道消息称，媒体的追逐加剧了他的压力。

很多顶尖的金融专业人士都被诊断出患有严重疾病，比如癌症。瑞士信贷集团 CEO 保罗·柯磊洛 (Paul Calello) 于 2009 年金融危机期间被诊断出癌症。他当时只有 48 岁，是四个孩子的父亲。柯磊洛从主管办公室挪到了癌症病房，同那些可能不久于人世的病人交朋友。现实真是残酷。他后来提到，自己的病很可能是金融危机期间的压力引起的。

顶级金融家们倾向于把事业上的失败等同于个人的失败。在最极端的情况下，他们在心理上无法说服自己，认为结束生命是唯一出路。金融危机爆发后，自杀的顶尖银行家人数多得惊人。据不完全统计，银行家的自杀率比所有从事其他职业的人的自杀率总和还要高出 39%。

苏黎世保险集团 CFO 皮埃尔·沃蒂耶（Pierre Wauthier）的自杀事件曾引起广泛关注，因为他在遗书中点名时任苏黎世保险集团总裁的约瑟夫·阿克曼要对此负全责。他指责阿克曼铁腕的管理风格把他置于极端压力之下。阿克曼拒不接受这一指控，第二天便辞去了职务。这次不幸事件仍然存在疑点，因为自杀事件发生前没有任何征兆。在第三方律师事务所展开正式调查后，排除了阿克曼的嫌疑，因为他们没有发现能表明沃蒂耶受到不适当或不恰当的压力的迹象。

谁知道那么多看似不可一世、坚不可摧的高管，暗地里有多么脆弱，承受了多少痛苦呢？当然，他们可以随时摆脱由自己编织的牢笼，但他们往往做不到。

尽管这些高管在离开自己的岗位后仍然会有大量机会，但对许多人而言，他们宁愿继续留在岗位上承受巨大的压力，也不愿面对可能丧失地位、认可和权力的焦虑。这是一个令人上瘾的权力游戏，戴着"金手铐"的 CEO 们着了魔一般地想要往上爬。

诸神之战：近身肉搏和政变

大型金融机构高层明争暗斗、发动政变的例子数不胜数。CEO们需要极具慧眼才能分清敌我。

花旗集团前 CEO 潘伟迪就是在一场董事会发动的叛乱后，被无情地赶下了台。此事震惊了整个华尔街，还一度成为国际知名媒体的头条。当我们在看到故事的开头时，总料不到它的结局。潘伟迪在少年时期从印度移民到美国，是公认的天才和具有创新能力的思想家。他内向、理性、安静，但只要他开口说话，必定是真知灼见。他厌恶风险，在做决定时总会仔细权衡。尽管潘伟迪用自己的睿智征服了认识他的人，但在社交场合他经常无所适从。很多人把他的羞怯误解成傲慢，甚至因他超乎常人的智慧而畏惧他。

当潘伟迪还在摩根士丹利时，他自己也参与了政变，同一群高级主管密谋推翻 CEO 菲利普·珀塞尔（Philip Purcell）。不过，珀塞尔挺过了这场权力斗争，而潘伟迪被扫地出门。后来，他和其他曾经的摩根士丹利高管一起建立了对冲基金公司 Old Lane Partners。在寻求资产的过程中，他叩响了花旗集团的大门，潘伟迪通过美国财政部前部长罗伯特·鲁宾获得了他的第一个大客户。鲁宾十分欣赏潘伟迪的才华，在他的引荐下，时任花旗集团 CEO 的查克·普林斯（Chuck Prince）批准花旗集团向潘伟迪的对冲基金注资 1 亿美元。鲁宾还为潘伟迪设计了另一条发展道路：他希望潘伟迪成为花旗集团下一任 CEO。

2007 年，花旗集团以 8 亿美元收购 Old Lane Partners，这单交易被称为华尔街历史上最大的"签约奖金"。不幸的是，该对冲基金公司在不久后就急转直下，在被花旗集团收购不到一年后便摇摇欲坠。待到次贷危机爆发出一声巨响，查克·普林斯不得不在数十亿美元的亏损面前引咎辞职。在鲁宾的竭力运作下，潘伟迪成为普林斯的继任者，尽管董事会最初竭力反对，但潘伟迪还是成功上位。他开始在花旗集团创造新历史，用救助资金偿还了 450 亿美元欠款，重建资本，割掉业绩不佳的部门，调整公司业务。但潘伟迪继承的是一个烂摊子，而且处于一个极其艰难的形势之下。在他的监管下，银行压力测试失败，不得不减持 47 亿美元摩根士丹利美邦股份；与此同时，政府拒绝了他的提议，不肯回购股票，给股东增加股息。

花旗集团在收购美联银行时败给了富国银行集团，这场收购对花旗集团很重要，因为美联银行储蓄丰厚。媒体将失败责任归咎于潘伟迪。随着时间的推移，他渐渐疏远了许多资深的花旗高管，只有支持他的人才会得到晋升。欲亲自担任花旗 CEO 却输给潘伟迪的董事会主席迈克尔·奥尼尔（Michael O'Neill）对于潘伟迪能否服众表示担忧。董事会成员多次容忍潘伟迪，但最终，他们的耐心被耗尽。

然而，潘伟迪对这一切浑然不知。正面的收益报告发布后，潘伟迪精神抖擞、毫无戒心地召开董事会会议。就在此时，奥尼尔扔下了他蓄谋已久的炸弹。他对潘伟迪说，董事会已对他失去信心，现在，他需要从三种不同的方式中选择一种，选择立即辞职、在年底辞职，或等待被解雇。这犹如晴天霹雳，被蒙在鼓里的潘伟迪选择了最体面的方式，主动宣布辞职。离开花旗后，他涉足咨询和风投领域。最终与《魔鬼经济学》（Freakonomics）作者史蒂芬·列维特（Steven Levitt）合伙创立了咨询公司TGG，并开始利用自己强大的人脉招揽客户。

另一场比较知名的公司内部政治斗争是摩根大通CEO杰米·戴蒙对比尔·温特斯（Bill Winters）。1998年，戴蒙被他的导师桑迪·威尔扫地出门。2004年，他成为摩根大通CEO。当时温特斯与史蒂夫·布莱克（Steve Black）一同管理着摩根大通，他被外界看好，认为很可能会成为戴蒙的继任者。在金融危机爆发前，他帮助银行避免了许多投资风险，但这期间他对银行业作用的批评遭到戴蒙的反对。华尔街推测，戴蒙看到温特斯那么受欢迎、那么成功，感觉到了极大的威胁，便想在他羽翼丰满之前辞退他。

温特斯在摩根大通工作长达25年之久，并不打算离开，在听到辞退消息后十分震惊。辞退消息就在国际货币基金组织年度会议之前正式发布。我跟温特斯并不熟，只有过几面之缘。他为人友善，得到了很多同仁的高度评价，在听到他被无情解雇的消息后，所有人都感到震惊。我在一场由摩根大通举办的鸡尾酒会上看到温特斯也在迎宾之列，更是十分吃惊。我跟他握手，对他被解雇的消息深表遗憾。他坦诚地表示，自己还在震惊中，不知道该说什么好。我认为他依然能出席酒会，是种极大的勇气。

轮换是个很微妙的问题，因为它迫使 CEO 们面对自己即将离任的事实。独裁铁腕的 CEO 往往不会培植继任者，董事会也对他们保持绝对忠诚。花时间寻找可靠的继承人很重要，也符合公司发展逻辑，否则董事会不得不从外部聘请 CEO，而这种方法通常行不通。CEO 离任也会造成大量过渡成本，离任者往往会获得一笔可观的薪酬，新任 CEO 上马时也需要一笔签约奖金。此外，过渡期间会对企业效益产生很多不利影响，新任 CEO 需要培植自己的支持者，而那些忠于原有 CEO 的员工可能会随之离开公司。

成王败寇：一个跌宕起伏的职业

在约瑟夫·阿克曼的管理下，德意志银行已经成为世界领先的银行之一。德意志银行的 CEO 在德国历来都有非凡庄严的地位，因为公众将德意志银行视为德国的风向标，并将其 CEO 视为他们的受托人。然而，在阿克曼任期内，他始终是个争议不断的人物。

阿克曼是成功的权力掮客，他总能将自己置于关键人脉网和重要事件的中心。只要是金融精英聚集的地方，他必定在场。作为名副其实的"空中飞人"，阿克曼甚至已经成为美国利捷航空公司欧洲地区里程数排名前十的旅客。

由于他在金融、经济和政治网络中的核心地位，使得阿克曼在金融危机高峰时达到了权力的顶峰。身为德国总理默克尔的密友和德国财政部部长皮尔·施泰因布吕克（Peer Steinbrück）的顾问，他的身份不再只是一位银行家，更是一名政治家。由于他还是国际金融研究所主席，这又赋予了他另一个身份——全球金融机构的非官方大使。因此，阿克曼在希腊债务危机的谈判中发挥了重要的建设性作用。他身兼数个具有影响力的职位，这进一步巩固了他"超级枢纽"的地位：除了德意志银行行长这一职位，他还是西门子公司监事会成员、荷兰皇家壳牌公司董事会的非执行成员、世界经济论坛基金董事会成员、彼尔德伯格指导委员会委员和三边委员会①委员、伦敦政治经济学院金融学客座教授以及法兰克福大学名誉教授。阿克曼已成为镁光灯下冉冉升起的巨星，问鼎金融界的权力之巅。

不过，阿克曼不仅抵达过高峰，也跌落过意想不到的低谷。德国公众用质疑的眼光看待他，因为他一意孤行，对别人的建议充耳不闻。在希腊债务危机中，他一直在宣扬达成25%净资产收益率的激进目标。同时，作为德国身价最高的银行CEO，他拥有常人不可企及的巨额薪酬。争议一直围绕着他。

2004年，阿克曼任曼内斯曼股份有限公司监事会成员。在沃达丰集团收购该公司后，他与公司其他5名高管因涉嫌违反信托审批而遭到指控，因为他们下批了7400万美元奖金给曼内斯曼股份有限公司的高管们。在审判进行的三年里，阿克曼仍然担任德意志银行CEO，尽管他的后勤保障出了问题，而且还可能面对十年刑期。

---

① 三边委员会是北美、西欧和日本三个地区14个国家的民间组织，实际上是西方国际金融财团及其控制下的跨国公司的政策协调机构。通过对国际经济体系、金融、贸易、能源、南北关系和东西方关系等问题进行磋商和讨论，以协调它们在这些方面的政策，对各自的政府施加影响。——译者注

此外，他还被控涉嫌作伪证。在由已故的德国媒体大亨、基尔希传媒集团总裁莱奥·基尔希（Leo Kirch）的继承人提起的民事诉讼中，阿克曼被控供词作假。这位已故的媒体大亨起诉德意志银行，指责其前任 CEO 罗尔夫·布鲁尔（Rolf Breuer）在 2002 年的一次电视访问中暗示银行业将不再向基尔希传媒集团贷款，从而间接导致了集团破产。因为德意志银行涉嫌监听基尔希集团的两名董事会成员和一名重要股东，使得审判波折不断。除此之外，还使用了其他一系列可疑手段，包括雇用一名 23 岁巴西女性使用美人计，把窃听器藏在这名女子所佩戴的花束上，以及让一名女间谍渗透到对方的律师事务所。这种荒谬的手段令德国业界大跌眼镜，但不能完全归因于阿克曼本人，这在很大程度上与侦探公司有关。12 年后，德意志银行支付了 7.75 亿欧元，与基尔希的继承人达成和解，这场旷日持久的法律纠纷终于平息。而被控作伪证的阿克曼被无罪释放。

在曼内斯曼案审判期间，拍摄到的画面显示，阿克曼咧着嘴笑，这被外界解读成精英阶层的傲慢和挑衅，引发了媒体的狂轰滥炸。对此，他只好公开道歉。在谈到巨额薪水时，阿克曼的言论让他臭名远扬，引发了负面影响，最后他不得不再次公开道歉。他宣布把公司利润提升 87%，并裁掉 6500 名员工的做法，也招致许多非议。

还有些事情牵涉甚广，甚至与德国总理默克尔有关。虽然阿克曼曾助推默克尔的救助计划，但据说他表示，如果他接受政府帮助会感到羞耻，这句话使他招致了公众和德国政府的指责。阿克曼还公开表示，默克尔在总理府邸为他举办了 60 岁生日聚会，此事令他进一步冒犯了总理。这番言论无疑是在表达，德国总理用纳税人的钱大肆宴请，这把默克尔推到舆论的风口浪尖。之后，阿克曼将他与总理之间的关系描述成亲密的工作关系，但他同时承认，金融危机使银行和政府之间的关系充满张力。

尽管遭遇各种起伏，阿克曼都安然度过，但在他任期末发生的事情，处理起来颇为棘手。批评家认为他错过了最合适的退位时机，他应该早一点见好就收。由于阿克曼和德意志银行董事会都没有培养继承人，阿克曼便同意在任期结束后继续留任几个月，待物色到合适的 CEO 再走。此后他向众人表示，自己可以担任监事会主席之职，但被柏林的政治集团和银行股东们拒绝。他们担心，权力过度集中会带来危险，而且认为阿克曼很可能会干涉其继任者的工作。因为支持者寥寥无几，阿克曼只好撤回了他的提议。

不久后，阿克曼接受邀请，出任苏黎世保险集团董事会主席，他计划利用自己遍布世界的人脉网以及在瑞士的工作经验，将那里打造成金融中心。本章此前已经提到，在阿克曼上任几个月后，公司 CFO 皮埃尔·沃蒂耶自杀，他在遗书中提到阿克曼与他的死因有关。尽管官方调查显示阿克曼与此事并无关系，但他由此遭受的耻辱无法估量。阿克曼宣布辞去苏黎世保险集团董事会主席一职，几个星期后，他又辞去了西门子监事会的职务。

随后，阿克曼加入私人股本公司殷拓集团（EQT）以及瑞诺瓦集团（Renova Group）董事会。瑞诺瓦集团主要是由俄罗斯第二大富豪维克多·维克塞尔伯格（Viktor Vekselberg）创办。此后不久，阿克曼当选塞浦路斯银行（Bank of Cyprus）主席，维克塞尔伯格是该银行的重要股东。该银行的另一名主要投资者，金融家威尔伯·罗斯（Wilbur Ross）解释了选择阿克曼的理由："阿克曼有一个巨大的名片盒。他几乎认识欧洲、东欧的每个人，还有美国和世界其他地区不计其数的大人物。"阿克曼加入瑞诺瓦集团后招来了一些非议，此外，有位经济学家对阿克曼加盟塞浦路斯银行做出了评论："该举动并不能为他的职业生涯增色，毕竟是从 G7 集团国家最大的商业银行到市值 220 亿的塞浦路斯银行……外界普遍将其称为外交官的墓地，因为经常有外交官在该银行出事。也许，塞浦路斯银行也将成为银行家的墓地。"

无论如何，很少有人会同情这位千万富翁。但"超级枢纽"衡量他们的自我价值有不同的标准，因为他们的价值观和敏感度与常人不太一样。对他们而言，公众认可、地位和成功至关重要，公关失败才会撼动他们的核心地位。

本章，我们探讨了"超级枢纽"在光鲜亮丽外表背后作出的个人牺牲。对高管而言，工作不只是工作，还是一种生活方式，充满了各种需求和压力。金融领域的"超级枢纽"以牺牲家庭为代价，"嫁给"了自己的工作，而繁重的工作、激烈的竞争压力、每时每刻的公众监督使"超级枢纽"身心俱疲。他们有人不堪重负身患重病，甚至自杀。这种现象导致人们普遍认为，女性难以在这个充满厮杀、竞争、无法顾及家庭的行业里获得成功。然而，金融精英圈缺乏女性高管，主要是因为她们被排除在男性精英网络之外。对此，我们将在第 9 章进行详细探讨。

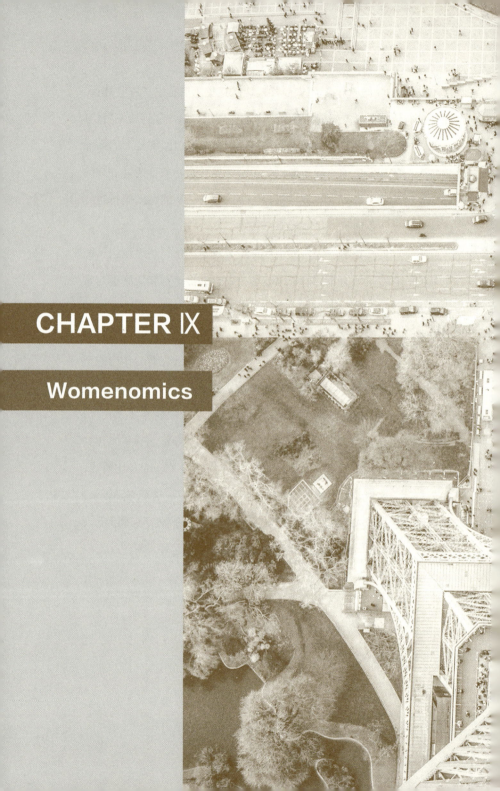

CHAPTER IX

Womenomics

第 9 章

鸿　沟

女性禁入

"超级枢纽"群体中鲜见女性的身影，女性领导者不仅头顶有"天花板"，前方还有"玻璃悬崖"。

你可能很好奇，为什么到目前为止，我写的几乎都是男性。很遗憾地告诉你，因为在高度同质性的金融领域高层，女性基本缺席，异质性或多样性，只存在于金融领域入门级别。

权限鸿沟：专区意味着拒绝访问

我经常在行业会议进行演讲，每当我走上舞台，站在讲台后面打量观众席时，进入我眼帘的几乎是清一色的西装革履，通常还搭配着银发和厚厚的眼镜。

很明显，女性高管严重缺乏。即便有少数女性在场，她们通常也是辅助性人员，比如秘书、助理等。男性与会者经常以为我是某人的助理或翻译。我经常被这样问道："你是跟谁一起过来的？""你先生是谁？"如果在社交规格比较高的场合，他们会好奇地，同时又努力不冒犯地问道："你是……来工作的吗？"他们自动假设，我不可能是他们的同行，应该是陪同先生一起过来的。当我回答我是一名律师时，有99%的可能会收到的赞美是"你看起来不像律师"，通常后面还会跟着一个玩笑"我多么希望能有像你这样一位律师"。当我透露自己开公司时，他们通常会问："是市场营销还是公共关系类公司？"在很多人眼中，这两个行业才是女性的天下。

在男性荷尔蒙主导的金融领域里，女性免不了会受到侮辱，必须用禁欲主义和迂回曲折的外交辞令加以应对，才能避免自尊心受到伤害，也避免因为害怕被人轻视而反应过激。美国精英阶层中，女性所占比例总体偏低，这在金融行业表现更为明显。在美国互助基金领域，女性领导者只占有两席；2013年，在世界上最大的150家金融公司中，只有6家由女性领导；在《财富》世界500强公司CEO中，女性只占5%；在美国大型金融机构中，只有一家由女性领导，她就是阿比盖尔·约翰逊（Abigail Johnson）。2014年，在她父亲退休后，阿比盖尔继任富达投资集团（Fidelity Investments Group）的CEO。欧洲的情况也是如此，截至本书写作之时，只有一家女性领导的大型金融机构：安娜·帕特里夏－博坦（Ana Patricia Botín）在2014年父亲过世后，接棒继任西班牙国家银行总裁。

十年前，《纽约时报》撰文指出，"华尔街由白人男性主导，他们占据了业内大部分高层高薪职位"。十年过去了，形势并没有多大改变。研究表明，要想在华尔街获得成功，单凭努力工作和出色业绩是不够的，那些成功的女性往往比她们的男性同行更聪明，受教育程度也更高。尽管在专业人士工作中，女性比例约占一半，但拥有高级职位的女性占比只有16%，而在美国大型企业的高管职位中，女性占比更是少得可怜，只有5%左右。金融行业几乎只利用了我们共同人力资本的一半。这一事实对整个系统的弹性有什么影响？如果有雷曼姐妹而不是雷曼兄弟，危机可能避免吗？

商业对少数群体的歧视所付出的成本，仅在美国就达到每年640 亿美元。女性能够胜任组织机构的领导岗位，这一点也是最近才被意识到的。商业中的女性经济似乎是显而易见的：对全球金融机构而言，多样性比以往任何时候都显得更为重要。对女性的包容有利于打造更好的客户基础。她们有不同的经历，能为问题解决提供更多视角。例如，公司董事会如果增加更多的女性席位会受益匪浅，因为她们可以为公司的整体发展提供独特视角。这是评估风险、发现商机的重要资产。麻省理工学院的多项研究表明，女性比男性更擅长"读心术"，她们更懂得察言观色、捕捉非语言线索。

2015 年，《金融时报》指出，女性基金经理是极度濒危物种。尽管"在过去六年半里，由女性控股的基金的表现要优于行业整体水平，且女性基金经理在 2013 年的整体表现要比男性基金经理更优秀"，女性基金经理的数量却仍在逐年下降。所以，尽管有研究显示，多样性可以带来更低的风险、更长远的思考、更少的偏见性决策和更高的资本回报率，但金融行业女性高管的数量甚至比金融危机爆发前还要少。即使女性进入高层，她们通常也会在中年时遭遇瓶颈，此时的她们通常无法像同龄的男性高管一样获得同样的影响力和强悍的信息渠道。如果她们真的披荆斩棘，进入董事会，也通常会被另眼看待或遭到孤立，而男性则不会遇到这类问题。

即便在风险投资行业，女性也是被边缘化的群体。这一领域与其他更成熟的金融领域相比，条条框框的束缚相对较少，但缺乏传统和规则并没有让女性更容易在其中立足。很多女性形容业内环境充满敌意，无法与男性建立的机构抗衡，因为后者的成功基本靠冒险和踩红线，他们不遵循规则，不断钻空子。女性不但难以融入这种排外的环境，就连那些已经成功的人也在成群结队离开这个行业。截至2014年，拥有女性合伙人的风险投资公司占比只有13%，而完全由女性主导的风投公司占比只有4%。尽管研究发现，由女性领导的公司，其投资回报率比由男性初创的企业高31%。通常情况下，白人男性都会倾向于聘请白人男性。

正如大量诉讼所显示的那样，风投行业同其他金融领域一样保守，一样充满性别歧视。尤其是在集资时，女性经常遭遇性别歧视和性骚扰。科技亿万富翁和这个时代创造历史的实业家全是男性。在风险资本行业，有必要与企业家们形成富有成效的工作关系，因为深厚的人脉关系是至关重要的客户来源，而这部分人大多是男性。

女性很少能进入顶尖的金融圈的主要原因是：她们基本上被排除在男性精英俱乐部之外。"超级枢纽"往往倾向于把自己喜欢和他们最认同、与之相处感到舒适的人安置在周围，这些人通常是男性。他们在圈子内部建立了强烈的互信关系，从而增加了机构的运行效率，而同质性和一致性能提高舒适度，促进沟通，减少不确定。在2008年金融危机期间，美国联邦存款保险公司的主席希拉·贝尔（Sheila Bair），就经历了被男性俱乐部排除在外的尴尬。因此，她很怀疑，到底是"严重不称职还是令人难以置信的不尊重，或者只是男性俱乐部想要自己做出决定，就像许多评论家推测的那样。也许这些男性精英根本不想带着我一起玩"。

等级越高，圈子的同质化程度就越高，因为男性高管群体基本对女性项目没有兴趣。被排除在这样的圈子之外是很大的劣势，毕竟这类圈子有很多宝贵的人脉资源；而反过来，由于男性易于进入这些圈子，这又赋予了他们更多的社会资本和讨价还价的能力。到目前为止，试图建立以女性为中心的人脉网络的努力都被证明不太有效，因为一流机构中女性的占比实在太低，所以，要搭建这样的网络必然有很多掣肘。有一位试图拓展自己人脉网的女性是萨莉·克劳切克（Sallie Krawcheck）。萨莉堪称华尔街最成功的女性，她曾担任桑福德·伯恩斯坦公司 CEO、花旗集团 CFO、花旗财富管理集团 CEO，后来又担任美国银行全球财富和投资管理主任。2008年金融危机使得克劳切克失去了最后两个职务，离开美国银行后，她购买了由高盛集团一名女性高管搭建的针对女性的平台——85 Broads①。2014 年，克劳切克创立 Pax Ellevate 全球妇女指数基金，专门投资于推进女性领导力的高评级公司。该平台是否有效还有待观察，但至少这是个良好的开端。

女性人脉网相对比较弱，这源于女性本身的性情特征。研究表明，女性比男性更不情愿使用关系，因为利用人脉关系会令她们感到不适。同时，她们缺乏榜样，只能在男性长期占主导地位的领域里学习、摸索和实践。女性往往被雇用做一些需要她们用柔性技能来吸引新客户的工作，比如销售金融服务、维护客户关系等。尽管她们能在这些岗位发挥出色作用，但仍然很难进入男性主导的金融高层领域。

虽然人们普遍认为，女性更擅长培养人际关系，但她们的人脉网的行为模式在几个世纪以来都没有发生改变。当然，她们也常常被邀请进圈子，以促进多样性，成为男性主导的圈子的"辩解幌子"，

---

① 85 Broads 是一个国际职业女性组织，由来自全球 81 个国家和地区的 1.8 万名不同行业精英女性组成，力求建立职场女性互相指导的专业网络。——译者注

尤其是当她们的机构能迎合不同客户时。但实际上，人们大都认为女性的介入更像是管理者和劳动者或公众之间的"缓冲区"，尤其是在人力资源或公共关系领域。这种思维惯性，是由于女性依然受旧有社会价值观和规范的束缚，它们基于体力劳动而形成，对于许多前工业化时代的职业很有必要。然而，在当今世界，这些价值观和规范早已过时，但组织机构会条件反射性地延续传统做法，试图保护其结构。为了生存，很多女性只能试着适应，并将自己男性化。

评价体系鸿沟：业绩 VS. 潜力

即便是能力平庸的男性，他们也比女性更容易晋升。原因可能像研究报告显示的那样。2012 年，麦肯锡的一项研究显示，人们会根据过去的业绩或表现评价女性，而在评价男性时则看重其潜力。对此，《哈佛商业评论》一针见血地指出，"我们生活在一个自我的时代……名声等同于成功，自我推销已成为常态。（吹嘘）和大男子主义作风经常被误认为是能力和效率"。

女性通常更温和谦逊，即便她们的表现更好，也很可能出局，因为适用于男性的行为规范并不适用于她们。在当前社会环境下，野心并没有被视为女性的资本或优点，因为它意味着侵略，这是男士专用。因此，争强好胜的女性往往会得到负面评判，她们被认为缺乏人情味。金钱文化（钱能产出更多的钱和权）加剧了社会失衡，因为铁腕无情往往受到嘉奖。因此，强大的女性倾向于努力工作，以展示她们是通过自己的能力取得成绩，而非利用女性魅力。

此外，有研究表明，男性更倾向于从事幕前工作，而女性则更多在幕后默默无闻地付出，做耗时的管理任务，却得不到太多认可。同时，人们倾向于求助女性，因为请男性帮忙往往要求回报。我亲历以及亲眼目睹过女性被边缘化，出席会议的女性经常被打断或忽略；而十分钟后，当男性说出同样的话时，他会得到掌声和赞许。女性担心话太多会造成消极影响，这种担心是有理由的。如果男性滔滔不绝，通常也会得到正面评价，但是换做女性，她们得到的评价就不会如此正面了。

男职员与其老板的关系也往往更直接、更亲近。如果男性做了与女性同样的工作受到好评，上级往往会很自然地相信他。还有"男性说教"（Mansplaining）现象，指男性会以居高临下的方式向女性解释一件事情。这种事在我身上经常发生，虽然被"教导"让人感到耻辱，但除了忍耐，好像没有别的选择。"男性说教"的经典例子是杰米·戴蒙对参议员伊丽莎白·沃伦（Elizabeth Warren）的专业知识评头论足："我不知道她是不是真的懂全球银行体系。"殊不知，伊丽莎白曾是哈佛大学法学教授，是消费者金融保护局的缔造者，在金融危机期间，她还是美国政府监督机构主导的问题资产救助计划的主要负责人。

长久以来，态度和察觉能力的差异是导致男女收入差距的主要原因。这种差异在最高级别岗位还不太明显，但在其他层级上，即使女性的教育程度更高，取得的成就更多，她们的平均收入也比男性低 20%。产生收入差距的另一个原因是主动性的差异。男性习惯于推销自己，女性则通常不愿意谈判。然而，当女性主动要求加薪时，常常会得到惩罚，久而久之就挫伤了她们的积极性。一直以来，社会对女性的刻板要求仍然是，女性应该善良、体贴、善解人意、关心他人，否则就会被视为咄咄逼人。FaceBook 首席运营官谢丽尔·桑德伯格（Sheryl Sandberg）呼吁女性要拥有特别的个人责任，要"向前一步"，显然她说得很有道理。当然，在系统可以自我弥补、更加进步之前，公共政策和机构也必须从根本上改变刻板偏见。

这种主动性的差距是根深蒂固的，即使在 CEO 级别也存在：2014 年，微软 CEO 萨提亚·纳德拉（Satya Nadella）表示，不要求升职加薪的女性给她们自己种下了"善因"。他会更信任这些女性，对她们委以重任。换言之，如果女性要求加薪，就很难获得信任。这种说法可能令人震惊，但纳德拉只不过是直言不讳地说出了许多高管心里的真实想法。女性经常会采取自我克制的行为，不会公开表达自己的想法。由于这种区别对待，以及她们坎坷的晋升道路，她们通常信心不足。一旦成功，许多人会觉得她们只不过是运气好，或者更糟——认为她们是滥竽充数，而不是凭真才实学，可男人往往把自己的成功归因于特殊能力。

失败差异：升职是"温柔的陷阱"

只有在一个领域中，女性才会受青睐：当金融机构或公司必须裁员时，通常会"女士优先"。尽管女性往往是经济低迷时期第一批遭遇冲击的人，但往往会披着升职的外衣，这犹如一个诅咒和失败的圈套。来自埃克塞特大学的心理学副教授米歇尔·瑞安（Michelle Ryan）创造了"玻璃悬崖"一词，用来描述女性在危机时期获得晋升的现象。在危险时期，获得危险的领导职位，几乎是必定失败的结局。克里斯蒂娜·拉加德对此有切身体验：她临危受命，成为世界上最大的律师事务所贝克·麦肯思国际律师事务所（Baker

McKenzie）的第一位女总裁。当时，律所正处于混乱时期，而她还在多米尼克·斯特劳斯－卡恩因性丑闻辞职后，被推选为 IMF 掌门。她认为，女性往往容易在形势打乱之时被推出去收拾残局。

一些激进的男性投资家有攻击女性领导的公司的习惯。在这些男性的潜意识里，会认为女性是软弱的目标，反击的可能性较小。研究表明，女性 CEO 通常被视为能力不及她们的男性同行，由女性领导的上市公司的股票也被认为缺乏投资吸引力。

职业指导差距：错失指导

男性通常比女性更有幸得到其他男性前辈的指导。他们会在打高尔夫球、看比赛或一起用餐时跟老板攀谈。摩根大通前 CIO 艾娜·德鲁（Ina Drew）是银行业职位很高且任职高管时间最长的女性之一。针对这一现象，她解释说，女性高管的缺乏部分原因是她们缺乏职业指导。"如果女性无法摆脱在现有职位上碌碌无为、缺乏晋升潜力的局面，并且长期被男性强势压制，那么，职业中的性别差异将长期存在。"

谢丽尔·桑德伯格道出了其中的原因：职业指导通常根据同质性规则。男性倾向于支持年轻男性，这样他们会更自在。因为害怕流言蜚语，他们会避免指导年轻女性。男性主管可以在下班后与男同事小酌一杯，但如果与女同事做这样的事，就会被认为是约会。几年前，在一个正式活动上，我坐在主桌，身旁是一家著名国际金融公司的 CEO。他在多喝了几杯之后脱口而出："我的上帝，你太聪明了，但如果我聘请你，大家都会认为我们之间有一腿。"

性别歧视：华尔街上空的乌云

除了职业和工资歧视外，以貌取人也比人们想象得要普遍。与男性相比，她们必须在外表上有更多的考量和拿捏。拥有外表吸引力是有利的，但美貌也可能招来麻烦。因此，她们必须保持端庄的发型、化淡妆。衣服不能太紧身、低胸或太短。为了看上去更有气场，也为了行动更方便，有些女性会穿宽松的衣服、戴眼镜，或戴着已婚戒指，虽然她们可能还没结婚。曾经有一位人力资源专业人士问我，以后是否能不要把头发颜色染得那么深。她叹了口气，说道："发色浅一些，看上去会更好。"在男性主导、高度同质化的世界中，女性总是被人用外貌来评判，而男性则不会。

这种规则如果内化于心，只会使歧视显得更微妙和难以对抗。《金融时报》的一项调查显示，在基金管理公司的女职员中，有50%的人遭遇了办公室性骚扰或性别歧视。其中有54%的受访女性说她们在工作场所遇到"不当"行为。公开自己遭遇的事情通常是禁忌，因为可能会遭到人身攻击，并有搬弄是非的嫌疑，非常有损人品。同时，"受害者"身份完全是职业杀手。一旦女人承认遭遇过性骚扰，就很难摆脱"受害者"的形象，这会破坏其魄力，给人软弱无能的感觉。一旦如此，她们几乎不可能获得高层领导职位。

最近，高盛深陷一场官司，被指控歧视女性员工。它的大男子主义文化把女性边缘化，而男性则可获得优惠、高薪和无限的晋升机会。许多金融机构愿意花数百万美元摆平官司，以避免在审判过程中被揭发出更多的不公正事件，比如同工不同酬、赏罚不公等。

女性高管布莱斯·马斯特斯（Blythe Masters）在摩根大通正式

宣布以将近 30 亿美元的价格出售她负责的全球大宗商品销售部门后，正式结束了 27 年职业生涯。她曾是摩根大通投资银行的 CEO，当 2008 年金融危机爆发时，她成为公众指责的对象，部分原因可能在于她能力出众，太过锋芒毕露，是难得的能力与魅力兼备的女性。当代的职场生态环境令人沮丧，恐怕还无法让女性相信，受过良好教育、能力出众的她们一定会获得职业上的认可。

韧性鸿沟：男强女弱

保守的金融家认为，缺乏女性高管是因为女性一旦成为母亲，重心就会转移。对冲基金大亨保罗·都铎·琼斯曾说，生完孩子、离过婚的女性基本没有竞争力："你永远不可能看到，伟大的女性投资者或交易者会跟男性一样多。就是这样……只要宝宝的嘴唇触碰女人的胸部，就别再对女性抱任何指望了。"琼斯因为这番话被迫公开道歉，不过，他仍然希望在各种场合发表这种男性中心主义的不当言论，他曾在会议上说："我们急需'一个万能的医生'来治疗央行的阳痿。"

有人认为，女性在生理和心理上无法承受高管级别职位必然要面对的高压。有些人在看到晋升概率太低时，的确会选择离开这个对抗、竞争的领域而另谋出路。她们可能会选择加入小公司，而不是转行或者创业，这样她们就能实实在在拼实力，不用受男性上司的压迫。

近期，桑德伯格等人公开呼吁，女性应该在职场勇敢争取自己的利益，包括升迁和加薪。然而，金融领域似乎还没有知名女性发出类似声明。相反，这个领域的女性正在遭受"超级枢纽悖论"。她们做了很多努力，但并没有拥有金融超级人脉。许多真正有勇气公开表达的高层女性，比如普林斯顿大学伍德罗·威尔逊公共与国际事务学院院长安妮－玛丽·斯劳特（Anne-Marie Slaughter）和百事可乐 CEO 卢英德（Indra Nooyi），她们相信女性能"假装拥有一切"，但同时指出，在没有外人帮助的情况下，女性要平衡工作和家庭几乎是不可能的。在金融领域，工作与生活更难平衡：常年无休，经常出差。哈佛大学的研究人员称，女性因提早下班而受到的非议比男性多。同事们很可能认为她们是去接孩子，而男性早退则会被人认为是去见客户。不管女性在照看孩子、照料家务方面是否付出更多，社会仍然普遍认为她们就应该成为家庭主妇，这就是出差的工作通常都交给男人做的原因。这种机会的不平等分配，可能有助于解释女性为何比男性获得更少的晋升机会。

在雷曼兄弟垮台时，其 CFO 埃琳·卡伦（Erin Callan）那番无奈沮丧的话语至今令人难忘。她在接受《纽约时报》采访时说，她的界线就这样一点点溜走了，直到无法收场，她不希望任何人再经历这样的事。

华尔街有传闻说，雷曼兄弟 CEO 迪克·富尔德之所以提拔她当 CFO，是因为她在这个领域没有经验，因此更容易被控制。她后来回忆道，那段时间她被夹在 CEO 富尔德和总裁乔·格雷戈利（Joe Gregory）之间左右为难。《华尔街日报》的资料显示，她喜欢昂贵的名牌服装，还聘请了奢侈品店波道夫·古德曼（Bergdorf Goodman）私人购物顾问，但这一切都无法帮助她。作为一家主要银行的 CFO，尤其是即将破产的银行，她难以挽回其颓势。

弥合鸿沟：女性"超级枢纽"克里斯蒂娜·拉加德

IMF 总裁克里斯蒂娜·拉加德是为数不多冲破社会藩篱的女性，她的职业生涯漫长且蓬勃，一步步问鼎国际金融的权力之巅。

纽约，9 月，一个微风和煦的晚上，一列豪华轿车在中央公园广场酒店停下，国际政策制定者、商业及金融界大亨纷纷下车。外国政要、跨国公司 CEO、国际贵宾穿着礼服，在保安的护送下进入豪华宴会厅，参加大西洋理事会全球公民奖晚宴。大西洋理事会致力于加强跨大西洋各国关系，在一年一度的颁奖礼上，奖励应对当代挑战的领导人。理事会总裁兼 CEO 弗雷德·肯普（Fred Kempe）将与会者描述为"最有影响力的群体"。当天晚上，获奖者之一就是克里斯蒂娜·拉加德。她身材高挑纤瘦，穿着优雅的红色晚礼服，大方从容地与客人们谈笑风生。WEF 创始人兼董事长施瓦布宣布她获奖后，她用迷人的演讲征服了在场观众。第二天她就赶往华盛顿，主持 IMF 的年度会议。

拉加德出身平凡，很难想象她竟然在职场取得了异乎寻常的成就。1956 年，她出生在法国一个中产阶级家庭，在诺曼底长大。她父亲是位大学教授，在她 17 岁时不幸去世，身为老师的母亲独自把拉加德和她的三个兄弟抚养成人。拉加德成绩优异，还加入了国家花样游泳队，她曾说，她在花样游泳队学会了"屏住呼吸"和"团队协作"。在拉加德用奖学金在美国留学一年后，又回到巴黎继续上法学院。她曾两次申请国家行政学院（École nationale d'administration）——法国一所培养职业官僚的学校，但每次都被拒绝。当在法国最著名的律师事务所应聘第一份工作时，她被告知，

IMF 总裁拉加德（下图左四）与参加世界经济论坛年会的女性领导者。

事务所很愿意录用她，但她永远无法成为合伙人，因为她是女性。

之后，她加入贝克·麦肯思国际律师事务所，1999 年，拉加德成为该公司第一位女性总裁。随后，她进入法国政府任职，先后任贸易部部长和农业部部长。在 2008 年金融危机期间，她成为法国总统萨科齐旗下首位，同时也是 G7 国家中首位女性财政部部长。IMF总裁多米尼克·斯特劳斯－卡恩身陷性丑闻后，拉加德在经过一系列激烈和紧张的面试后，彻底打动 24 位最大成员国的面试官，成为IMF 总裁。

拉加德推翻了同质性法则，因为她与身边男性主导的职业环境完全不同。IMF董事会成员，大多数央行行长和财政部部长都是男性。尽管拉加德家庭背景一般，也没有法国精英院校的教育背景，但仍能脱颖而出。法国民族主义者认为她是标准的美国人，因为她在美国工作多年，英语流利，还有盎格鲁－撒克逊的处事态度。拉加德总是处于职业状态，不管面对何种情况，她都优雅从容，侃侃而谈。她总是精力充沛，仿佛她的世界里没有压力和时差。除此之外，更重要的是她非凡的性格、外貌和风度，这些都让她在男权社会中显得与众不同。

在攀爬职业高峰之时，许多女性选择了收敛自己的个性，融入男性主导的世界，而拉加德却显得独树一帜，依然保持着女性魅力，这需要很大的自信和勇气。这让她多次登上各大媒体头条，其时尚品位征服了无数人，被《名利场》等时尚杂志列为典范。普利策奖获奖作家利雅卡特·艾哈迈德利（Liaquat Ahamed）在他的书《IMF纪行》（*On Tour with the IMF*）中称赞拉加德风趣迷人；《金融时报》的吉莲·邬蒂（Gillian Tett）赞美她的衣橱尽显优雅。即使是最严肃的《卫报》也忍不住发问："这是世界上最性感的女人吗？"《福布斯》杂志则评论道，拉加德用她的风格在西装革履的世界中树立了个性和权威，这也彰显了她的自信和魄力。时尚博客称她为时尚偶像，其他人则赞美她向世人证明了女性可以既时尚又有能力。然而，她昂贵的香奈儿套装、价值连城的珠宝和爱马仕包，也促使评论家指责她在经济紧缩时还不知节制，四处炫耀她的财富和地位。

直到今天，即使拉加德已经身居高位，她也必须忍受男性的傲慢和自以为是。当她正确地指出，欧洲银行迫切需要资本时，法国央行行长克里斯蒂安·诺亚（Christian Noyer）回答道："坦率地说，我不明白她在说什么。"言外之意是指责拉加德根本不知道自己在说什么。法国财政部前部长洛朗·法比尤斯（Laurent Fabius）在谈到她能否得到 IMF 的工作机会时，意味深长地说道："她会得到的。她是个优雅的女人。"言外之意是：她不够格。当拉加德面对这样的怠慢和侮辱时，她总是选择忍耐，然后用幽默化解。我不知道有多少男性经济学家和银行家会对此评头论足，不论她是个多么有成就的女性。2016 年，她力排众议，作为唯一的 IMF 总裁候选人全票连任，开始第二个 5 年任期。

拉加德经常哀叹金融领域缺乏女性，并希望人们能意识到这个问题，这使她在 IMF 内部招致非议。批评者认为这会使她分散注意力，而不去关注更为紧迫的问题。拉加德认为，"单一性别主导的环境存在缺陷，尤其在金融领域，女性太少了。男人倾向于展示他们的胸肌，与坐在他们旁边的人一较高下。坦率地说，我觉得房间里不应该有那么多雄性荷尔蒙"。她还警告说，女人不可能拥有一切，人们应该直面失败。她也承认，平衡好事业与家庭很困难。

　　拉加德在私营企业和公共部门间的大幅跨越，以指数级扩大了她的全球人脉网。我很希望能从她火箭式上升的职业生涯中学到一些经验教训，不只是接受良好的教育、有毅力、忠于自己，因为许多其他女性同样具备这一切，却没能取得如此巨大的成功。她确实有独特的品格，而且具有超高的社会智力和韧性，但我也觉得她的成功是万事俱备的结果。一旦她洞察到上升通道，就有能力和运气把握住这种积极势头。

　　我必须说，我并不乐观地认为女性的地位将会有明显好转。但有足够的证据在证明，如果性别、背景、经历、想法和观点能更加多样化，将会产生更丰厚的商业利润。通过打破男性小集团思维、抵制过度冒险，女性的介入将使系统更加平衡和稳定。

　　本章探讨了金融领域最高层女性缺乏的原因。在讨论性别、收入和机会差异时，我们还集中讨论了人脉网的差距：女性在很大程度上被排除在男性网络之外，也没有属于她们自己的网络，且在职业上缺乏前辈指导。克里斯蒂娜·拉加德是罕见的例外，可能是因为她在公共和私营部门的职业经历帮助她扩充了人脉网。在第 10 章中，我们将更仔细地探讨金融、企业和政治领域之间的紧密联系，正是这一切为"超级枢纽"提供了巨大的力量。

CHAPTER X

Revolving

Superhubs

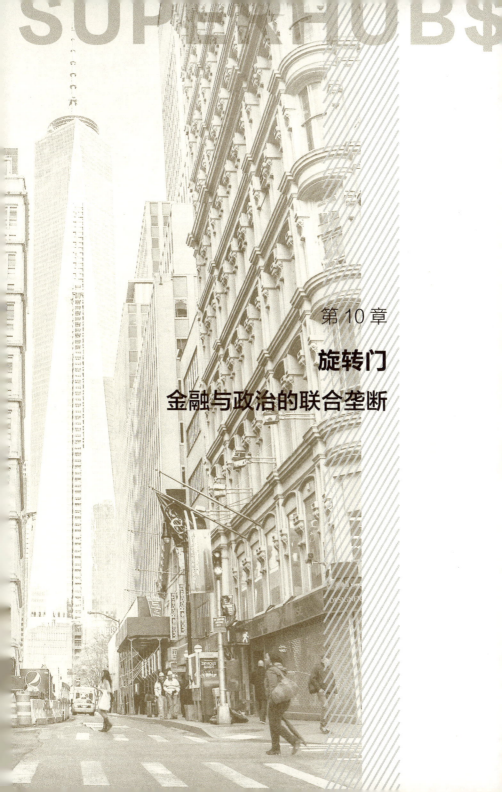

第 10 章

旋转门

金融与政治的联合垄断

金融与政治的关系错综复杂，穿梭于"旋转门"的"超级枢纽"是否模糊了监管的边界，又将谁置于风险的边缘？

金融网络与其他网络交互时，会产生神奇的聚合效应。以金融和政治这两个领域为例，当这两个网络通过人际关系紧密交织时，便可以经由"旋转门"、游说和竞选资助等方式得到巩固。金融机构的CEO们有金融实力和财力，而政客们有监管的权力。金融公司为政客提供资金赞助，代表两者之间已达成共同利益。这样的"互联"或者说"共谋"会引发各种问题，我们将在本章对此进行深度探究。

相互绑定，相互劫持

一个问题是金融和政治领域之间的共生关系构成了高风险的"关系俘虏"。该词反映了这样一种现象：人类本能地试图通过合作和调解建立积极的工作环境。从本质上讲，关系俘虏是斯德哥尔摩综合征的修正版：在进行了一定程度的互动后，人们变得高度依赖，最终变得不可分离。虽然公共和私营部门的领导者应该保持适当的距离，但他们彼此间都有利用价值——政治和监管方面的影响力通常可以作为筹码，用于交换薪资优厚的工作和竞选捐款。研究表明，经过短期互动，就会出现关系俘虏的现象。单纯的关系俘虏会发展成"认知俘虏"——当监管者与被监管者联系密切时，他们会开始从对方的角度看待问题。若认知俘虏继续发展，会转变成"监管俘虏"，监管者会被他们本该进行监管的金融机构控制。

另一个问题是权力过度集中，它会通过系统性力量不断增强。现实的情况往往是：市场效率提升，进而规模扩大，最终导致聚集经济——政治权力也相应集中。

克林顿夫妇完美印证了公共部门和金融行业的共生关系。希拉里·克林顿在国务院任职期间认识到，美国的全球领导力与其经济实力密不可分，于是她把经济因素列入制定外交政策时的重要参考指标做通盘考量，还特别设立了首席经济学家办公室。金融公司为克林顿夫妇捐献了大量竞选资金，并向他们支付了数百万美元的演讲出场费，还积极为"克林顿全球倡议"捐赠资金。

这种公私不分的情况，导致外界频繁诟病穿行其中的利益冲突。公共部门和私营部门领导者的私人和职业生活经常会在各种社交场合重叠，包括各种专业会议和筹款活动等。

对政客而言，金融监管等问题就是一把特殊的双刃剑。金融业把"赌注"同时押在民主党和共和党两边，而像希拉里这样的政治风云人物必须小心翼翼地行走在"钢丝"上，一边迎合选民，一边"安抚"她在银行业的赞助人。

旋转门的变现力

前文提到，"旋转门"指个人在公共部门和私人部门之间双向转换角色、穿梭交叉为利益集团牟利的机制。穿行其中的人们由此编织了一张紧密的人脉关系网。正如比尔·莫耶斯(Bill Moyers)[1]所说："政府部门的公务员和私营部门的大亨之间有一扇旋转门，这成为一股不可抗拒的力量，把政客和金融高管绑在一起。"这种行业交流会造成冲突和问题，但这同时也是成为"超级枢纽"的捷径。跨越私营部门和公共部门的关系可促进信息传播，影响两个部门的思维方式。公共官员在某些问题上会参考私营部门的意见；此外，他们可能会把这种人情积攒起来，等到卸任后在金融行业获得一份有利可图的工作。虽然公共部门的薪水也很可观，但与金融领域的盈利潜力不能相提并论。例如，2013 年，本·伯南克担任美联储主席时，年薪约 20 万美元。离开美联储后不久，他在巡回演讲中每小时的最低收费为 12.5 万美元。

在公共和私营两个部门之间跨越的金融行业高管和高级官员有很多，我只能在此试举几例：美国财政部前部长蒂莫西·盖特纳加盟私人股本公司华平投资集团（Warburg Pincus）；美国财政部前部长拉里·萨默斯曾是华尔街赫赫有名的高薪顾问，后来成为奥巴马政府的国家经济委员会主席，之后又返回华尔街重操旧业；亨利·保尔森在担任布什政府的财政部部长前，曾是高盛 CEO。在克林顿政府时期担任经济顾问，之后又任奥巴马政府时期国会预算办公室主

---

[1]美国哥伦比亚广播公司记者，曾任美国第 36 任总统林登·约翰逊的新闻秘书。1970 年步入电视业，致力于把当代杰出思想家带入电视荧幕。——译者注

任的彼得·奥斯泽格（Peter Orszag）结束公职后，先后担任花旗集团和拉扎德公司（Lazard Freres）的高管。曾在克林顿政府担任财政部部长的戴维·利普顿（David Lipton），后来进入花旗银行全球风险管理部门担任高管，之后又成为奥巴马总统的特别助理以及 IMF 副总裁。曾任克林顿政府商务部部长的威廉·戴利（William Daley）成为摩根大通全球政府关系主管后，又重返白宫任奥巴马总统的幕僚长。

来回摆动的"超级枢纽"：罗伯特·鲁宾

在说到"旋转门"时，如果不提及罗伯特·鲁宾，就不够完整。但是从哪里开始呢？从他在高盛时开始说起，还是从他成为克林顿政府的财政部部长说起？或者从他在 2008 年金融危机期间担任花旗集团董事会主席兼高级顾问谈起，又或者从他成为奥巴马总统非官方的"人力资源部长"说起，还是从他担任对外关系委员会副主席作为话题的开端？

鲁宾在公共和私营部门担任过的高级职位数不胜数，几乎没有人能超过他。他是名副其实的"超级枢纽"，位于众多高质量网络的中心，涉及各大领域：金融、政治、商业和学术界。

鲁宾无处不在，无所不能，拥有巨大的能量以及微妙的影响力。从表面上看，他并非典型的金融家，但实则流淌着金融家的血液。鲁宾为人低调，看起来慈祥冷静，像极了充满学究气的教授。他满头整齐的银发，身材精干、眼神敏锐，看上去比实际要年轻。他举止低调、虚怀若谷，为人正派、德高望重。在这个被喧嚣和浮华主导的世界，鲁宾流露出一份难得的平静和安宁。他以自我克制闻名，总给人以超然于是非之外的感觉。

从哈佛大学获得本科学位后，鲁宾进入伦敦商学院，此后又进入耶鲁大学法学院深造。他在美国著名的佳利律师事务所（Cleary Gottlieb）开始了自己的职业生涯，并在那第一次接触到套利交易。几年之后，他进入高盛担任风险套利交易员。套利者利用市场价格差异获利，通常需要合法地获取信息，信息来源主要是握有相关信息的熟人，如律师、会计师和其他金融专业人士。鲁宾凭借自己建立人脉的天赋，在高盛广阔的平台上发展得如日中天，也得到了更多获取信息的渠道。他既博学多才又善于交际，几乎每次套利都能成功。同时，鲁宾擅长快速决策，这为高盛和他本人都赢得了大量财富。很快，他荣升为高盛的联合主席。

1993 年，鲁宾的职业生涯发生了巨大变化：进入公共部门任职，成为国家经济委员会主任。这是克林顿总统为他量身打造的职位。鲁宾负责经济政策的制定和实施，他的影响力很大，因为克林顿并非经济专家，所以很倚重他的建议，并称赞他是继亚历山大·汉密尔顿（Alexander Hamilton）后最受人尊敬的美国财政部部长。两年后，鲁宾成为美国第 70 任财政部部长。他以"鲁宾经济学"闻名于世，其宗旨是通过增税和削减开支实现预算平衡。鲁宾还主持废除了《格拉斯－斯蒂格尔法案》（Glass-Steagall Act），根据该法案，投行与商业银行业务实行分离，而该法案的废除被视为导致金融危机的主要原因之一。

花旗集团的缔造者桑迪·威尔担心，鲁宾离开白宫后，一旦成为竞争对手就会后患无穷，于是抢先一步向他伸出了橄榄枝，并给出了非常具体的报酬——1500 万美元的年薪，但工作职责很模糊。

最后，鲁宾负责制定策略，这实际上是有权无责的肥缺。实际上，他相当于花旗集团的品牌大使，负责吸引高层客户，这些客户通常很想与美国财政部前部长交流。由于他在华府的强大人脉，鲁宾还兼任"首席说客"，拥有这样的背景，他可以叩开任何一扇门，获取宝贵的信息，代表银行的利益与客户和监管机构谈判。

在某种程度上，身份和访问权的无形效益难以衡量，但它们肯定会带来一些效果。例如，鲁宾通过此前在高盛建立的人脉关系，把高利润收购墨西哥国家银行的机会介绍给了花旗银行。此外，他还在 2008 年金融危机期间担任花旗的军师，并通过他与前高盛人，后成为财政部部长的亨利·保尔森的关系以及其他人脉努力保持花旗银行的稳定。不幸的是，纵然有鲁宾这样的强人，花旗银行仍然没有逃脱走向崩溃的命运，最终不得不要求纳税人资助 450 亿美元作为救援资金。反观整个过程，仿佛并没有那么理想，尤其是在鲁宾担任公职的最后阶段，也就是加入花旗之前，积极致力于废除《格拉斯－斯蒂格尔法案》的时期。

花旗银行是商业银行和投资银行的合体，如果《格拉斯－斯蒂格尔法案》不废除，花旗银行就无法存在。然而，花旗银行的失败并没有留下持久的影响，鲁宾的声誉和职业前景也没有受损。

鲁宾的下一个尝试是重返公共部门。长期以来，他是民主党的坚定支持者，积极支持奥巴马竞选。奥巴马当选后，任命他加入过渡时期经济顾问委员会。鲁宾在很多关键职位都安插了自己人，这一切都是顺理成章之事。其中由鲁宾的得意门生蒂莫西·盖特纳出任财政部部长；他的好友拉里·萨默斯出任国家经济委员会主任；他的助手彼得·奥斯泽格担任国会预算办公室主任。联邦存款保险公司前主席希拉·贝尔称这些人是"不折不扣的罗伯特·鲁宾财政部"。贝尔回忆说,她"不理解"一位要收拾金融危机烂摊子,以"变革"为口号参加竞选的人怎么能重用导致金融危机的财长。

至此,鲁宾已把自己塑造成一个公共知识分子,他担任外交关系委员会联合主席之职,是布鲁金斯学会汉密尔顿项目的合伙创始人,致力于经济增长政策研究。鲁宾拥有的巨额财富、权力和人脉网让我忍不住发问:究竟是什么神奇的秘诀使他能够一步步抵达系统的权力巅峰,且看起来毫不费力?他同金融领域中的多数人一样,拥有财力、能力和信誉。但究竟是什么使他脱颖而出?

首先值得注意的是,鲁宾构建了自己的知识结构(我曾在第 4 章对此进行探讨);其次,他善于建立关系。他把自己放置在网络中央,链接了各种路径,如高盛、白宫、哈佛等机构。在一次采访中,他说自己回到花旗银行的原因是为了回到中心。他每走一步,都会提高其声誉和地位,并通过与其他"超级枢纽"交换人脉和信息,增加交易资本。通过跨界担任不同职务,他以指数级的速度优化自己的网络。鲁宾在一次采访中表示,在花旗工作将使他保持与时代接轨,能更容易掌握公共政策脉动。

鲁宾的个人禀赋仿佛注定了他就是"超级枢纽"的理想人选。可以说,他是情商极高的金融家之一。他的内省和自我意识,促使他从底层交易员一步步成为世界知名 CEO 和政治家。与那些咄咄逼人的同行不同,鲁宾谦逊低调,容易让人放松戒备。他慷慨地向他人无偿提供建议,愿意在他人需要帮助时伸出援手。鲁宾在职业生涯中一直致力于建立惠及所有人的、具有包容性的社会和经济。克林顿表示,鲁宾在起草经济政策时,经常会损及自己的利益。他也一直积极参与慈善活动，为贫困群体的利益四处奔忙。他真的在那么无私地推进自己的职业生涯吗？如果鲁宾真的那么无私，那么利他主义，又如何解释花旗在生死关头需要公共救助之时，他还拿着巨额高薪的事实？利己主义和利他主义同时在他身上体现，到底是悖论还是完美的逻辑？

个人利益和公众利益什么时候会一致，什么时候又有冲突？在什么情况下，自私自利会转向不道德行为？我们至少可以认为，一位一生都如此热切从事金融工作，而且如此成功的人，应该会在意金钱，不过鲁宾对他自己的评价是：合理有度的商人。

在鲁宾的批评者看来，"旋转门"本身就漏洞百出，所以他在公共和私营部门间来回穿梭是错误的。他的辩护者认为，将知识运用于不同部门，有利于各个机构的相互沟通了解，但这并不能否定一个事实，即跨界工作会使个人利益得到成倍增长。鲁宾在名誉管理方面也非常有天赋。他很少树敌，与媒体保持着良好的关系，遭遇的公关危机相对较少。

像大多数高管一样，鲁宾不知疲倦地拓展人脉和影响力。他把亲信和追随者都安插在关键职位上，确保及时获取信息，积攒政治资本，从而巩固自己的地位。在布鲁金斯学会的支持下，鲁宾开创了新网络——汉密尔顿项目，保证有影响力的人都以他为中心，聚集在他周围。

在外交关系委员会，他要掌管多个网络，涉及各行各业，执行不同任务。在高盛任职期间，当许多年轻员工离开公司去创业时，鲁宾会为他们提供赞助。如今，当年那些年轻人已有不少出人头地，掌管着世界上最大和最成功的对冲基金，如奥氏资本（Och-Ziff）的丹·奥赫（Dan Och）、泰康利资本（Taconic Capital）的弗兰克·布罗森斯（Frank Brosens）以及佩里资本（Perry Capital）的理查德·派瑞（Richard Perry）等人，不难想见，这些人对罗宾绝对忠诚。鲁宾的资本网络以深不可测的维度调动金融界的力量。在争取政治力量的时候，这种金融界的强大访问权是最强有力的武器。

打开所有机会之门：托尼·布莱尔

英国前首相托尼·布莱尔把"旋转门"策略演绎到了新高度。这位魅力十足的政治家，在经历了从政治家转身为企业家后，又成功地成为了一名金融家。过去几年中，在达沃斯论坛期间，他一直是摩根大通鸡尾酒会的标配。他可以站在迎宾队列，整整三小时，不知疲倦地与成百上千名摩根大通的顶级客户握手。他热情地对待每位客户，耐心微笑着与大家合影。他头上的首相光环从未褪去，依旧闪闪发光，他的地位与众不同，权力比以往任何时候都更强大。

在离开公共部门后，布莱尔成立了一家商业咨询公司托尼·布莱尔公司（Tony Blair Associates），他用自己广阔的国际人脉为政府提供咨询，帮助客户在谈判中斡旋，在他们面前打开一扇扇机会之门，并为有钱的投资者和有权的政府官员牵线搭桥。作为摩根大通顾问委员会主席，他总是在各大公司的活动现场和会议现场，就各类国际事务提供建议。据悉，布莱尔的年薪为 300 万美元。他还在与沙特王室有关的沙特石油公司（Petro Saudi）持有股份，每月有 6.6 万美元的分红，可以在努力促成的每笔交易里额外收取 2% 的抽成。他还为苏黎世保险公司做顾问，年薪高达 75 万美元。

此外，他还为阿布扎比酋长国的主权财富基金提供建议，哈萨克斯坦总统努尔苏丹·纳扎尔巴耶夫（Nursultan Nazarbayev）和卢旺达总统保罗·卡加梅(Paul Kagame)都请他当经济顾问。他与中国、科威特、阿塞拜疆、蒙古、塞拉利昂、利比里亚、莫桑比克和东帝汶等国家和地区有商业往来。他曾用三个小时，就促成了全球规模最大的大宗商品交易商嘉能可（Glencore）与位列全球第五的矿业公司超达（Xstrata）的"联姻"，在此次价值高达660亿美元的并购中，布莱尔赚取了100万美元。布莱尔还是一位非常受欢迎的演讲者，他每场演讲的平均出场费为20万美元。有媒体曾这样形容他：布莱尔一年的飞行里程足以把他送到月球。

除了提供咨询服务，布莱尔的公司还获得了英国金融服务管理局的许可，允许其向客户提供金融投资建议或直接进行投资。据彭博社估计，2007—2013年，布莱尔的生意产值至少达到了9000万美元。这个数字并不能完全反映他的实际收入，因为布莱尔有许多活动并未公开。布莱尔卸任英国首相后，直到2015年上半年，一直担任四方集团（Diplomatic Quartet）中东外交特使，该组织由欧盟、联合国、俄罗斯和美国组成，旨在促进中东地区和平。尽管和平尚未到来，但该职务仍进一步巩固了布莱尔的地位，他可以借机进入阿拉伯国家的精英世界。

布莱尔表示，他用公司大量的流动资金去做慈善工作。他的慈善事业主要集中在促进宗教宽容和建立开放的、基于规则的经济体方面。布莱尔的公司和基金结构复杂而神秘，他因此常被媒体批评，也招致了英国公众的不满。一些人谴责他在各种营利性和非营利性部门的中立立场会引发利益冲突，还有人指控他与独裁政权来往甚密。对此，布莱尔反驳道，他与这些政权接触，是为了促进政治改革，同时表示，渐进式改进比没有任何进展要好。一些边缘国家受惠于布莱尔为它们带去的体面的人脉关系，同时，它们是很有吸引力的客户，财力雄厚，拥有巨大的增长潜力。于是，人脉巧妙地转化成了商机。

尽管赚得盆满钵满，但布莱尔渴望的似乎并不是金钱，更吸引他的是公众认可，以及在各领域都拥有一席之地。带着这种驱动力，他马不停蹄地奔忙，最终建立了一个属于自己的 VVIP 精英人脉网。

交叉链接：危机中的建设性合作

国际政策制定者和金融"超级枢纽"们的紧密网络，其广度和深度会在金融危机时刻体现得尤为清晰。当金融体系濒临崩溃时，他们开始进行前所未有的相互协调，以做出紧急响应。尽管这些努力的合法性、公平性以及有效性备受质疑，但有一点是无可争议的，如果领导者没有采取非常规措施，全球金融体系很可能会彻底崩溃，造成无法估量的后果。

在那一特殊时期，发生在幕后的事情都需要保密，以避免市场恐慌，引发银行挤兑。不过，在雷曼兄弟破产多年后，许多曾积极参与危机应对的官员后来都著书立说，揭开了当时发生的事。本·伯南克、亨利·保尔森、蒂莫西·盖特纳和希拉·贝尔等人都通过著书讲述自己亲历危机的秘密往事。他们的论述都有一个共同的主题：面对单凭个人力量无法解决的问题时，人际关系的作用非常重要。例如，亨利·保尔森在《峭壁边缘》（*On the Brink*）一书中，反复强调深度人脉关系的重要性，这观点同样反映在安德鲁·罗斯·索尔金（Andrew

Ross Sorkin) 所著的书《大而不倒》（*Too Big to Fail*）中。

虽然亨利·保尔森看起来高高在上、不近人情，但实际上他是一名交际高手。在担任财政部部长之前，他是高盛 CEO，与世界各地的领导人都建立了关系，尤其是与中国精英。据说，他在中国的人脉关系比美国政府中的其他官员都要强，这在后来爆发的金融危机期间成为一份重要资产。

成为财政部部长后，他努力与当时的国务卿赖斯加强关系。在此之前，保尔森曾在赖斯的仕途之路上助她一臂之力。他在上任后第二天，就邀请赖斯共进午餐。赖斯向他透露，与小布什总统拉近关系的最好方式是与他独处。当时，保尔森对小布什了解不多，但他已经明白，直接接触总统至关重要。在他看来，任何谈判都毫无意义，除非他能够获得总统的信任。

保尔森继续与他在华尔街工作时认识的金融高管保持密切联系，在金融危机期间，他从与金融界的合作中，获得了前方传来的第一手信息。此外，他还努力与共和党和民主党的政客发展关系。他应用在华尔街工作时形成的心态，把 535 名国会议员都当成"客户"，并用商业时代形成的职业习惯，热情地对待每位议员。

保尔森成功通过问题资产救助计划 (Troubled Asset Relief Program, 简称 TARP)，展示了他的情商和社交技巧。问题资产救助计划极具争议性，因此，很难说服国会支持。就在投票之前，他甚至单膝跪地恳求当时的美国众议院院长南希·佩洛西（Nancy Pelosi）不要阻止这项计划。佩洛西女士挖苦地回应道："我不知道原来你是天主教徒。"整个危机期间，保尔森、盖特纳和伯南克形成了铁三角，阻止了美国金融系统，甚至是全球金融体系坠入悬崖，陷入万劫不复的境地。

钱可以买到最好的民主

要想进入网络并产生影响，最可靠的策略是成为它的发起人。如果这个新网络结合了金钱与权力，那么它势必更加强大。这就是华尔街几位重量级人物支持鲜为人知的参议员巴拉克·奥巴马背后的逻辑。对冲基金大鳄、亿万富翁索罗斯的支持方式是注资，用竞选捐赠支持奥巴马。2007 年 5 月，索罗斯在他那栋位于第五大道的奢华公寓里举办了一场募捐者的聚会，并说服另外一位对冲基金传奇人物保罗·都铎·琼斯在他康涅狄格州的海滨豪宅举办一场大型筹款派对，许多与会者都是来自华尔街的富豪。

索罗斯和琼斯都是他们所在行业令人敬仰的意见领袖，所以他们的支持引来了大批追随者，有了足够多的支持，奥巴马的竞选形势扶摇直上。金融贡献很重要，但同样重要的是"超级枢纽"网络的访问权。一旦"超级枢纽"调动网络，就会调动不同的子网络，从而触发指数效应，使得资金也以指数倍飙升。

显示支持通常会增加进入某个既定网络的准入概率，提升对该网络的影响力，但谁也不能确保这一点。2012 年奥巴马连任竞选时，金融领域对他的支持热情下降了很多。原因在于，他们认为奥巴马上任后用"肥猫"这样充满敌意的措辞形容他们，是忘恩负义，背叛他们的表现。虽然奥巴马认可巴菲特这样以仁慈的祖父形象示人的捐助者，并请他加入总统顾问团，但在大多数情况下，他还是会与乔治·索罗斯这样充满争议的人物保持距离。很长一段时间，奥巴马的工作人员都没有及时响应索罗斯的请求，只是在万不得已的情况下，才为他安排一场简短的非正式会面。索罗斯对希拉里一直充满感激，因为在希拉里成为第一夫人时，给了索罗斯前所未有的礼遇。但奥巴马政府时期，索罗斯却感到并未受到尊重。

大型金融机构的 CEO 们也与总统保持着密切联系，而且他们中的很多人都跟总统是校友。杰米·戴蒙、劳埃德·布兰克费恩、迈克尔·考伯特（Michael Corbat）和奥巴马同为哈佛大学毕业。还有一些银行业巨头能直接接触总统，是因为他们掌管着持有数万亿美元存款的重要机构。在危机期间，银行业巨头频繁拜访总统与其他政府高官，还时常与这些政要通电话。

进一步获得准入和利益的另一种办法，是同时在共和党和民主党中扶植游说组织。在现代社会，互惠关系是具有交易价值的。前高级官员会利用他们在政府的关系，为金融高管提供访问政府官员的机会。国家经济研究局的一项研究表明，游说集团的主要作用是与政客保持联系，这些联系确定了他们工作的主题。当政客被调到另一个岗位，游说者也会跟随他们而去。具备专业知识固然很好，但游说集团与政府机构若能保持紧密联系则更好。华威大学在一项研究中通过量化人际关系发现，如果游说集团之前游说的对象离任，美国政治说客的收入会下降 24%。华尔街游说集团的影响力甚至可以触及立法，与其立场一样的支持者会得到更多政治献金。

购买政治保护

如果你感觉有些公司好像比其他公司受到的监督审查少，很有可能这不只是你的感觉。证券交易委员会的自由裁量权，决定了它存在被操控的可能性。伦敦商学院的一项研究表明，有政府关系或政府背景的公司被证券交易会调查或提起诉讼的概率，比那些没有相关背景的公司低。这项研究进一步统计，若公司的政治捐款越多，在其遇到问题后，得到宽大处理的机会就越多。由此可见，证券交易委员会盯上的不一定是违规最严重的公司，而更可能向那些最没有背景的违规公司"开刀"。由此可见，对多数党的高层政界人士，以及那些能决定美国证交会预算，或证交会监督委员会成员进行政治献金，是最高效的办法。

批评者认为，在一个民主国家购买影响力相当于将腐败合法化，利润丰厚的金融行业更容易牺牲公众利益来达到自己的目的。这个观点很有道理。虽然权力代表某一群体的利益无可厚非，但如果直接从华府购买支持，那么就很难限制和制衡这种权力。也有政府前官员对此持批评态度，其中包括联邦存款保险公司前主席希拉·贝尔。她在自己的著作《直面危机》（*Bull by the Horns*）中直言不讳地批评金融领域游说集团"不正当的影响力"。在她看来，华府和华尔街之间的关系已经变得太舒适，很多参与处理危机的政府高官和一般工作人员，都应该为缺乏金融监管或监管出错负责，正是这些失误导致了金融危机。

但这个论点反过来也成立：曾在私营部门有从业经历的监管者更了解金融机构的操作。因为金融机构中处处都是高素质、高动机、高创造性的世界级金融专家，他们时刻都在思考如何钻法律的空子，那么监管者在私营部门的工作经历迟早会派上用场。以罗伯特·库赞尼（Robert Khuzami）为例，他曾在公共和私营部门跨界多次。库赞尼曾任德意志银行首席法律顾问，经历了金融危机，之后他加入美国证券交易委员会。库赞尼认为自己在私营部门的从业经验有助于提高执法效力，因此，他 2013 年从美国证券交易委员会离任后，接受了美国凯易（Kirkland & Ellis）律师事务所开出的 500 万美元年薪，但事先他必须遵守为期一年的"冷却期"，才能加入新东家。

迅速拆解"欧元定时炸弹"

在金融危机中，决策者和政治家的作用至关重要，他们之间的关系也经历了考验。华盛顿特区暂时取代纽约成为美国的金融之都，事实上，许多在危机中失业的银行家选择南迁，进入国会大厦工作。这让世界各地的政治家都失去了金融智囊团来管理复杂情况。此外，政治家们得首先安顿好自己的选民，而维护国际金融体系，需要跨国合作采取措施。因此，他们被迫在充满不确定性的情况下妥协，而他们的让步带来了不可估量的后果。欧元区的结构缺陷造成金融、经济和政治体系的根本性脆弱，使得出于善意的精诚合作显得尤为重要。

在 2010 年春天，希腊的资金短缺问题越发严重，同时，社会动乱分子开始走上街头，这使得形势更加严峻。国际金融市场也因此开始恐慌，变得极其不稳定。仅仅五天之内，这个欧洲的最小经济体之一就引发了一场危机，并逐步蔓延到葡萄牙和西班牙，导致国际社会纷纷担忧欧元区解体将会造成怎样的后果。无序的货币体系崩溃，或只是担心这一天的到来，就能引发银行挤兑和市场崩溃，让所有人陷入噩梦。

2008 年，雷曼兄弟垮台后，美国政府担心危机会蔓延，导致全球金融体系崩溃，使得美国"后院"跟着起火。因此，美国政府向欧洲寻求帮助，却被拒绝。同时，希腊局势迅速恶化，急需救援，而这在历史上还是第一次。当时，德国总理默克尔、法国总统萨科齐和意大利总理贝卢斯科尼等欧洲大国政要立即与财长和央行行长召开紧急会议，寻求解决方案，而公众仍被蒙在鼓里。"定时炸弹"就要爆炸了：亚洲股市马上就要开市，如果欧元崩溃，可能拖垮全球市场。欧洲领导人担心，欧元区正在迅速走向分崩离析的边缘。

时任 IMF 总裁的多米尼克·斯特劳斯－卡恩与各央行行长合作拟定应对方案。在欧洲前央行行长让－克洛德·特里谢 (Jean-Claude Trichet) 的指导下，各央行行长与美联储主席本·伯南克等人起到了协调作用。在几天内对欧元区的 17 个国家和世界其他主要国家进行协调实属不易，更何况其中还有不少意识形态对立，存在利益冲突的国家和地区。不过，此时此刻，他们都拥有共同利益，即维护完整的全球金融体系。这个强大的动力使他们得以达成协议，尽管还有许多法律、政治和其他障碍需要克服。

最终，合作收到了成效，因为许多决策者都相互认识，彼此了解。伯南克、马里奥·德拉吉（Mario Draghi）和特里谢私交甚密。此外，当时的卡恩还很受人尊敬，几乎和每个人都保持着良好的工作关系，所以他的话很有分量。许多政要多年来已经交手多次，既是对手也是朋友，熟悉彼此的特点，知道如何切中要害、建立联盟，达成互利的解决方案。当时，德法两国交好，因为德国总理默克尔和法国总统萨科齐关系亲密。他们可以强强联手，对其他领导人进行控制。最后，会议达成了一个德国曾经强烈反对的协议：通过印发钞票实行政府资助。伯南克提议互换额度，卡恩慷慨地代表 IMF 贡献资金，尽管这有些越权，因为还需要 IMF 董事会通过。

最后，欧元区创建了总额 7500 亿欧元的救援机制。解决方案是匆忙拼凑起来的，有诸多缺陷，但至少它阻止了系统崩溃。如果没有参与者之间精诚合作，这样复杂的谈判将会极其困难，很可能也缺少建设性。而实现这一切的关键点就是政策制定者之间的亲密关系。

超级机构：统治世界的资本主义网络

金融领域的关键角色跟企业界人士也紧密相关。全球企业是个超级权力中心。从经济体量来看，如果以收入和 GDP 衡量，许多大型跨国公司的经济总量比许多国家和金融公司都要多。在全球大型企业中，约 80% 的股权掌握在世界上最富有的 737 人手中。苏黎世联邦理工学院的一项研究揭示了其中相互交织的所有权结构。研究人员从包含 3700 万个经济主体的数据库出发，慢慢缩小至 43060 家大型跨国公司。然后通过分析交叉持股的数据模型发现，由 1318 家公司组成的严密团体，掌握着世界上大部分公司的控制权。而这个团体的超级核心由 147 家公司构成，它们最有实力，且基本上都相互持有股权。

多数超级核心是银行。金融机构主导着超级核心榜单前十强，巴克莱银行占据首位，紧随其后的是法国安盛集团（AXA）、美国道富银行（State Street Corp）、摩根大通、先锋集团（Vanguard Group）、瑞银集团和美林证券。这体现了这些机构之间错综复杂的内在联系，当然，也包括它们的掌门人之间密切的关系。通常，个体通过出席各公司董事会进行频繁互动，这就促进了信息流动、协调了各方利益，也创造了商机。而网络互动，往往能促进社团主义，即主要的利益集团对国家产生巨大影响力。

本章，我们已经看到，"旋转门"、游说组织和竞选捐款在金融领域和政治集团之间编织了一张错综复杂的强大人脉网。个人关系会使系统朝着有利于"超级枢纽"的方向倾斜，虽然利益冲突可能造成危机，但坚实的关系可以使人们在危机期间维持系统的生命。

然而，如果个人遭遇危机，这些珍贵的关系又会怎样？如果"超级枢纽"违反法律、道德和社会规则，这些网络又会有什么反应？在第 11 章中，我们将探讨"超级枢纽"在失去与系统的链接后能否重振旗鼓。

CHAPTER XI

De-linked

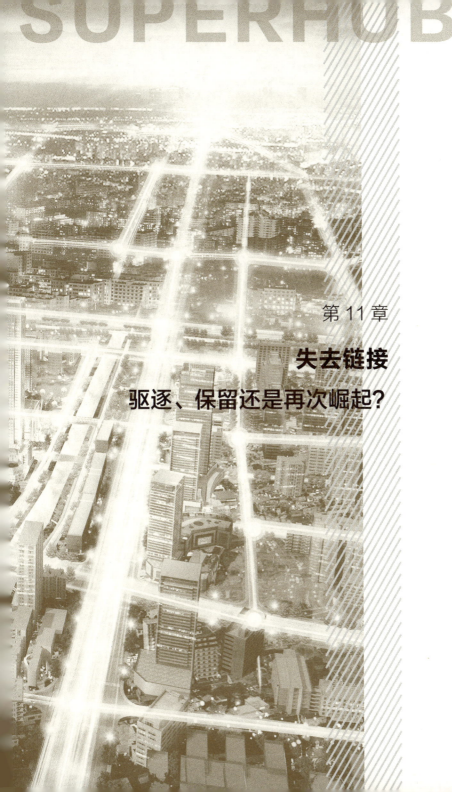

第 11 章

失去链接

驱逐、保留还是再次崛起？

一旦成为"超级枢纽","坠崖"的概率变得微乎其微,可一旦跌下神坛,他们是将重振旗鼓,还是永久出局?这既是人性的博弈,似乎也有运气的成分。

为"超级枢纽"，并不能保证自己永远拥有特权和网络地位。不过，鉴于"超级枢纽"一般都与许多中心有着链接，因此，他们完全被逐出网络的情况比较罕见。即使在糟糕的危机时期，且这些危机通常由许多金融高管一手造成，但他们完全从金融版图消失的现象也非常少见。一个人未能触底反弹，主要原因在于他未能保持弹性的人脉关系网络。雷曼兄弟前 CEO 迪克·富尔德便可以佐证这一观点。大多数金融高管在失败后，都能够在原先所在的领域，甚至是全新的领域找到新工作。他们强大的人脉关系形成了一张"安全网"，能防止他们从裂缝中滑落。不过，对于那些违反法律，存在严重信任危机或人品有明显缺陷的人而言，重振旗鼓将会更加困难。

被流放的超级 CEO

拥有大量资源和权力的感觉会令人上瘾，导致人们失去理性，产生错觉。过度自信，以及无法容忍不同意见和过度冒险是常见症状。迪克·富尔德就是这样一名"病患"，他的傲慢促使一家赫赫有名的金融机构垮台，他也因此被逐出金融网络。

富尔德职业生涯之初在雷曼兄弟当债券交易员。这家成立于1850年的老牌公司是美国第四大投资银行。在投行起伏不定的时代里，富尔德带领雷曼兄弟稳步发展，一路披荆斩棘，进入全盛时期。但在他内心深处，仍然是一名交易员，这也许是他一直无法融入上流金融家圈子的主要原因。富尔德身上流露着典型的被雄性激素驱使的华尔街大男子主义。他身材魁梧，时常摆出一副冷酷的表情。他那充满杀气的目光使人毛骨悚然，在他身边工作的人时常感到如履薄冰，生怕做错事说错话，惹得富尔德大发雷霆。

富尔德崇尚军队做派，倾向于残酷、夸张的处事方式。他曾怀疑高盛集团的约翰·塞恩四处散播雷曼兄弟的谣言，就当面威胁塞恩，一旦让他找出谁是罪魁祸首，就割了他的喉咙，挖出他的心脏。同样，他对企业也采用军事化管理风格：需要绝对服从，不容许任何反对，更不能有背叛。其他高管也很快发现，要想日子好过，就必须顺从富尔德。为了迎合这种盲目崇拜之风，他们将富尔德称为"理查德陛下"或"大王"。而且，在雷曼兄弟这个舍我其谁的男子霸权主义世界里，女性高管根本不存在。富尔德不仅没有在公司内部建立友好的网络，也未能与他的华尔街同行和其他具有重要战略意义的高管建立良好的人际关系。他是个彻头彻尾的不在意关系的人，只专注于直接触及其利益的领域：客户和交易。

缺乏健康的人脉网络，无法及时得到有效信息，是雷曼兄弟垮台的原因之一。与罗伯特·鲁宾和亨利·保尔森那些无时无刻不在讲电话的交际达人不同，富尔德喜欢把自己孤立起来。他把执行层面的工作外包给自己信任的副手乔·格雷戈里（Joe Gregory），他还刻意与下属保持距离，不与公司其他同事交流。因为他没有及时掌握华尔街和华盛顿的脉动，结果完全错估了市场。富尔德没有及时跟进危险信号，只是一直用空洞的口号激励部下，号称雷曼兄弟拥有不可撼动的实力。但当麻烦到来，富尔德需要忠诚的网络解救雷曼兄弟时，才赫然发现自己没有这样的后盾。

2008 年 9 月 10 日，雷曼兄弟宣布第三季度亏损 39 亿美元，这是该公司历史上最糟糕的业绩。小布什总统后来写道，这家公司没有办法挺过周末，最好的解决办法是政府在两天内帮它找到买家。帮助富尔德联络政府的人是亨利·保尔森。富尔德对高盛一直心存怨恨，2008 年春天，他在一次私人晚宴上向保尔森吐露了这一点。时任财长的保尔森曾是高盛人，情商颇高，他觉得富尔德生性傲慢，性格上几乎没有可取之处。这对富尔德而言可能很不幸，因为这种微妙的关系很有可能会给雷曼公司帮倒忙。

值得称赞的是，亨利·保尔森确实努力地帮助雷曼找买家，最终找到了两个有意向的买家：美国银行和巴克莱银行。然而，伦敦监管机构否决了巴克莱全盘收购雷曼的决定，而美国银行则决定收购美林证券。雷曼兄弟出局了。富尔德请求监管机构将雷曼兄弟转成银行控股公司，以便获得联邦基金支持。但据《纽约时报》报道，盖特纳拒绝了他的请求，小布什总统也不接他的电话。华府认为，富尔德完全是自食其果。2008 年 9 月 15 日，雷曼兄弟申请破产。

再来看另一个截然不同的例子。当美国最大的保险公司 AIG 陷入困境时，美国政府拿出创纪录的巨额资金出手援助。两任财政部部长保尔森和盖特纳立即致电高盛 CEO 劳埃德·布兰克费恩，后者很乐意充当他们在华尔街的眼睛和耳朵。在 AIG 陷入破产危机时，他们频繁通话。双方都有各自的担忧：AIG 与高盛签下了价值数十亿美元的信用违约互换，如果 AIG 破产，高盛将蒙受巨大损失。保尔森和盖特纳则担心，若 AIG 垮掉，会使无数与 AIG 合作的公司遭殃，他们经受不住损失，就会申请破产，这会形成多米诺骨牌效应，波及整个华尔街。

讨论后，纽约联储授权高达 850 亿美元的贷款给 AIG，以换取其 79.9% 的股份。总的加起来，AIG 得到的补贴高达 1820 亿美元，高盛作为 AIG 的交易对象获得了 129 亿美元。

雷曼兄弟破产后，富尔德淡出了公众视线。他大部分时间都待在位于爱达荷州太阳谷的豪宅里。他把这栋房产以 5950 万美元的要价放到市场。2015 年，这栋房子以创纪录的 2000 万美元被拍卖。而那些同他一起奋斗过的顾问们现状如何，没人清楚。如今，富尔德已很少出现在社交场合。2015 年年中，他终于出现在公众面前，在一次会议上发表了讲话。言谈中，富尔德毫无悔意，他把导致危机的大部分责任和雷曼兄弟的破产都归咎于美国政府。

抗震：拉里·萨默斯的坎坷之路

在 IMF 举办年会期间，我和鲁里埃尔·鲁比尼会见了美国国家经济委员会主任拉里·萨默斯。那是一个阳光明媚的日子，我来到白宫，深蓝色的天空映衬着郁郁葱葱的绿色草坪，景色美得如同明信片。我们要访问的目的地是白宫西翼萨默斯的办公室，需要在西北门进入,来访者必须至少提前 24 小时预约,并接受严格的背景调查。进入西翼后,我们坐在等候区。我假装看报纸,实则好奇地默默观察四周。

我们在工作人员的带领下,经过一间又一间满是文件和员工的房间后,来到萨默斯的办公室,他正在那里等待着我们。经过一番寒暄后,我们在他办公桌对面的座位坐下。萨默斯同我们在公开场合见到的很不一样:在他办公室门外,堆着健怡可乐,他将衬衫最顶端的纽扣敞开,把脚搭在我们面前的办公桌上。他不再是一位严肃的政客,变成了一位热情好客的主人,有说有笑,神采飞扬。在他不经过任何修饰的语言和想法中,我找到了很多乐趣。

萨默斯既是一位特立独行的天才,也是遵循高层网络动态规则的典型代表:尽管他的整个职业生涯争议不断,但他仍占据了网络的中心位置,几乎触及所有其他网络。他一直在前进,迎接新挑战,突破极限,征服一座又一座山峰。萨默斯有好几项特别成功的事业,并在美国政府多次担任要职。他金光闪闪的履历似乎与生俱来,融在他的 DNA 里:萨默斯的父母都是经济学家,父亲在耶鲁大学任教。他还是诺贝尔经济学奖得主保罗·萨缪尔森(Paul Samuelson)和肯尼斯·阿罗(Kenneth Arrow)的侄子,而萨缪尔森曾是肯尼迪总统的顾问。

迅速崛起

萨默斯以闪电般的速度攀登至职业高峰。他 16 岁就被麻省理工学院录取,28 岁就开始在哈佛大学执教。与此同时,悲剧也发生在他身上。萨默斯被诊断出有霍奇金淋巴瘤,且已经到了晚期,为此,他经历了9个月痛苦的化疗。他后来说，那段经历使他更加关注工作，因为他觉得工作能帮助他转移注意力，使他与社会保持链接，也能保持理智。

1988年，他加入了马萨诸塞州州长、民主党总统候选人迈克尔·杜卡基斯（Michael Dukakis）的竞选团队，因而遇到了许多大人物，如国家经济委员会主任吉恩·斯珀林（Gene Sperling）、美国广播公司的乔治·斯蒂芬诺普洛斯（George Stephanopoulos）、经济学家劳拉·迪安德亚·泰森((Laura D'Andrea Tyson)和罗伯特·鲁宾，这些人在后来都成为了他的盟友甚至密友。三年后，他担任世界银行首席经济学家这一令人敬仰的职务。两年后，他成为美国财政部负责国际事务的部长，并因为杰出的成就被授予有小诺贝尔经济学奖之称的约翰·贝茨·克拉克奖，这是经济学界重要的殊荣，专门授予40岁以下最有成就的经济学家。

1999年，萨默斯成为克林顿政府的财政部部长。结束任期后，他回到哈佛大学，成为该校第二十七任校长——这是极其德高望重的职位。之后，他回到白宫成为奥巴马政府的国家经济委员会主任。当时，美国遭遇了"大萧条"以来最严重的危机。可见，这是个非常关键且颇具影响力的职务。

不懈努力

然而，在萨默斯的辉煌人生中，总是争议不断。有很大一部分原因是他自食其果，事实证明，萨默斯最大的敌人就是他自己。多年来，由于萨默斯过于傲慢，许多跟他关系亲密的人逐渐疏远了他。在很多场合，萨默斯都是佼佼者，难免恃才傲物，刚愎自用。在他刚刚担任财政部部长时，就开始在美元上签名，这种做法令人大跌眼镜。在他身上，还有一些令人难以忍受的缺点，比如不讲究餐桌礼仪、嗜睡——即便是与总统和外国元首开会时，也会睡着。他从不与人进行眼神交流，经常打断别人。这些做法让哈佛大学不少同仁担心，萨默斯会因此摊上大事。

这种不拘一格的个性让他行走在悬崖边，但多年来，他一直在努力改善。早年，他得到罗伯特·鲁宾的帮助，在杜卡基斯参加总统竞选时被招至麾下，为走向白宫铺就了道路。萨默斯意识到自己的缺点，试图学习鲁宾的过人之处，尤其是他出色的社交技巧。这让两人成了一个奇特的组合。鲁宾为人温和，处事圆融，而萨默斯棱角分明，像只刺猬。不过，他们能互相补充。鲁宾为萨默斯打开了大门，而萨默斯悉心向这位导师学习，开始慢慢进步。如今，萨默斯变得彬彬有礼，总是带着温和的笑容。

掌管瓷器店的公牛

然而，萨默斯有一种自我毁灭的倾向，而且往往还是以最壮观、最难以收拾的程度。第一起事件发生在 1991 年，当时他担任世界银行首席经济学家，引发了"毒备忘录"事件。萨默斯的一名助手写了一份备忘录，内容是关于把污染产业和有毒垃圾输出到非洲，这个举动的言外之意是，非洲人的价值要低人一等。不过，萨默斯仍在上面签字同意。据他的助手透露，事情捅出来后，萨默斯在一场关键对话上使用了很讽刺的语言进行挑衅。很不幸，《经济学家》杂志获悉这份备忘录后，立即刊登出来，并在那期杂志的封面印上醒目的标题《让他们吃掉污染物》（*Let Them Eat Pollution*）。这让经济学家、环保人士和政客们倍感震惊，此事更是加重了世界银行的负面形象。

2001 年，萨默斯迎来了其职业生涯中戏剧性的第二起事件。当时，担任哈佛大学校长的萨默斯把一位从事非裔美国人研究的哈佛大学教授康奈尔·韦斯特（Cornel West）叫到办公室，劈头盖脸地责骂韦斯特，批评他缺课次数太多，给学生打的分数太高，还在课堂上播放"粗俗不堪"的说唱音乐。他让韦斯特写一本学术专著来巩固其权威，建议他必须如实出席后续的会议。韦斯特被激怒了，同萨默斯激烈地争吵了起来。这两人都有与癌症抗争的经验，本该相互体谅、心平气和地对话，但形势却往失控的方向发展。韦斯特让萨默斯道歉，后者强烈抗议。韦斯特再次被激怒，痛斥萨默斯不值得信任，缺乏品格，称他是"教育界的阿里埃勒·沙龙"（Ariel Sharon）[1]。两人形象均受到损害，尤其是萨默斯，他的行为被认为既缺乏内涵，又有损尊严。之后，事情一发不可收拾。韦斯特被控反犹太主义，最终离开哈佛，前往麻省理工学院任教。

至此，这件事算是尘埃落定，不过萨默斯又引发了另一场轩然大波。在一次讨论"为何在自然科学和数学领域，成功的女性屈指可数"时，他将原因归结为"天生的能力问题"，这句话被大家解读为，女性不具备完成高级定量分析的能力。身为哈佛大学校长，公开发表这样的言论实在欠妥。而且在他任校长期间，哈佛大学女性教授的占比也明显下降。萨默斯的言论在哈佛教授、校友和公众之间激起强烈反响。一开始他还试图为自己辩护，但未能平息公愤，最后只能公开道歉。这件事成为引子，又牵扯出了众人对萨默斯其他方

---

[1] 以色列前总理，其一贯的强硬举措和政治风格为他带来不少争议。——译者注

面的抱怨和投诉，最终他别无选择，只能辞去哈佛校长一职。

在奥巴马赢得总统选举后，需要物色一位财政部部长，这个许多人都梦寐以求的职位也引起了萨默斯的兴趣。但由于此前一系列事件，他的公众形象不佳，因此，曾担任美联储主席的蒂莫西·盖特纳获得了这一职位，萨默斯则被选为经济顾问委员会主任，虽然这也是有影响力的位置，但与财政部部长相比仍然略逊一筹。

2014 年，美联储需要物色伯南克的接班人。萨默斯非常想要得到这个位置，虽然他有强大的网络，其支持者甚至包括奥巴马，但美联储内外都在反对萨默斯。批评家们抓住了一个事实不放：萨默斯曾废除《格拉斯－斯蒂格尔法案》，还反对监管复杂的金融衍生品。批评者认为，萨默斯是金融危机的幕后推手。还有人指出，他缺乏制定货币政策的经验，尤其是与他的主要竞争对手珍妮特·耶伦相比，后者是当时的美联储副主席。另有一些人则看到他的商业活动明显与金融业联系过于紧密。在 2009 年加入经济顾问委员会之前，他曾是对冲基金德劭（D. E. Shaw）集团的顾问，2008 年，他从中获得550 万美元，荣登各大媒体头条。他也是泰康利资本公司的董事，这家对冲基金由前高盛人创建。此外，2008 年，他赚得 270 万美元演讲费，其中包括在高盛的一场价值 13.5 万美元的演讲。

尽管面临种种批评，但为了一举拿下位高权重的美联储主席之职，萨默斯还是铆足了劲，四处游说。《纽约时报》著名专栏作家莫林·多德（Maureen Dowd）描述他的支持者为"奥巴马总统的男子俱乐部，是围绕着华尔街、鲁宾之类的人物打转的冷酷无情的剥削者，这群自以为是的男人选择相互庇护，还麻痹自己，认为他们聪明得足以了解深不可测的萨默斯"。当萨默斯意识到自己可能没有机会时，他在一封给奥巴马总统的热情洋溢的信件中，收回了自己的申请。没得到梦寐以求的职位固然失落，但萨默斯就此更深入地进入了金融领域。他加入了移动支付公司 Square 的董事会，同时也成了美国 P2P 网贷公司鼻祖 Lending Club 的董事。此外，他还成为风险资本公司安德森·霍洛维茨（Andreessen Horowitz）基金的特别顾问。在随后的采访中，萨默斯肯定地指出，他将在新职位上，专注于提供宏观经济的建议而不是仅仅作为一个叩开机会之门的人。

萨默斯的职业生涯是个很有趣的案例，他在系统内保持着上升势头，而且很明显不会遭到驱逐。他确实拥有非凡的才华，同时也容易冒犯他人。尽管情商不高，但他意识到，要达到金融领域的制高点，必须具备高超的社交技巧，尤其是在华盛顿。所以，除了变得谦逊温和，收敛锋芒，他别无选择。萨默斯的导师鲁宾就是高情商的化身，通过循循善诱、以身作则的方式，鲁宾对萨默斯的转变起到了关键作用。

即使在他职业生涯的早期阶段，萨默斯也足够聪明，与更高级的"超级枢纽"建立持续的联盟关系，这不仅能帮助他进步，还能在危机之时助他一臂之力。在往上攀爬的每一步，萨默斯都会积累更多的网络资本。随着他变得更强大，网络的其他参与者也会支持他，维护他的地位，这会间接使他们获利。美联储主席可能是除美国总统之外最有权力的职位，与这个职位失之交臂，恐怕是因为萨默斯得罪了太多人，他还没有足够的社会资本获得必要的支持。然而，一切还没有盖棺定论，我们无法得知萨默斯会在仕途上走多远。如果他能以史为鉴，那么他应该会继续建立更加强大的联盟，直到成为"超级枢纽"中的"超级枢纽"。

失误多次的萨默斯为何没被扳倒？因为，在美国这块容许第二次机会的土地上，他的轻率之举在大多数情况下不会被认为伤及根本。相反，人们会把萨默斯称为满腹经纶的教授，他只是社交技巧太差，并没有不良企图。此外，萨默斯还成功地把自己的天才形象转化成品牌，多年来靠它积累了大量社会资本，为自己提供庇护。尽管他个性极端，但大多数人出于谨慎，还是更愿意与他保持良好关系。萨默斯与许多其他"超级枢纽"保持着联系，因此具有很强的修复力，这就使得他的地位得以确保。

"狱"火重生：迈克·米尔肯

我在德国时，读了《贼巢》（*Den of Thieves*）一书，这本书讲述了 20 世纪 80 年代"垃圾债券之王"迈克·米尔肯的故事。他的一生跌宕起伏，就是一场胜利、失败、救赎和东山再起的人生悲喜剧。它让我们了解金融中心这个充满迷人个性和令人兴奋的交易世界。我渴望去那里看看。十年后，我与著名经济学家鲁里埃尔·鲁比尼参加了米尔肯研究院在洛杉矶召开的全球会议。在那里，我见到了米尔肯本人，那位如雷贯耳的传奇人物。他的形象和我之前想象的差不多，炯炯有神的大眼睛赋予了他强烈的存在感。终于，我获得了私下和他交谈的机会，他的观点独到，颇有吸引力。他邀请我们参加一个慈善晚宴，地点在阿波罗全球管理公司创始人利昂·布莱克的姐夫位于加州圣塔莫尼卡山的府邸。屋内富丽堂皇，墙壁洁白无瑕，地板光可鉴人。屋外有碧绿的草地和盛开的鲜花，一切都如此完美。学者、医生、研究人员和亿万富翁都为了同一项事业联系在一起，热络地交谈着。这是米尔肯的主场。看到眼前这幅景象，不禁觉得这就是我多年前在看《贼巢》时，想象的精英世界。

20世纪80年代，天才金融家们彻底改变了金融系统，把资本市场开放给那些信誉不良的公司。还创造了一个市场，通过发行垃圾债券，让数十亿美元资金注入这些公司。他们创造的资金流如此强大，甚至超过了投资公司的融资。

到20世纪80年代中期，出身于加利福尼亚州一户中产阶级家庭的米尔肯，已摇身一变成为亿万富翁。然而在1986年，他受到联邦内幕交易调查，最终认罪，承认违反《证券法》第六项保密协定，米尔肯如日中天的事业戛然而止。他被判十年有期徒刑，入狱22个月后，被迫支付6亿美元罚款和赔偿。他从呼风唤雨的证券英雄变成千夫所指的罪犯，他的世界坍塌，名誉扫地，成了人人唾弃的"贪婪的海报男孩"。对公众来说，米尔肯代表华尔街的一切错误。

米尔肯曾是顶级"超级枢纽"，他一手创建了令人难以置信的网络。但突然之间，链接被切断，他被逐出金融圈，人们都不愿意接近他，担心自己的社会声誉会受到不良影响。从监狱获释后不久，他被诊断出患有晚期前列腺癌，医生预言他只能再活18个月。米尔肯用在金融界厮杀打拼的决心和毅力来对抗疾病，竟然完全康复，这在医生看来是个奇迹。随后，他改变了生活重心，开始四处筹钱，为癌症研究筹集了数百万美元资金。恢复声誉最有效的方法是从事慈善事业，并将自己与享有盛誉的著名大学联系起来。米尔肯开始在加州大学洛杉矶分校执教，他慷慨捐赠，将大量资金贡献给医学研究和教育领域。他利用自己庞大的网络和知名度在媒体呼吁，这使得他的筹款效率事半功倍。

当米尔肯仍是"垃圾债券之王"时，曾在比弗利山庄酒店举办聚会，被外界称为"掠食者的舞会"，后来还有同名书出版。1991 年，他创立米尔肯研究院，每年举办一次全球会议。米尔肯再次将地址选在比弗利山庄酒店。因为与会者大多是美国的金融从业者，所以这次会议被称为"棕榈树下的达沃斯论坛"。金融精英、华府高级官员、世界知名的研究人员纷纷前往参加。利昂·布莱克、史蒂文·科恩、史蒂夫·施瓦茨曼、波士顿地产公司创始人莫特·朱克曼（Mort Zuckerman）、地产大亨理查德·勒弗拉克（Richard LeFrak）、英国前首相托尼·布莱尔和时任卢旺达总统的保罗·卡加梅等都是常客。它是世界上很高水准的活动之一，世界各地的大人物都出席该活动，足以表明米尔肯的社会地位已基本恢复。

米尔肯曾犯下重罪，竟然还能绝处逢生，这主要得益于他终其一生都在打造的深度与广度兼具的人脉关系，使他具备了强大的修复力。他还积极创建新网络，更多的人脉让他变得更加强大。20 世纪 80 年代，他在垃圾债券帝国中创建了原始网络，后来，他在医学研究方面的贡献和努力，以及通过他的米尔肯研究院又进一步拓展了网络。

米尔肯拥有许多"超级枢纽"的必备素质，这进一步巩固了他的地位。有人拥有伟大的想法却不付诸实践，有人擅长执行但没有任何创造力，米尔肯却两者兼具：他勤于思考，又具备超强执行力。像许多思想领袖一样，他也创立了自己的学说。我们在第 4 章已经讨论过，他创造了一个公式 P = EFT(DHC + ESC +ERA)，即成功（繁荣）= 金融技术 ×（人力资本＋社会资本＋实际资产）。

此外，他非凡的驱动力、勇气、热情和完美主义让他重新开始。

他运用惊人的力量和毅力走出了人生最低谷。但一旦被丑闻困扰，尤其是违反法律的丑闻，限制和反对他的力量可能会一直存在。米特·罗姆尼（Mitt Romney）①在拉斯维加斯举办了一次私人筹款活动，我在活动上对着他的一小群朋友开玩笑说，米尔肯或许应该竞选总统。他的一位朋友马上提醒我，千万别在米尔肯面前说这话，因为他进过监狱，已经失去竞选资格。他说，这项耻辱没有彻底消散，对米尔肯而言仍然是沉重的打击。

永久除名：多米尼克·斯特劳斯－卡恩

但凡生活在这个地球上的人，都知道那位呼风唤雨的 IMF 前总裁多米尼克·斯特劳斯－卡恩的巨大丑闻。我第一次见到他时，是在性侵丑闻爆发前，IMF 组织的年会上。我和鲁里埃尔·鲁比尼跟他约见了一次，尽管他日理万机，但还是抽空见了我们，地点就在他宽敞明亮的办公室里。那间办公室里装饰着 20 世纪 80 年代深色木制家具和落地书柜，我们坐在舒适的座椅上，同卡恩隔着一张厚重的办公桌。他看起来容光焕发，和蔼可亲，也很有魅力。当时，卡恩备受尊敬。外界普遍认为他是智慧与公正的代表。此外，他还很有社交天赋，总能用适当的措词与各方达成共识，这在应对欧洲债务危机期间众多的利益冲突时显得尤为重要。同时，他也很受下属爱戴。这也使得重磅新闻曝光时，冲击来得特别猛烈。

卡恩在去会见德国总理默克尔途中，因性侵事件在肯尼迪机场的法航头等舱被捕，并立即被移交至赖克斯岛监狱。他戴着手铐被

---

①贝恩资本联席创始人，2012 年美国总统大选共和党候选人之一。——译者注

带走的照片成为各大媒体的头条，审判卡恩的那段时间，仿佛成了国际媒体最重要的节日。它们群起攻之，仿佛陶醉在他的耻辱里。我们知道卡恩喜欢拈花惹草，但并不清楚问题有多严重。许多人，包括鲁比尼、索罗斯和政治学家爱德华·杰·爱普斯坦（Edward Jay Epstein）都猜测他可能是被政敌设计陷害，是他的敌人迅速抓住把柄大肆炒作。然而，并没有证据能证明卡恩是被陷害的。被捕几天后，卡恩辞去了 IMF 总裁之职，最终被允许前往法国。几个月后，他被指控对纽约一名酒店女服务员实施性侵，但令人震惊的新闻并没有就此消停：新的强奸指控浮出水面，即"卡尔顿酒店事件"，他被控涉嫌为卖淫团伙拉皮条。

在性侵丑闻被曝光之前，卡恩一直被视为法国下一任总统的热门人选，但如今，更上一层楼的希望完全破灭。他就像是政治圈和社交圈的瘟疫，他的大部分同事、朋友，甚至包括他的妻子都跟他划清界限。经历了这次重创之后，他原来的精英圈子不复存在。他声誉扫地，失去了地位和盟友，不再是网络的中心，甚至还被孤立。但卡恩仍然渴望得到认可和尊重，以恢复"超级枢纽"的地位。他努力重塑形象，唤起人们的记忆，让人们意识到他曾经是一位受人尊敬的国家领导候选人和杰出的金融顾问。可是，他的复出只能流于边缘领域，任何"超级枢纽"都不愿意和这样的人搭上关系，生怕受到牵连。

通常情况下，遭到驱逐的"超级枢纽"要想重返中心，只能通过为发展中国家、新兴国家，或那些面临巨大困难、岌岌可危的政权提供咨询。卡恩不得不降低身价，最终与希腊、斯里兰卡、南苏丹达成协议，为这些国家提供咨询，他还成为了市值 100 亿美元的俄罗斯直接投资基金的监事会成员。此外，首尔、马拉喀什和雅尔塔的一些会议还会邀请他出席演讲。

他通过不懈的努力，最终挤进了真正的财富部门——资金管理领域。他与此前并不认识，且在国际舞台上毫无知名度的法裔以色列银行家蒂埃里·莱恩（Thierry Leyne）合作。虽然卡恩的朋友们警告他，要小心莱恩的不良声誉，但他仍然一意孤行，与莱恩一起成立了莱恩 & 斯特劳斯-卡恩顾问公司（Leyne, Strauss-Kahn & Advisors）。莱恩打算利用卡恩的经验和人脉，为一家专注于新兴市场的宏观对冲基金筹集 20 亿美元。对于一个无籍籍名的基金经理和从未管理过资金的经济学家而言，这是一个雄心勃勃的目标。卡恩从高高在上的 IMF 总裁宝座走下，开始挨家挨户敲门"要钱"，要接受这种转变实属不易。当他吃到闭门羹时，更是五味杂陈。彼时，"卡尔顿酒店事件"并未结束，潜在的牢狱之灾仍是巨大的阴影，始终悬挂在卡恩的头顶，这也成为他在筹款时无法逾越的障碍。卡恩曾说，他意识到公司存在过度借贷的情况，就离开了。两天后，莱恩，这位四个孩子的父亲，以跳楼结束了自己的生命，而他的妻子几年前也是自杀而亡。在撰写本书时，我尚不清楚卡恩是否牵涉其中，如果有，他是否将承担公司所有损失？

在此之后，斯里兰卡新政府上台，终止了与卡恩的咨询协议。按照原先约定，卡恩帮助该国吸引外资，可收到 75 万美元费用。至此，他以基金经理复出的方式失败了，这对他的声誉又是沉重一击。2016 年，他加入了 Credit-Dnepr 银行监事会，这家银行为乌克兰前总统列昂尼德·库奇马（Leonid Kuchma）的女婿、乌克兰钢铁巨头维克多·平初克（Victor Pinchuk）所有。如果之前的性侵丑闻没有

进一步发酵，他可能会在更加知名的投行获得高级顾问之职。然而，
一旦名声俱毁，他便没有太多选择。官场仕途恐怕一时没有指望了。
性侵丑闻的热度虽然在冷却，但其所产生的影响永远不可能消失。
法国的一些机构开始放下防线，向卡恩敞开大门。因此，虽然再度
成为"超级枢纽"有点困难，但再次成为链接的中心，在没有惊人
丑闻再次出现的前提下，似乎仍有希望。

身陷丑闻的夫妇：庞氏骗局与性侵犯

非白种人在高级金融领域实数凤毛麟角，而非白种人结成的夫
妻都是"超级枢纽"的情况则更为罕见。然而，非洲裔的巴迪·弗
莱彻（Buddy Fletcher）和亚裔的艾伦·宝（Ellen Pao）就是这样一
对意外的权力夫妇。他们在系统的边缘节点就开始武装自己，等所
需的先决条件和素质都具备后，便开始迈入金融网络的中心。

2007 年 5 月，我在对冲基金大鳄保罗·都铎·琼斯为奥巴马举
行的筹款活动上遇见了弗莱彻。由于此前一个月我在一个小型募捐
活动上已经遇到过奥巴马，所以当天我并没有把所有的关注都放在
总统身上。不得不说，巴迪·弗莱彻的确风度翩翩。他和奥巴马聊
天就如同跟一位老友叙旧。筹款活动在琼斯那栋位于康涅狄格州格
林威治的海景豪宅举行，面积达 13000 平方英尺，宽敞舒适。抵达
房子附近时，我看到四周都是打扮得如同特工的安保人员。安全盾
牌和黑色 SUV 占领了街道，安保人员都佩戴着耳麦，一直在与同事
保持通话。几十辆豪华轿车排队等待安检，以便沿着橡树路朝目的
地驶去。不过，那场筹款活动并没那么正式，更像家庭聚会。

奥巴马在花园那优雅的白色帐篷里接待了 300 多位客人。有一位德高望重的基金经理把我介绍给巴迪·弗莱彻，并称其为成功的投资者和慈善家。巴迪很友好，在我们短暂的交谈中，我得知自己才刚刚见过他哥哥托德·弗莱彻（Todd Fletcher），一位作曲家兼作家。就在不久前，我和托德在美国驻德大使威廉·铁姆肯（William Timken）举行的晚宴上见过面。几天后，巴迪邀请我出席他在哈佛俱乐部举办的午餐会，出席者都是热衷慈善事业的投资者。

次月，他邀请我参加他母亲在耶鲁俱乐部举行的生日派对，那是只有家人和亲戚才能参加的私密聚会，他的另一个兄弟，曾荣获奥斯卡金像奖的电影制片人杰弗里·弗莱彻（Geoffrey Fletcher）也到场了。那场聚会有点正式，每个人都非常贴心，特别照顾我这位新加入的朋友。之后，我还受邀参加了巴迪在他办公室举行的鸡尾酒会。巴迪的办公室位于历史悠久的华尔街 48 号大厦，12 英尺高的天花板装饰着华丽的吊顶，配有一间英式会议室，里面摆放着红木桌子和优雅的皮椅，墙上挂着考究的艺术品。

依据我的直觉判断，巴迪是一个令人捉摸不透的人。我同他见了几次面后，发现他每次留给我的印象都不太一样，很难总结出规律。在我看来，巴迪有点不真实，好像装了芯片的机器人。在他平和的外表下，似乎潜伏着一颗具有攻击性的心。

秋天，我接到巴迪来电，是个电话会议。他在电话中说，他遇到了收购一家大型金融机构的最佳机会。他只透露了自己有特权的消息，以及如何接触这项交易。他需要找合伙投资人，因为这项交易体量太大，单凭他的基金公司吃不消。他希望我正式把他介绍给索罗斯和其他类似级别的投资者。我经常碰到这种引荐工作，大多数人都认为这该是无偿服务。对于这种请求，我通常会回复，很高兴能与他们共事，然后开出咨询费价格。但我对弗莱彻不太了解，也不知道他的公司情况。如果我自知还不够了解这个人的底细，便不会为他做引荐工作。于是，我礼貌地拒绝了他的请求。巴迪因找不到合伙投资者，最终搁浅了他的收购计划。后来我了解到，巴迪计划收购的是贝尔斯登，这家投行之后只苟延残喘了几个月。

在那次电话会议后，我们的联系就中断了。之后，我从他哥哥那里听说，巴迪遇到了他的梦中情人，迅速坠入爱河，马上就要结婚了。几年后，我看到这样一则新闻，简直惊讶得合不拢嘴。《财富》杂志的封面上，出现了这样一则标题《一个关于金钱、性和权力的故事：艾伦·宝和巴迪·弗莱彻事件》（*A Tale of Money, Sex and Power: The Ellen Pao and Buddy Fletcher Affair*）。这篇报道起底了弗莱彻和他妻子之间的恩怨情仇，描写了这对夫妇从白手起家，到无所不有，再到一无所有的经过。原来，这对超级明星夫妇陷入了骇人听闻的诉讼、破产和欺诈丑闻。

对巴迪的生活产生最大影响的，是他野心勃勃的母亲贝蒂（Bettye）。她对自己和她的三个儿子都抱有很高期望。他们必须取得很大的成就，即便是在生日聚会上，贝蒂也流露着强大女家长的气息，试图掌控三个儿子的生活。其中，巴迪的成就令她自豪，她还为他的慈善事业出谋划策，甚至在他办公室里"垂帘听政"。

巴迪在哈佛大学读书时很受欢迎，是社团主席，该社团甚至拒绝过后来成为 Facebook 创始人的马克·扎克伯格。不过，巴迪后来被指控挪用资金而被社团除名。毕业后，巴迪进入贝尔斯登担任交易员，随后加盟基德尔·皮博迪公司（Kidder Peabody & Co）。当他

身陷丑闻的夫妇巴迪·弗莱彻（上）和艾伦·宝（下）

发现公司的奖金分配很不公平时，便辞掉工作，并以种族歧视为由
提起诉讼。尽管仲裁小组驳回了种族歧视的指控，但公司仍向巴迪
支付了 130 万美元用于和解。该公司的人力资源经理后来透露，公
司拒绝支付奖金的真正原因是巴迪拒绝透露他的利润是如何产生的。
这本是一件可以解决的小事，却被巴迪无限放大了。

　　离开基德尔·皮博迪公司后，巴迪成立了自己的公司。尽管他
的初始资本有限，且交易记录也不多，但他好像拥有充裕的资金支
撑奢华的生活。巴迪自命不凡，总是穿着高级西装，打着考究的领结。
在他华丽的办公室里，可以将中央公园的景色尽收眼底。他还在办
公室中配置私人餐厅，拥有专门的厨师和服务员。他有各式各样的
豪车，包括奔驰、宾利和捷豹。他在位于上西区的达科塔大厦拥有
好几套公寓。这栋大厦是历史性地标，曾居住其中的名人不计其数，
包括约翰·列侬、美国演员劳伦·白考尔（Lauren Bacall）、美国著
名指挥家兼作曲家伦纳德·伯恩斯坦（Leonard Bernstein）、金融家
威尔伯·罗斯等。他还在汉普顿买下了好几栋价值数百万美元的房
屋。不过，他最顶级的房产当属那座位于康涅狄格州，拥有 17 个房
间和 1100 英亩林地的"城堡"。

　　巴迪在职业生涯早期就积极从事慈善事业，他成立了弗莱彻资
产管理基金，因此成了慈善圈的常客，经常在他豪华的公寓里举办
各种活动。2004 年，他承诺提供 5000 万美元支持民权事业，捐给
哈佛大学 900 万美元。作为巩固网络地位至关重要的一个方式，巴
迪也参与政治献金，在当年支持奥巴马参加总统竞选。作为主要捐
赠者，他甚至受邀参加了奥巴马的就职典礼。他已经与保罗·都铎·琼
斯和索罗斯等明星捐助人的地位不相上下，因此，一个全新的网络

向他敞开了机会之门。他树立了卓越的声誉，社会地位稳步上升，媒体吹捧他为冉冉升起的巨星。然而，他的员工却透露，巴迪本人的真实形象与公众形象截然不同。他们声称，巴迪脾气暴躁，经常恐吓员工，而且还会无缘无故的消失很长时间。德莱弗斯家族基金的主席、弗莱彻资产管理基金前高级顾问约瑟夫·迪马蒂诺（Joseph DiMartino）就曾因为巴迪敷衍的工作态度，辞去了职务。

弗莱彻的妻子艾伦·宝自学生时代起就很优秀。在普林斯顿大学获得工程学学位后，艾伦又相继进入哈佛法学院和哈佛商学院深造。毕业后，她进入硅谷工作，最终加入大名鼎鼎的风投公司凯鹏华盈（KPCB），该公司的成功投资纪录数不胜数，包括亚马逊、谷歌、网景、基因泰克等公司。随后，艾伦成为了最成功的合伙人、亿万富翁约翰·杜尔（John Doerr）的员工主管。这是一个令人羡慕的位置，居于科技和金融领域的交界处，能接触无数高端人士，遇见许多独特的机会。

2007年夏天，在阿斯彭研究所为杰出领袖举行的研讨会上，巴迪和艾伦相遇，他们的命运从此纠缠在一起。两人闪电订婚，4个月后迅速结婚，不久后爱女出生。然而最令人震惊的是，巴迪早已经公开自己是一名同性恋，与他的男性伴侣同居多年，并在2005年接受了哈佛大学同性恋者协会颁发的年度人权奖。如今，40岁出头的巴迪人生十分完满：他是一名千万富翁、杰出的基金经理、受人尊敬的慈善家、最高政治捐赠者，有一位从常春藤名校毕业的妻子，还有一个可爱的女儿。

但没过多久，他的"纸牌屋"轰然倒塌。

起因是巴迪发起的一场诉讼。2010年4月，达科塔董事会拒绝了他在大厦购买第五套公寓的申请后，巴迪以种族歧视为由提起诉讼。董事会反驳说，这次拒绝跟种族歧视毫无关系。巴迪曾当选该董事会成员，当他提出申请时，其母亲也是该董事会的成员。但董事会认为，根据巴迪的财务报表，他无法负担第五套公寓。董事会主席称，巴迪"几乎没有流动资产……一直在使用贷款，债台高筑，他目前要交付的贷款利息远高于他的年收入，并且，他的个人账户和企业账户之间没有明确的界限"。交易记录显示，他经常撤走在股权基金中的数百万美元。这场诉讼引发了一系列事件，最终导致巴迪走向毁灭。

在这场诉讼被公开后，《华尔街日报》报道了巴迪的其他违规行为。随后，路易斯安那州的三家养老基金提起诉讼，试图收回他们投给巴迪的 1.45 亿美元。在清算后，法庭指定的清算人表示，有 1.25 亿美元似乎已经消失，包括各种不明去向的大笔消费，以及向 291 家跟巴迪的公司毫无关系的机构进行注资，而这对公司的投资者没有任何好处。同时，他还被查出用 770 万美元公共养老基金去投资他哥哥的电影《紫罗兰与雏菊》（*Violet & Daisy*），很不幸，这项投资损失达数百万美元。受托人在报告中指出："这里的欺诈有许多庞氏骗局的特点，若没有新投资者的资金进入，整个结构将会崩溃。"

除了热衷于购买豪宅、豪车和建立高端关系，巴迪还热衷于发起诉讼。他以种族歧视为由起诉基德尔·皮博迪公司和达科塔董事会，不过，他也遭到了自己的员工——迈克尔·米德（Michael Meade）和斯蒂芬·卡斯（Stephen Cass）的起诉，他们因拒绝受辱而被辞退后，指控巴迪对他们进行性骚扰，最终以双方和解告终。几年后，在他康涅狄格的豪宅当看护的两个人也起诉他性骚扰，之后又以双方和解告终。此外，巴迪与哈佛大学就捐款一事对簿公堂。因为，巴迪向哈佛大学捐赠的是购买卡尔金公司（Calgene Inc）股票的合同。但卡尔金公司表示，在巴迪捐赠前，合同已失效。最后，哈佛大学和卡尔金公司和解。巴迪甚至还曾让他的律师陷入困境。世达律师事务所（Skadden）被控没有充分保护投资者的利益，最终它以450万美元达成和解。

在巴迪麻烦缠身时，他的妻子艾伦也扔出了一枚"炸弹"。她以性别歧视起诉曾为风投公司的克莱恩那·帕尔金斯，声称她拒绝同事阿季特·纳兹雷（Ajit Nazre）提出的性要求后，遭到职业报复，并强调公司存在系统性的性别歧视。这个消息在硅谷这个以年轻、创新、业绩为文化基础著称的地方炸开了锅。根据艾伦的证词，纳兹雷强迫她发生性关系。当她拒绝后，刚好晋升为高级合伙人的纳兹雷开始在之后的五年里对她实施报复，不让她参与公司的重要会议，也不给她发展机会。同时，她还指控公司另一位合伙人给她的一本书里包含"充满强烈性暗示的图片和内容"。艾伦指出，最糟糕的是，当她把这一切告诉公司高层时，他们置若罔闻。

艾伦要求公司支付欠薪和其他相关赔偿，专家估计，金额可能达到1亿美元。克莱恩那·帕尔金斯公司声称，艾伦向来不合群，总是将责任推卸给同事。媒体普遍认为，艾伦提起诉讼的时机非常蹊跷，正好出现在她丈夫可能破产之时。奇怪的是，艾伦虽在学术和专业领域内拥有杰出成绩，但她一直都默默无闻，为人非常低调。但突然，在遭受了五年的职场性骚扰后，她发起了歧视诉讼，就像她丈夫两度用过的招数那样。媒体又经历了一场狂欢。

从网络层面看，巴迪·弗莱彻和艾伦·宝的故事很引人注目。

两人作为美国的少数族裔，一开始都是边缘人（或局外人），他们似乎做了所有正确的事，才得以一步步走进网络中心。尤其是巴迪，为了培养与"超级枢纽"的同质性，他让自己成为了一名教科书式的人物。他上名校，忙于学生社团，因而积累了人脉。步入社会后，他成为了一名成功的交易员，这进一步增加了他进入网络中心的机会。然而，起诉雇主通常会被视为背叛，会被边缘化，不过，巴迪做出了正确的举动——创办自己的公司。如果公司足够成功，那么，巴迪的发展路径则是步入"超级枢纽"的正确之道。

然而，巴迪却错在使出浑身解数充当富豪，挥金如土，遵循座右铭"假装强大，直到你真的强大"。他慷慨地向慈善机构捐赠，成功吸引了不少注意力，也因此拥有了越来越多的社会资本。金融界是属于"男性白人精英"的领域，其中很少有非裔成员的身影，他甚至也曾认为自己永远无法融入。于是，巴迪开拓出自己的慈善领域，用投资好莱坞、艺术和学术界等方式，关注种族问题。他本身并非热情好客、和蔼可亲之人，但是他不断邀请别人出席他举办的豪华沙龙和聚会。他的庞氏骗局不仅使用在投资领域，还包括社会地位的构建。他假装自己是大人物，假装自己拥有权力、财富和地位。一开始，这种招数可能行得通，但如果没有强大的物质基础做后盾，这座虚幻的大厦很快就会坍塌。他用豪车和豪宅武装自己，在各种慈善活动上一掷千金，但他未能实现自己的目标，并且还被丑闻缠身，无法集中精力打下基础。然而，他的计划是如此唐哉皇哉而又大胆，几乎没有人怀疑它。

在撰写本书时，巴迪欠下了 1.4 亿美元的罚款。他以种族歧视起诉达科塔的案子败诉，反遭对方起诉他有未支付的维护、评估和法律费用。他在达科塔的三所公寓在法院拍卖，起拍价格1000万～2000万美元，拍卖所得将偿还给他的债主。他在康涅狄格州的"城堡"以600万美元进入市场出售。至此，巴迪仍坚持认为自己没有任何过错。

另一边，在离开克莱恩那·帕尔金斯公司后，艾伦成为社交新闻网站红迪网（Reddit）的临时CEO，在那里她仍是一个争议不断的人物，最终因红迪网用户强烈的投诉而被迫离开。与此同时，旧金山陪审团驳回了她的诉讼，不仅如此，她那起价值1600万美元的性别歧视诉讼遭到了各级法院的驳回。2016年，艾伦与兰登书屋（Random House）签订合约，撰写一本名为《重置》（Reset）的回忆录，揭露高新技术领域中所谓的有毒文化。

这对曾经的明星夫妇的前途会如何？即使在最好的情况下，巴迪也会被认为是"瘟疫"，无法再进入"超级枢纽"的人脉网络。

失去职位，不失地位

许多高管完全是通过他们的权力地位来定义自己的。他们兢兢业业于自己的事业，不敢有丝毫懈怠，担心失去工作将导致名誉、社会地位和自我意识的丧失。不过，一旦抵达高层，"坠崖"的概率就会变得很小。通过各种原有的精英人脉，大多数高管会东山再起，重新出现在高层或利用他们原有的无价网络建起独立的人脉。

迈克尔·克莱恩（Michael Klein）近二十年来都与花旗集团休戚相关。他是花旗集团主管市场和银行业的董事长兼联合CEO，在CEO查克·普林斯手下工作。当我在花旗集团招待会上看见他时，感到非常惊讶。我一直以为身居如此高位的人，应该是一位年迈的老人，或者起码是一位阅历丰富的男士，却不曾想他是一位 40 岁出头正当年的男子。克莱恩是一位优秀、敏锐和富有创造力的银行家，同时他也拥有高超的社交技能。很难确定到底是哪些品质缔造了他如此讨人喜爱又值得信赖的形象。但不管怎样，克莱恩的确如此。他极具魅力、举止谦逊，如果他拥有很强大的自我和雄心勃勃的野心，只能说明他将自己的阿尔法人格隐藏得很好。

在花旗集团，克莱恩是超级明星，有呼风唤雨的神奇力量。他说服史蒂夫·施瓦茨曼将黑石集团上市，让施瓦茨曼的身价飙升至 80 亿美元，而花旗也从中得到了一笔可观的费用。当时，克莱恩将上市时机定在金融危机前几个月，简直无可挑剔。当花旗集团由于其庞大的次贷损失摇摇欲坠时，克莱恩利用他强大的人脉，在去阿布扎比投资局的短期出差中，就筹集了 75 亿美元。他是桑迪·威尔最器重的爱将之一，大有继承花旗 CEO 一职的潜力。可惜的是，罗伯特·鲁宾把局外人潘伟迪安插进来当新任 CEO，而潘伟迪同时又带着自己的亲信前来，克莱恩由此受到冷落。他在离开花旗集团时有些痛心，尽管他收到了 200 万美元的离职补偿，创下花旗集团纪录。随后，他开始利用这笔资金自立门户。

当时有种说法，克莱恩之所以能出人头地，是因为他所属的刚好是世界上最大的银行。如果他在职业生涯初期就自立门户，或者只是在一家普通公司，恐怕他的人生就没有这么辉煌。但克莱恩用实际行动向世人证明，即便一无所有，只要人脉还在，续写辉煌就只是时间问题。他之前所缔造的是顶尖水准的人脉网络，而他又有独特天赋，能巧妙地加以利用。

据说，他现在的公司拥有一个庞大的团队，但这一消息还不能证实。克莱恩目前行事低调，总是尽量避开媒体。他与华府和多国政要都有密切往来，还通过对美国两大政治阵营的慷慨捐赠一步步拓展自己的链接。克莱恩还是联合国世界粮食计划署顾问，这为他提供了更多接触国际政治机构的机会。他曾建议时任英国首相戈登·布朗支持英国银行的救助计划，还建议迪拜政府进行债务重组。克莱恩与英国前首相托尼·布莱尔过从甚密，甚至有传闻两人会进行正式的业务合作。他与许多世界领先的实业家都保持着紧密关系，其中包括中东酋长，比如沙特阿拉伯的瓦利德王子。

当陶氏化学（Dow Chemical）公司 CEO 安德鲁·利韦里斯（Andrew Liveris）请克莱恩在一单收购上提供建议时，花旗集团同意为克莱恩缩短非竞争协议规定的期限。

巴克莱银行 CEO 鲍勃·戴蒙德在收购雷曼兄弟公司问题上请克莱恩提供建议，他在两周内就为该公司赚取了 1000 万美元。更引人瞩目的是，克莱恩还是嘉能可以及特斯拉的战略顾问。当时，他们需要一位代理人对外声称双方达成 420 亿美元的合并交易。

克莱恩在成功组织如此庞大和重要事务方面的能力的确惊人，但同时也表明了拥有值得信任的人脉具有无比珍贵的价值。这些公司完全可以选择诸如高盛之类的大型投行，但他们最终选择了双方都信任的，同时在国际银行业颇有声望的克莱恩。"超级枢纽"失去了众人仰望的职位，但仍能凭借自己的人脉扎根在高层精英圈。克莱恩就是完美的例子。

在本章，我们已经看到，金融精英的网络如此紧密，以至于很少有人会彻底跌落。"超级枢纽"相互联合、阻止变化，他们会以牺牲他人为代价,努力维护系统,使之有利于自身利益。基于网络科学,我们将在第 12 章看到他们的集体行动是如何导致资本主义危机、反抗,甚至出现系统性故障的风险。我们还将探讨,应该如何调整系统,才能让网络更具包容性、公平性,也更有益于全社会的福祉。

CHAPTER XII

Super-Crash

第 12 章

瘫　痪

金融超级人脉网的系统性风险

系统是枢纽的系统 or 枢纽是系统的枢纽？"超级枢纽"不当旋转引起的龙卷风没有天气预报。

很 少有人可以凭一己之力制造数十亿美元的信贷损失，并一手将金融体系推到悬崖的边缘。但长期资本管理（Long Term Capital Management）公司的约翰·梅里韦瑟（John Meriwether）就是个例外。我曾在我朋友吉姆——一位金融家兼狂热的葡萄酒收藏家——举办的一场品酒会上，见到了如今已声名狼藉的梅里韦瑟。那天，我到时有些晚，客人们已经基本到齐，无数玻璃杯、闪亮的奖杯已经被摆成了金字塔形，一切准备就绪。为了向闻名世界的木桐·罗斯柴尔德酒庄 (Chateau Mouton Rothschild) 致敬，吉姆将品酒会的主题定为"木桐的疯狂"。

龙卷风——旋转不当的"超级枢纽"

在觥筹交错之时，我看了一下来宾的座次。让人激动的是，将要坐在我旁边的人是约翰·梅里韦瑟！鉴于他如此跌宕起伏的人生，我认为他定是一位富有魅力之人，能用有趣的轶事掌控全场气氛。然而，与我的预期恰恰相反，他是一位身材矮小、毫无气场的羞涩之人。他整晚都在谈论体育，尽管我尽了最大努力把话题转向更引人注目的主题。他可能在竭力避免谈论大家最感兴趣的话题：他在长期资本管理公司那次众人皆知的惨败经历。

根据罗杰·洛温斯坦在《拯救华尔街》一书中的记述，梅里韦瑟在所罗门兄弟（Salomon Brothers）公司开始了职业生涯，组建了依靠债券套利而获得巨额利润的团队，因此声名鹊起。后来他因为下属涉嫌一桩交易丑闻，便引咎辞职。为了证明自己，他开始了更宏伟的计划，于1994年创建长期资本管理公司，投机全球经济趋势。在他的新团队中有两名举世瞩目的诺贝尔经济学奖得主——迈伦·斯科尔斯（Myron Scholes）和罗伯特·莫顿（Robert Merton），再加上广泛的人脉，让他能够乘风破浪，以不可阻挡之势展开全球营销，并让其管理的基金成为低风险市场中的佼佼者。

长期资本管理公司的投资基于复杂的计算公式，几乎没有人能完全了解，但梅里韦瑟和他的团队认为公式绝对可靠。投资者纷纷涌向这家基金公司，渴望搭乘顺风车，并努力让自己同那些被公认为头脑十分活泛的经理们拉近距离。由于是特权类投资，这些投资者愿意接受相当高的投资门槛：他们的资金会被长期套牢，还需要交付大笔管理费，而且很难得知自己的钱被运用在什么项目上。长期资本管理公司收到的钱越多，就越能吸引更多投资，短期内就积累了1260亿美元资产。1995年和1996年，该基金年收益率超过40%。这样的高额回报只可能是通过杠杆效应放大收益才能达成，然而，风向一变，造成的损失也会更严重。

长期资本管理公司会让自己的基金基于过去的数据在已知范围

OBERT C. MERTON
assachusetts Institute
Technology

MYRON S. SCHOLES
Stanford University

约翰·梅里韦瑟（上）与他所倚仗的罗伯特·莫顿和迈伦·斯科尔斯（下）

内波动，但其金融模型未能考虑到各种资产类别之间密切的相关性。1998 年，俄罗斯债务违约，导致股市暴跌，长期资本管理公司的投资价值急剧下降。几个月之内，该公司管理的基金贬值超过 50%。巨额损失举世震惊，纽约联储出面干预，尽管这并非它的职权范围，但因为它有许多华尔街交易伙伴，包括多家银行和养老基金等投资者都会被长期资本管理公司牵连，面临倒闭的危险。此外，纽约联储担心超过 1000 亿美元衍生品头寸的无序瓦解会导致整个金融系统崩溃。时任纽约联储主席的是人脉极广的威廉·麦克唐纳（William McDonough），他有足够的能力聚集华尔街的"超级枢纽"，在几个小时内就筹集了 36 亿美元，以购买长期资本管理公司 90% 的股权。救援者中有实体，如中国人民银行，也有个人，如索罗斯和普惠公司（Paine Webber）的主席唐纳德·马龙（Donald Marron）等。

长期资本管理公司倒闭后，梅里韦瑟推出了另外两只基金。尽管他此前遭遇惨败，但投资者仍愿意把钱委托给他。第一只基金在金融危机期间摇摇欲坠，最终被击倒。他创办的第二只基金，最后转化为家族办公室。

长期资本管理公司崩溃的十年后，金融危机席卷全球。曾经，梅里韦瑟这位真诚的"超级枢纽"拥有许多网络力量和社会资本，他几乎颠覆了整个金融系统。当时，他的声望吸引了众多投资者，即使在不利条件下，他们也心甘情愿相信一个未经证实的、不透明的投资方式。其他金融机构慷慨地借给他大量资本，完全是基于血统惯性，而缺乏必要的信息来控制其所承担的风险，由此增加了整个系统的风险。这符合幂律法则，一旦"超级枢纽"开始旋转，他会吸引每个人，让一切都会跟着他旋转，从而造成龙卷风般的杀伤力。

资本主义的败笔

全球金融危机暴露出资本主义的失败之处，它造成的灾难性后果波及我们每个人。原因何在？30 年前，当我第一次到美国，看到它的繁荣程度远超欧洲时，感到非常震惊。美国中产阶级家庭似乎比德国中产阶级家庭的生活水平高出许多，他们有大房子，车库里停着好几辆私家车，而且投资手段不受约束。后来，我开始涉足结构性融资，其中的房产、公司等高杠杆资产都被证券化，在世界各地进行销售。我很好奇，这一切怎么可能得到持续发展。如今，我们已经知道，过度消费背后的原因是债务驱动的金融化。

债务驱动的金融化

债务是推动不平等的关键因素之一。麦肯锡的一项研究指出，"全球债务增长了 57 万亿美元……超过世界 GDP 增长。自 2007 年以后，世界主要经济体的债务与 GDP 之比一直居高不下"。在 2008 年金融危机爆发前的几十年中，金融服务业在 GDP 中的占比越来越大，这也意味着信贷也在不断增长。然而，金融化只能在一定程度上帮助经济增长，到达某个点后，趋势就会逆转。随着金融业在 GDP 中占比增大，实体经济投资规模会相应下降。银行家萨蒂亚吉特·达斯（Satyajit Das）指出，"在高峰时期，金融业能产生 40% 的利润"。由于金融与经济脱钩，加剧了贫富差距。金融化也极大地强化了企业所有权和控制权，进一步扩大和加强了精英网络。

金融服务行业究竟在做什么？金融中介机构把资金运用到各种复杂交易中，主要通过证券化方式，将资产转换成证券多次转售。

到目前为止，大部分资金是来回循环的，从而能创造利润，超越竞争对手。只有一小部分资金流入实体经济，资助可持续发展的企业，并创造就业机会。

贫富差距和不平等

现在，世界正面临着极端的收入、财富和机会差距。在美国，只有 50% 的人口仍然属于中产阶级，这是自 1970 年代以来的最低水平。1979—2013 年，收入水平最高的 1% 人群，工资增长了 138%，超过国民收入的 20%。此外，CEO 的平均薪资是普通工薪阶层的 296 倍。相比之下，剩余的 99% 人群的真正收入在过去 40 年里基本没有变化，尽管这期间生产率增加了 80%。如果工资和生产率同步增长，那么，目前最低工资应该在每小时 18 美元以上。所以，美国人需要依靠债务弥补收入的不足，他们中的许多人都负债累累。大学毕业生比一般人获得高收入的可能性高出 8 倍，尽管他们毕业时通常也债台高筑，但起码生活还有转机，而没有学位的人几乎永远没有改善生活的机会。因此，美国人觉得，"美国梦"真的是个梦而已。他们已将乐观的心态让位给消极，只有 14% 的美国人认为，他们的孩子会有更好的生活。近年来，美国白人的平均寿命一直在下降，自杀率在不断攀升。基尼系数显示，世界上很多地方的不平等状况都非常严重。

全球化赢家 VS. 全球化输家

更糟的是，许多国家的政府、中央银行和金融部门都采取"宽松的货币政策"——扩大整体货币供给，也就是"多印钞票"减少债务，刺激需求。实际上，这种所谓的金融压抑，就是向储蓄者征税，将收益从出借人转移给借用人。与此同时，从这些政策中受益最多的那 1% 的人，在金融危机爆发后的 3 年里，获取了新增收入的 95%。同时，这 1% 的人还拥有专业知识和手段撬动全球税制，使之朝着有利于自己的方向发展，其中一个例子就是把开曼群岛打造成避税天堂。巴拿马文件泄漏，只不过是这浩渺宇宙中的沙粒而已。据估计，全球财富的 8%，即约 7.5 万亿美元都被储存在避税天堂，其中有 6 万亿美元未被征税。这份隐藏的财富扭曲了不平等现象，如果将这些财富算在内，贫富差距可能会更大。

接近临界点

　　形势已经非常严峻，甚至连金融界的成员也开始预警。索罗斯和保罗·都铎·琼斯等"阶级叛徒"多次警告不平等可能带来的灾难性后果，呼吁采取措施缩小贫富差距。甚至亚瑟·埃德尔曼（Asher Edelman）也开始改变政治立场，声称民主社会主义是拯救美国经济的最佳选择。

　　人们对经济的不满导致了前所未有的政治极化，使"穷人"与"富人"对立，无产阶级反对知识精英，上一代与下一代关系紧张。人们敏锐地意识到，金融、企业和政治领域的过度结合导致民主赤字不断增长，许多人认为，系统已经被特殊利益集团操纵劫持。他们开始厌恶裙带资本主义[①]，在这种制度下，收益被小部分人占有，而损失则由大众买单，银行家继续攫取着创纪录的红利。

---

① Crony Capitalism，又称权贵资本主义，描述一个经济体中，商业上的成功与否取决于企业、商界人士和政府官员之间的关系是否密切。这种偏袒可能表现在法律许可的分配、政府补助或特殊的税收优惠等方面。——译者注

欧盟的民粹主义政党和激进的美国总统候选人反映了全球化失败者的愤怒就快爆发了，他们需要更多激进的变化：保护主义和孤立主义兴起，反对贸易协定，支持英国脱离欧盟、苏格兰脱离英国、加泰罗尼亚脱离西班牙等分裂主义运动。全球不平等现象也促使大规模移民，这反过来进一步导致政治极化。根据世界经济论坛《全球风险报告》（*Global Risk Report*），当下全球的抗议水平已经达到自 20 世纪 80 年代以来的最高点，通过在互联网上获取信息，人们意识到不平等的程度，也意识到自己对此无能为力。几年前，美国前国家安全顾问兹比格涅夫·布热津斯基（Zbigniew Brzezinski）警告说，全球政治觉醒即将到来。他指出，人类在政治上消息灵通，但大部分权利缺失，这在历史上还是第一次。公关公司爱德曼的报告进一步佐证了上述发现：人们对社会及机构的信任度急剧下降。

脱离欧盟：当不可抗力遇到不可摧毁的对象

2016 年，英国人震惊了世界，多数英国人投票脱离欧盟，由此产生了"Brexit"①一词。这种对一体化的反对来自民族主义，以及对英国回收本国经济、文化和社区控制权的渴望。尽管全球化有诸多积极作用，比如帮助数百万人摆脱贫困，但也加剧了贫富差距，有人认为，这不过是跨国精英的金字塔骗局而已。牛津赈灾会（Oxfam）在报告中指出："英国是世界第六大经济体，然而，仍有20%的英国人口生活在贫困线以下，意味着这些人每天都在生活中

①即 British exit or Britain exiting from the EU，翻译为中文即为"英国退出欧盟"，是对英国退出欧盟的一种戏谑说法。——译者注

挣扎求存。"不出所料，英国脱离欧盟的支持者年龄普遍偏大，且受教育程度较低，他们感到被边缘化。因为，在奉行社会达尔文主义的世界中，智商和教育是成功的主要指标，而蓝领的工作正日益被机器和移民取代。因此，他们的生活和对身份的认同感都被扰乱，因而对精英和技术官僚主义感到不满，他们认为这些都是不义的，具有剥削性的。

我在撰写本章时，英国脱离欧盟公投才刚过去一周，尚不清楚英国是否会真的脱离欧盟。然而，公投之后政治上的"无政府状态"以及不确定性已经使英国经济受损，许多重要交易搁浅、支付延缓、投资减少。跨境贸易、资本和人才流动终止，税收增加以及财政紧缩可能导致经济低迷加剧。具有讽刺意味的是，那些最支持英国脱离欧盟的人，可能也是受其影响最大的人。

英国脱离欧盟意味着当复杂的系统突然短路时，随之而来的是混乱和意想不到的后果。它可能只是一种纠正休克。然而，它更有可能是全球性起义的先声，而这场起义最终将改变世界秩序。

下一场危机：系统性失败和蔓延

大多数专家一致认为，新的危机到来只是时间问题。IMF警告说，新的金融危机即将到来，并有可能冲破任何防线。国际清算银行经济学家克劳迪奥·博里奥（Claudio Borio）指出"人们看到的只不过是风暴迹象，背后是一场酝酿已久的浩劫"，用自己的生命维系全球金融系统的中央银行，即将面临毫无选择的境地。英国央行首席经济学家安德鲁·霍尔丹（Andrew Haldane）认为，全球正步入危机三部曲的最后一部。英国央行前行长默文·金在他的书《金融炼金术的终结》（*The End of Alchemy*）中写道，"如果不进行改革，另一场金融危机迟早会到来"。来自世界各地的经济学家，包括曾为联邦存款保险公司负责人的希拉·贝尔也认为，当前的系统很不稳定。在她看来，"公众需要明白，他们正面临另一场金融危机的风险，除非他们能更积极地抵制金融服务业对各项事业的过度影响"。

谁是元凶？"超级枢纽"还是系统？

系统稳定性主要是通过分析机构之间的联系，而不是个体层面的联系。然而，最终代表机构做出决定的仍是人，这些由人做出的决策最终会影响系统。机构之间的交易和资本流动可以定量计算，相较之下，人脉关系很难被分类和测量。"超级枢纽"在全球化的顶层关系中具有垄断性，这为他们的网络提供了巨大的能量。由此产生的"超级链接"，再与资本结合，便会对系统稳定性造成威胁，影响公众利益。

有一个需要考虑的关键问题是，是否应该把金融和经济体系的脆弱状态归咎于"超级枢纽"。危机是个体造成的失败还是系统本身的问题？系统是他们的"囚犯"，或者，他们是系统的"囚犯"？

很多专家指责个体并不能取代我们承担系统失败的责任。默文·金认为，"惩罚所有杠杆撬动者就永远不会再经历金融危机"的观点是错误的。危机是系统以及支撑它的理念失败的结果，并非决策者或银行家的问题。对此，曾为英国金融监管机构——金融服务管理局负责人的阿代尔·特纳（Adair Turner）也持肯定态度："如果我们认为是个体破坏了系统，导致危机发生……那么我们将无法进行充分的改革。"同样，纽约联储主席威廉·达德利也认为，不应该把精力浪费在寻找"坏苹果"上，而应该关注整治整个果园。

然而，情况可能还不甚明朗。正如我们在第 1 章看到的，"超级枢纽"既不能控制整个系统，也无法对其负责。金融领域是一个复杂的自组织系统，独立个体的自发行为会触发集体活动。虽然没有"中央司令部"指挥，但所有个体参与者的独立行动都会大幅影响系统的整体行为。因此，系统和个体的互动会决定事情的发展。

失调："超级枢纽"阻止系统自我纠正

互联性是金融系统的内在组成部分，对商品和服务交换不可或缺。为了优化系统，扩大规模，高管往往会建立更多联系，从而使系统越来越复杂。到达一定程度后，大量的链接往往使系统更稳定，因为它在各个节点之间创造了更大的平衡，尤其是在金融领域，使得风险得以分摊。

然而，过多的链接会导致系统不稳定，因为它们会让失败在系统中扩散，产生多米诺骨牌效应。相反，如果一个系统节点很多，链接很少，多米诺骨牌效应会得到控制，影响会被控制在特定的节点上。雷曼兄弟垮台足以证明，一个节点的意外失败如何迅速在系统内传播。人造系统通常比自然系统更加脆弱，如果复杂性与同质性融合，从表面上看，系统会变得更为强大，但实则可能变得更为脆弱。所以，在危机发生时，"超级枢纽"就会变成超级传播者，传播风险和破坏性。

为何我们的系统的默认模式似乎注定会失败？因为每个系统，不论是生态学、流行病学、物理学或网络动力学最终都会导致更高程度的同质性、互联性和复杂性。一般来说，系统具有自适性和自我修复力。当它们快要失衡时，就会启动自动更正反馈机制，重新促进自身稳定。若未能及时启动这一反馈回路，系统最终会毁灭自己。通过反馈回路和幂律，"超级枢纽"和他们的网络系统导致了系统的扭曲。金融危机到来时，自动更正反馈机制没有平衡系统，因为"超级枢纽"网络所产生的巨大影响力阻止系统发生根本性变化，以保护他们的既得利益。

这方面的典型例子，就是那些具有系统重要性的"大而不倒"的银行，但对纳税人而言，它们的身上仍然存在风险。那些在华尔街的 CEO 们发起了令人难以置信的对抗，反对那些威胁他们的经济利益及其所在机构的措施。甚至曾经积极推动银行救助计划的明尼阿波利斯联储主席尼尔·卡什卡里（Neel Kashkari），现在也带头主张缩小银行规模，把纳税人承担的风险降到最低。

"殃及池鱼"：高管成为风险的超级传播机

枢纽和"超级枢纽"的形成遵循自然法则，所以总会形成相同类型的网络。无论身处其中的是一个城市的商人、一所大学的学生或在国际舞台上的明星，都倾向于跟自己相似的人交往，这是人的共性。

高管当然也有类似的心态，他们会跟同自己相似的人相互学习，获得相同的信息，促成志同道合的决定。因此，他们的观点、商业模式和风险偏好都相似。但这种一致行动的倾向会导致"高管传染"，最高水平的集体行动会通过系统传播，导致系统不稳定。"传染"一词来源于流行病学，意思是通过接触传播。在金融领域，这种传染可能被恐慌触发，如银行挤兑，使银行面临流动性风险，进而破产。同样，恐慌也可以在高管之间传染。高管传染往往会从顶部开始横向传播，也会通过系统纵向传播，导致严重后果。高管们管理着强大的机构，他们是决策者，控制着数十亿美元。如果网络中有一位高管遭受冲击，他的反应会影响其他高管的思维和感觉，致使他们做出同样的行为。而他们的个人行为会相互助推，使危机通过系统扩散、蔓延，造成多米诺骨牌效应。当 AIG 陷入破产危机时，一家私人银行的高管非常肯定地告诉我，管理层给出了指令，停止与高盛的一切交易，他们的决定影响了其他机构高管，致使后者也做出了相同的决策。同样，在雷曼兄弟公司破产时，高管们的决定使银行出现流动性囤积现象，导致危机传播，使全球金融体系"瘫痪"。虽然高管们可以控制自己的行动，但他们无法控制传染。

我们已经在第 10 章讨论过，美联储、证券交易所这样的制衡监管机构会失衡的原因是存在"关系俘虏"，这往往会导致"认知俘虏"和"监管俘虏"。通常，人们不仅看重业务，还有创建协作、培养良好关系的内在渴望。在进行了一定程度的互动之后，他们会建立关系。此时，"认知俘虏"就出现了，他们开始从对方的角度来看问题。这又会导致"监管俘虏"，也就是说，监管机构也会偏向，甚至被他们的监管对象控制。

避免崩溃：跳出思维怪圈

为什么在 2008 年金融危机后，系统并未有所改善？也许就像爱因斯坦所说：我们不需要思考更多，而是要想法不同。

我们会用分析法去思考，进而将问题分解成部分，再加以解决。然而，世界是多维和复杂的，它是动态作用的结果，是互联的。英国脱离欧盟、不可预知的货币政策、大规模移民和恐怖主义只是其中几个例子。我们可以通过"系统思维"更深入地理解这些问题，更多关注各个部分之间的关系，而不是部分本身，因为单靠部分本身无法解释系统动向。组织理论学家斯蒂芬·海恩斯（Stephen Haines）表示："重大改变在 75% 的情况下会失败，因为我们总是倾向于用零碎的分析思维去拆解和解决系统的问题。"对于上述问题，世界体系理论①的主要创始人沃勒斯坦认为，部分原因在于"我们学习……不同'盒子'里的现象，我们为'盒子'里的问题赋予了特别的名字——政治、经济、社会结构、文化——却没有想到这些盒子的结构比我们想象的更复杂"。以危机后的银行业监管为例，在用线性思维去分析和解决问题后，若仅仅观察个案，似乎已经取得进展。然而，若从更广的层面看，更严格的监管却无意间把高风险的金融活动转向监管宽松的影子银行系统，这可能造成更大的问题。所以，银行监管并未把风险最小化，而是创造了新的风险。

不管怎样，紧急行动是必需的，因为大自然的力量最终将不可避免地介入，重新调整系统。我们无法确定这种力量是会触发渐进、有序的变化，还是无法控制的混乱，但是，我们等待的时间越长，就越难带来建设性的变化。专家认为，即使是偏远地方发生的小事件，也可以触发复杂的系统故障，这就是"蝴蝶效应"。正如沃勒斯坦所说，无序转变通常是痛苦的，因为这包含着需要为分得一杯羹争得头破血流。随着范式转换，结构和过程都会产生巨大的变化，这在

---

① 20 世纪 70 年代兴起的一种有广泛影响的理论。它试图用中心边缘依附关系、世界劳动分工和阶级冲突等变量来分析世界体系的历史演变，从而解释 16 世纪以来的世界发展史。——译者注

市场波动、脆弱的经济体和地缘政治冲突中已经得到体现。有些人提倡任由系统崩溃，以便形成一个更好的系统，但这一过程是对社会各个领域而言。重建可能需要相当长的时间，就像 20 世纪发生在美国的大萧条所展示的那样。

马克思认为，资本主义带有毁灭的种子。的确，密不透风的精英网络已经扭曲了资本主义制度的动态，阻止其进行自适性调整。套用丘吉尔的话，资本主义可能是最糟糕的经济体系，即便是更小和更紧密的网络也会损坏制度。尤其是在危机和转型时期，精英群体形成并吸收了国家的大部分财富。俄罗斯就是个典型例子。俄罗斯从社会主义国家过渡到一个以市场化为基础的国家后，少数寡头与政府建立关系，通过融资渠道廉价收购国有资产，从中赚取了数十亿美元。

增长的前提：一个悖论?

我们的社会和经济需要发展和增长，以带动就业，维持社会稳定和繁荣。然而，金融危机让经济复苏缓慢无力，因为世界需求不足，多国面临着巨额债务，而政界又迟迟不进行至关重要的结构性改革。全球化已经失去动力，央行正试图为政府惰性做过度补偿。缺乏经济增长会加剧不平等，威胁社会稳定，但经济增长还经常带有忽视成本和其他问题，比如自然资源的耗竭、剥削他人、人力资本分配不当或扭曲政治系统等。

道格拉斯·洛西科夫（Douglas Rushkoff）在《理解增长》（*Throwing Rocks at the Google Bus*）一书中写道，"我们陷入了增长陷阱，忽视了经济本身的目的，把一切停留在增长本身，导致了失业式复苏和低工资"。如果我们无法实现更强劲的经济增长会怎样？如果经济增长受限怎么办？1972 年，罗马俱乐部发布了一篇研究报告《增长的极限》（*The Limits to Growth*），认为经济增长无法持续，因为水、食物和能源等资源是有限的。近期也有研究证实了这一论点：追求无限的经济增长可能会破坏许多区域乃至全球的系统，最终要么导致不可控制的崩溃，要么使得人类不得不适应被破坏的系统。

来自美国西北大学的经济学家罗伯特·戈登（Robert Gordon）预计，在可预见的未来，经济增长将明显放缓。因为在他看来，过去 150 年中促使经济急速增长的一些最重要的创新因素，如内燃机、自来水和电灯，都是独特且不可重复的。

在某种程度上，推动经济增长是权宜之计，因为经济就像一架飞机，必须有一定速度才能保持在空中飞行。一般来说，人们总是不满足于现状，倾向于获取更多。虽然这个愿望是进步和增长的重要驱动力，但仅仅出于利己主义而过度积累财富会给社会带来破坏性。在美联储前主席艾伦·格林斯潘看来，人类并非比过去更贪婪，只是有了更多的途径表达贪婪。他指出："一旦资本成为受众人追捧的对象，主导人们的决定，如果对金钱的贪欲笼罩了整个社会经济系统，就会破坏社会。"事实上，如果贪婪没有被强烈的个人价值观稀释，那么，它就会影响判断，导致人们做出非法行为。

"超级枢纽"和他们的精英网络之所以会在我们的系统中茁壮成长，是因为权力和财富在我们的社会中极其重要。社会如同系统，会围绕一定规则自我组织。这些规则会反映在我们的文化中，以我们普遍接受的价值观、规范、目标和行为模式等方式呈现出来。因此，我们的文化就是我们社会的操作系统。

近几十年来，华尔街过分沉溺于贪婪的欲望和对财富的过度追求，我们的社会也热衷于追捧金融领域肆无忌惮的资本主义，电视和时尚杂志上都是关于财富的话题。华尔街人士过高的薪水也是我们社会价值观的体现。即使外科医生拯救了生命也得不到奖金；即使警察为了人民安全，将自己的性命置于危险之中，他们的薪水却不及银行家的零头。这种薪酬差距意味着，我们的社会普遍认为，赚钱比拯救生命更有价值。

危机之后接连曝出的丑闻，玷污了金融业的声誉和威望。奥巴马在 2009 年的一次讲话中批评华尔街价值观"重视财富而非工作、歌颂自私而非风险、提倡贪婪而非责任"。华尔街还想从他们给投资者的受托责任中赚取更多利润，并试图把这种贪欲合法化。即使业绩急剧下降，股东和议员仍然允许董事会通过浮夸的增长目标和无耻的补偿性措施。

调整系统：革命还是和平演变？

我们都参与了系统的演化过程，不管是通过抵押贷款、开通储蓄账户或参加由银行资助的公民活动。如果我们治标不治本，这个系统必将走向失败。要想促成真正的改变，必须对诸多必要措施进行深入剖析，而这超越了本书的范畴。不过，我随后会在本书中从人类因素这一层面进行探讨。

法律和道德伦理

英国央行行长马克·卡尼向来提倡企业道德文化，他把危机前后这几年称为"不负责任的时代"。放纵不道德行为成为了常态，这进一步加剧了贫富差距和社会分化，从根本上动摇了社会系统的信任基础。这是个很严重的问题，因为信任是社会的基本支柱，是各部门间展开合作的先决条件。

更严格的法律、法规和监管能为人类活动提供宝贵的行动纲领。不过，法律效力终究是有限的。从本质上讲，总有人违反规则，试图用钻空子的方式规避法律制裁。而且，法律不可能如此严丝合缝，控制所有人际关系的细枝末节。

我们应该谨记，正如经济学家约翰·凯（John Kay）所指出的那样，太多的保障措施可能增加失败的风险。这个世界日新月异，而且越来越复杂，规则必须保持灵活，能适应各种新情况。因此，严格死板的规范甚至可能加剧系统不稳定，很有可能在它们起作用时，系统已经改变。若将过时的规则应用于新情况，只会弊大于利。因此在复杂、多维的系统中，基于不断的重新评估和适应的渐进行动，比死板、僵化的方法更有效。

法律规范应由道德标准支撑，才能防止可能合法但有害的行为。由部分国家中央银行行长和国际金融领域知名人士组成的"三十人小组"也承认存在灰色地带，其中的行为由道德判断而非法律判断。这是一项挑战。

以道德标准来监督和监管很难，所以必须强调个人和职业责任，比如医生必须宣誓治病救人、律师必须接受道德伦理教育。德国央行执行董事安德里亚斯·东布雷（Andreas Dombret）也建议出台关于道德规范的规定。这些措施本身无法解决问题，但有助于建立标准，提高道德意识。

企业文化：超然物外，置若罔闻

文化作为道德行为的基础也扮演着重要角色。2015 年，"三十人小组"发布了一份名为《银行行为和文化》（*Banking Conduct and Culture*）的报告，并在其中批评银行业缺乏文化根基，文化规范不健康，甚至存在极大的文化失败。该报告声称，"恢复银行业的信任是一项经济责任，因为这是安全有效的金融体系的基石"。

苏黎世大学的一项研究表明，银行业的文化破坏了诚信制度。不合适、不道德和非法之间的界线模糊，随着银行产品越来越多样化，以及劳动分工更加精细化，银行家与客户之间的关系日益疏远。金融工程师创造了债务抵押债券的计算机模型，但这类模型在大多数情况下甚至无法区分哪些是次级抵押贷款。由此产生的道德惯性鼓励了一种"逍遥法外"文化——没有明确禁止的一切都是允许的。高管们通常怀着侥幸心理不断突破界线，在绩效压力和短期回报的动机下，他们往往不顾在系统中应该承担的责任。

事实上，研究人员发现，银行家为了应对苛刻的环境，往往会把自己与工作严重分离，金融高管会用高报酬把藐视道德规范合理化。另一项研究表明，所谓的无知往往是自私行为的借口。如果人们知道有些利益是以牺牲他人为代价的，大多数人都愿意选择放弃，但如果可以选择，他们往往会故意罔顾负面信息来保护他们的自我形象，以免遭受他人非议。玛格丽特·赫夫曼（Margret Heffernan）在她的《故意视而不见》（*Willful Blindness*）一书中写道："竞争环境会加剧从众心理和行为。在选择从众的过程中，我们会漠视自己的个人价值观和怀疑。"

还有组织文化容忍甚至鼓励不道德和非法行为。2015 年，大众汽车排放丑闻爆发后，经理们表示，一种恐惧的企业文化心态容忍该公司一步步打破规则。这家汽车制造商从某种意义上说也是金融服务公司，因为该公司 40%以上的资产负债表由金融服务组成。

CEO 和其他高管必须树立榜样，以身作则。"三十人小组"认为，价值观和行为应该从顶层设计出发，自上而下进行，中高层管理人员应该与基层职员共同推动这种道德价值。

道德行为也会促进良好的商业意识，因为失去公众信任会导致不利的经济后果，比如更高的借贷成本和减少放贷额度。"三十人小组"赞同并提倡价值观取向的文化，认为道德行为应该成为竞争优势。事实上已有证据显示：品格会带来回报。品格高尚、行事正派的领导人，能取得更好的经营业绩。

美联储副主席斯坦利·费希尔警告说："监管机构不要妄想有一天华尔街会变得很干净……这场战争恐怕永远无法打赢……害群之马总是存在，所以我们必须继续战斗。"

激 励

金融业的准垄断地位也促成了权力意识、过度补偿和激励不当，其行业文化把利润作为成功的唯一指标，道德和社会共同福祉等要素已经无人问津。据估计，金融行业从业者得到的薪酬中，至少有高达 50%属于过度支付，这些钱全凭技巧得来，并没有创造真正的价值，并且往往由政府来买单。在巴菲特看来，华尔街靠着参与人数、智商和投入的精力赚取了大把金钱。他提出了标新立异的观点，认为如果银行遭到调查，其老板和他们的配偶应该会失去一切，因为"配偶们的监管能力比监管机构更好"。这一点特别要注意，罚款缺乏威慑力，因为它并不是由个体承担，而是来自人们在银行里的存款。伊丽莎白·沃伦曾担心摩根大通触犯法律时，杰米·戴蒙只是微笑着回答："那就罚我吧。我们付得起。"

若要进行社会变革，增加经济活力，各个部门都必须参与：公司董事会、杰出的商业领袖、各个领域的"超级枢纽"、媒体和社区成员。同时，还需要公众的反馈来帮助完善体系，正如我们在前文提到，人们往往更看重社会地位和获得尊重，而非物质奖励。

目标意识：为社会创造价值

在等级森严的机构中，下属通常要遵守顶层制定的规则，而顶层的人要遵守系统规则，这又反过来影响系统。为了符合系统的总体增长目标，高管们不惜一切代价追求利润和股东价值。然而，公司其实应该着眼于范围更大的所有利益相关者，而并非公司股东而已。在等级结构中，上层的目标应该服务于较低层级的目标，WEF创始人克劳斯·施瓦布认为，经济和社会实体都有责任考虑公共利益。除了硬实力，公司也需要软实力，如公众的信任等作为经营许可，这反过来也能为股东创造长期价值。

金融危机的爆发已经证明，我们不应该专注于短期利益，而应着眼于长期利益，建立能为社会创造更多价值的文化。"因为从长远看，如果社会失败，企业成功也就无从谈起了。"威斯敏斯特大主教指出,金融业应该允许一个更具包容性的资本主义,使机会更加均等、财富分配更加公平。在 IMF 总裁拉加德看来，金融部门的目标不仅是把股东财富最大化，还应该通过支持经济活动、创造价值和就业机会，最终增进全人类福祉。

董事会必须努力支持 CEO 们承担更多的社会责任。尽管董事会本身很独立，但其成员几乎都是紧密交织的网络的一部分，该网络中白人男性占比约 85%。研究表明，多样性对系统稳定和恢复力至关重要，监督手段在这个混乱环境中还无法起到特别有效的作用，从系统高层开始鼓励多元化是最良好的开端。多元化系统比同质化系统能拥有更强大的适应能力，同时也能创造更优秀的业绩，正如我们在第 9 章所看到的那样。因此，各大机构应该招募更多经济、教育、文化和种族背景不同的人。女性和其他少数族裔所具有的不同观点和优势，也将有助于系统优化。

渐进式变革

随着全球范围内不同阶级和文化冲突加剧，爆发系统性风险的概率也随之变大。IMF 和美国中央情报局的大多数专家都未能准确预测历史剧变，如苏联解体、2008 年金融危机等，同时，他们也不知道这些事件具体是如何展开的。考虑到可能还存在其他即将到来但不可预知的危机，全世界是时候采取行动了！逐渐改变系统是相对较好的选择，但最大的改变必须从顶层开始，顺着系统自上而下执行。等级制为了维护其存在，必然会反对变革，同样，"超级枢纽"为了维护既得利益、地位和声望，也会倾向于反对改变。拉里·萨默斯以及所有人都告诉过华尔街评论家伊丽莎白·沃伦，他们可以选择要么继续在圈子里，要么出局："局外人可以随心所欲地说话，但圈内人会忽略这些人的话，他们有大量渠道和机会推动自己的计划。圈内人只听那些应该说的话，同时，他们也要遵守一个牢不可破的规则：不能相互批评。"

在这种单一体系内，往往赢家独大，他们排除了那些可能从内部煽动改革的异见分子。进化模式、学习行为和反身倾向这些保护参与者生存至今的法宝，看来难以改变。

所以，政治家应该对"超级枢纽"施加压力，因为，即便是市场力量导致了不平等，政府也能通过制定政策调控市场。我们所有人都是节点，会通过我们的个人行为驱动系统，由此产生因果反馈回路。因此，我们必须积极推动改变。希望在我们共同努力之下，单一的垄断网络结构能成功变革成更加多样化、公平和可持续的系统，这将惠及全人类。

我们的金融系统、经济和社会所面临的根本性挑战过于复杂，本书无法为此提供总体规划。但我在本书中通过呈现链接系统中的各个点以及提供一个360度的观察视角，是希望读者能更好地理解这些挑战，提高意识，能以事实为依据，用批判性、建设性的讨论，深度思考我们共同的未来。

　　《金融超级人脉》一书不仅讲述了人脉的故事，也是我个人的人脉网的成果。这个项目一开始不过是个任务，但随着时间的推移，它逐步演变成我热爱的工作。无知是福，我不确定自己能否接受这个挑战，却仍要试一试，现在它逐渐成了我生活中不可或缺的部分。如果没有我自己生活中的"超级枢纽"们的支持，我恐怕无法完成这份虽然精彩，但同时伴随着艰辛甚至沮丧的工作。

　　因此，首先我想在此感谢我的祖父母和父母，他们总是无条件相信我的潜力并支持我。

　　感谢我的朋友们，宽容我突然消失，埋头写书，只是偶尔出来放放风。感谢我所有的同伴：如果没有你们的理解、支持和鼓励，我无法完成这个庞大的"工程"。同时，也非常感谢阅读本书手稿，并提出宝贵反馈意见的人们。

　　感谢乔治·索罗斯邀请我参加聚会，他还教会我，思考什么并不重要，更重要的是如何思考。感谢鲁里埃尔·鲁比尼，感谢他慷慨的指导和坚定的支持。与鲁里埃尔共事非常快乐，很高兴能跟他成为亲密的朋友。他拨冗为本书撰写序言，令我备受感动。感谢我的经纪人凯莉·福尔克纳（Kelly Falconer），她是出版界的"超级枢纽"，为本书倾注了极大的热情。

我还想感谢尼古拉斯·布莱雷（Nicholas Brealey）出版社，他们完全"抓住了"本书的精华，愿意受托出版。此外，感谢阿谢特（Hachette）出版公司杰出的工作团队：感谢才华横溢的编辑尼克·戴维斯（Nick Davies）和艾莉森·汉基（Alison Hankey），他们加快了本书的成稿；感谢高效的制作经理米歇尔·摩根（Michelle Morgan）。我还要感谢英国和美国的销售和公关团队：本·斯莱特（Ben Slight）、梅丽莎·卡尔（Melissa Carl）、亚辛·贝尔克西米（Yassine Belkacemi）、路易丝·理查森（Louise Richardson）和苔丝·伍兹（Tess Woods）。感谢你们为本书宣传鞍前马后，与你们共事让我感到无与伦比的快乐。

感谢我的编辑劳拉·亚瑟（Lara Asher），她完善了本书结构和脉络，她的能力和敬业精神为本书最终得以付梓起到了关键的推动作用。

我还要感谢企鹅兰登书屋的团队，感谢马库斯·杜尔（Markus Dohle）为本书出版提供了宝贵意见；感谢罗杰·肖勒（Roger Scholl）鼓励我通过故事传达信息而不是仅仅通过学术理论，以便吸引更多读者。作为一名写作新手，我得到了他们的专业指导，这让我受益匪浅。

此外，我要感谢 FinanzBuch Verlag 出版社 CEO 克里斯汀·勇得（Christian Jund）以及我的编辑格奥尔格·霍多里赫（Georg

Hodolitsch），感谢他们毫不犹豫地受托出版本书德文版。同时，感谢他们优秀的团队使本书成为畅销书。

感谢诸多机构和智库的领导者及工作人员，在过去几年中慷慨邀请我参与他们的活动。特别感谢 WEF 创始人克劳斯·施瓦布先生；在 IMF，我需要感谢的人有许多，尤其是克里斯蒂娜·拉加德和戴维·凡尼尔（David Vannier）；感谢"三十人小组"的保罗·沃尔克、雅各·弗伦克尔（Jacob Frenkel）、简－克洛德·特里谢（Jean-claude Trichet）、吉列尔莫·奥尔蒂斯（Guillermo Ortiz）、杰弗里·贝尔（Geoffrey Bell）和斯图亚特·麦金托什（Stuart Mackintosh）；感谢布雷顿森林委员会的詹姆斯·奥尔（James Orr）和兰迪·罗杰斯（Randy Rodgers）；感谢大西洋委员会的弗雷德里克·肯普（Frederick Kempe）；感谢美国理事会德国事务处的史蒂文·科尔（Steven E. Sokol）和卡伦·弗瑞（Karen Furey）；新经济思维研究所的罗布·约翰逊和克里斯·卡纳万（Chris Canavan）；国际金融研究所的蒂姆·亚当斯（Tim Adams）、爱贝斯塔·瓦内（Abdessatar Ouanes）和查尔斯·达拉雷（Charles Dallara）；贝塔斯曼基金会的利兹·莫恩（Liz Mohn）、德·阿尔特（Aart De Geus）和安妮特·霍伊泽尔（Annette Heuser）；DLD 传媒的斯蒂菲·车尔尼（Steffi Czerny）、杜米尼克·韦奇曼（Dominik Wichmann）、亚历山德拉·斯切尔（Alexandra Schiel）和弗兰奇斯卡·迪克（Franziska Deecke）；SALT 的安东尼·斯卡拉姆齐（Anthony Scaramucci）和维克多·奥维耶多（Victor Oviedo）等。

感谢汉斯·德梅尔（Hans Demmel）、索尼娅·思齐伟捷（Sonja Schwetje）、尤里·赖茨（Uli Reitz）以及我的导师马丁·克舍尔（Martin

Kerscher），感谢他们给我提供了良好的平台，并且一直支持我。由衷感谢为本书提供大量智力支持的学者，他们的研究是本书灵感的源头，也是我完成本书的动力。

最后，我要衷心感谢本书提到的"超级枢纽"们，感谢他们慷慨提供素材，感谢他们对我的信任，其中有多人都对本书甚至我本人产生了巨大影响。

特别鸣谢

　　《金融超级枢纽》已被译成多种语言出版，但对即将上市
的简体中文版，我尤为期待。我与中国有着不解之缘：我最
亲密的中国朋友经常为我讲述中国的悠久历史和传统文化；
每一次来到中国，他们总会以最热情和慷慨的方式款待我，
因此，我的每一次中国之行，都是一段极其美好的经历。正
如我在《金融超级人脉》中所陈述的，人脉中的"超级枢纽"
越强大，整个网络的影响力就越强大，而我最亲密的中国朋
友们，正在构建属于他们的强大网络，作为中国新一代的"超
级枢纽"，他们必将对世界产生更深远的影响。在此对以下友
人致以真挚的感谢和祝愿（排名不分先后）：

　　庞　哲　凤凰卫视资深财经记者

　　佩欣·达拉雷　北极星投资公司 CEO

　　陈　箭　山东建邦控股集团董事长

　　张　雯　山东建邦控股集团董事长陈箭先生夫人

陈子淳　山东建邦控股集团董事

沈泽敬　浩天信和律师事务所合伙人

李婧文　浩天信和律师事务所合伙人

强　元　南丰集团总裁助理经理

初放博士　凯初合创集团 CEO

黄亚村　纽约国际领袖基金会主席

安东尼·胡　太平洋国际资本 CEO

康　路　腾讯驻美国记者

马文彦　中投丝路资本总裁兼首席投资官

朱　民　清华大学国家金融研究院院长

再次感谢以上诸位及其朋友和家人对我的关心和热情款待。

"iHappy书友会"会员申请表

姓　名（以身份证为准）：_____　性　别：_____

年　龄：_____　职　业：_____

手机号码：_____　E-mail：_____

邮寄地址：_____　邮政编码：_____

微信账号：_____（选填）

请严格按上述格式将相关信息发邮件至中资海派"iHappy书友会"会员服务部。

　邮　箱：szmiss@126.com

微信联系方式：请扫描二维码或查找zzhpszpublishing关注"中资海派图书"

中资海派公众号　　中资海派淘宝店

优惠订购	订阅人		部　门		单位名称	
	地　址				邮　编	
	电　话				传　真	
	电子邮箱			公司网址		
	订购书目					
	付款方式	邮局汇款	深圳市中资海派文化传播有限公司 中国深圳银湖路中国脑库A栋四楼　　　邮编：518029			
		银行电汇或转账	户　名：深圳市中资海派文化传播有限公司 开户行：工商银行深圳八卦岭支行 账　号：4000 0273 1920 0685 669 交通银行卡户名：桂林　　卡　号：622260 1310006 765820			
	附注	1. 请将订阅单连同汇款单影印件传真或邮寄，以凭办理。 2. 订阅单请用正楷填写清楚，以便以最快方式送达。 3. 咨询热线：0755-25970306转158、168　传　真：0755-25970309转825 E-mail：szmiss@126.com				

→利用本订购单订购一律享受九折特价优惠。

→团购30本以上享受八五折优惠。